Michaela Dudley

Race Relations

Essays über Rassismus

Michaela Dudley

Race Relations

Essays über Rassismus

orlanda

reihe schwarz bewegt

»Die Entmenschlichung fängt mit dem Wort an, die Emanzipierung aber auch.«

Michaela Dudley

Inhalt

Vorwort

Dieses Buch widme ich dem Andenken an James Earl Chaney, Michael Schwerner und Andrew Goodman, bei ihnen handelt es sich um einen schwarzen Christen und zwei weiße Juden. Ihr Engagement für Gleichberechtigung vor sechs Jahrzehnten in den Vereinigten Staaten, als ich ebenda noch ein kleines Kind war, inspiriert mich bis heute. Nun, im Licht des wieder erstarkenden Antisemitismus, ist es mir ein Anliegen, an ihren exemplarischen Einsatz anzuknüpfen und ein Zeichen der Solidarität mit der jüdischen Community zu setzen. Deshalb erhalten die drei Vorbilder in dieser Neuausgabe ein eigenes Kapitel.

Mit diesem Essayband möchte ich Geschichte und Geschichten präsentieren, die diversen Opfern von Rassismus ein Gesicht geben und der Fratze des Hasses die Maske herunterreißen. Der Fokus liegt auf dem afrofeindlichen Rassismus, der sich gegen afrikanischstämmige Menschen bzw. gegen Schwarze richtet. Hier erzählen die ineinander verwobenen Episoden über Generationen und Ozeane hinweg von Doppelmoral und Demütigungen, von trotzigen Triumphen in der Umklammerung trostloser Tragödien, ob in Benin, Berlin oder Birmingham. *Black History* ist schließlich auch Menschheitsgeschichte.[1] Sie tangiert die Lebens- und Leidenswege unserer Brüder und Schwestern aus anderen Kulturen und sie gehört uns allen. Die Handlungsweisen, Institutionen und Strukturen, die den afrofeindlichen Rassismus fördern, sind ohnehin Teil anderer Formen des Hasses.

Ebenjene Erkenntnis führt uns direkt zu der sogenannten Intersektionalität.[2] Diese kann man als eine viel befahrene Straßenkreuzung verstehen, bei der sich verschiedene Identitäten überschneiden: Ethnizität, Geschlecht bzw. Gender, sexuelle Orientierung, Religion, soziale Schicht und so weiter. Es prallen somit zahlreiche Ansprüche aufeinander. Wie beim Straßenverkehr mag es Regeln geben, doch in der Praxis werden sie relativiert. Ähnlich verhält es sich in gesellschaftlichen Machtstrukturen: Gesetze und Normen können ein guter Anfang sein, aber oft werden sie so interpretiert und angewendet, dass sie bestehende Ungleichheiten zementieren. Ein systemischer Blick erlaubt es uns, diese versteckten Mechanismen aufzudecken und sie zu korrigieren.

Deshalb werden wir in diesem Buch die Unterdrückungsarten nicht isoliert betrachten, sondern als miteinander verbundene Teile eines größeren Gefüges. Die von Ungleichheit geprägte Dynamik führt also zu einer Vielzahl individueller Erfahrungen und erfordert somit einen scharfen, sensiblen Blick, um die systemischen Ursachen aufzudecken und zu bekämpfen. Gerade deswegen ist es so wichtig, dass wir uns mit den persönlichen Schicksalen auseinandersetzen, die von diesen Ungleichheiten geprägt sind.

Seit 2018 betreue ich vereinzelt queere Geflüchtete im Ehrenamt mit. Im Rahmen der Arbeit lernte ich eine tapfere Frau kennen, die ich hier Nadia nennen möchte. Nadia ist eine lesbische Afropalästinenserin aus Al-Abeed, Gaza. Schon die Kategorisierung sprengt den Rahmen üblicher Erwartungen. Dass europäischstämmige Erzkonservative ihr nichts als Abneigung entgegenbringen, kann man sich denken. Denn die 30-jährige Frau, die mittlerweile in Benelux wohnt, hat die falsche Hautfarbe, lebt homosexuell und ist keine Christin. Genau genommen ist Nadia Atheistin. Aber auch viele Linke in ihrem Umfeld können herzlich wenig mit ihr anfangen. Offenbar gefällt es nicht, dass sie den Verein kritisiert, den man als Befreiungsorganisation feiert. Nahe Khan Yunis haben Angehörige der Moralpolizei sie 2016 ins Visier genommen und ihr den Daumen abgehackt. Die

Haltung der Hamas gegenüber der Regenbogen-Community in Gaza wurde übrigens selbst von Amnesty International und der queeren palästinensischen NGO alQaws mehrmals dokumentiert.[3] Während der kurzen Begegnung mit den Kerlen in Zivil wurde Nadia übrigens nicht nur queerfeindlich, sondern auch rassistisch beschimpft.

Derartig traumatisierende Erfahrungen sollten selbstredend die Sympathie progressiver, gerechtigkeitsorientierter Menschen hervorrufen. Nadia passt jedoch nicht in das vorgefertigte Narrativ. Ausgerechnet *White Saviors*, die Kufijas tragen und zugleich gegen die kulturelle Aneignung predigen, sind es, die ihr die kalte Schulter zeigen. Denn es geht ihnen nur um die Instrumentalisierung des schwarzen Opfers, ohne dessen Bedürfnisse und Erlebnisse anzuerkennen.

Bereits in der ersten Auflage des Buches habe ich mich mit der Diskrepanz zwischen den Erwartungen weißer Menschen und den Lebensrealitäten von Schwarzen auseinandergesetzt. Diese Thematik setze ich mit der Neuausgabe fort. Im Epilog werde ich mich auch mit der historischen Präsidentschaftskandidatur von Kamala Harris befassen. Zudem werde ich mich dem entbrannten Kulturkampf zwischen Diversity-Förderung und leistungsbezogenen Ansprüchen widmen. Stichworte *DEI (Diversity, Equity, Inclusion)* und *MEI (Merit, Excellence, Intelligence)*. Meine Essays erläutern überdies meine für den Arbeitsplatz entworfenen Konzepte *RAVE (Recognizing Added-Value Experience)* und *SAVE (Supporting Added-Value Experience)*, wonach der oft übersehene Mehrwert an Kompetenzen, über die Marginalisierte verfügen, wertgeschätzt wird.

Welche Herausforderungen und Zumutungen bringt es mit sich, wenn »der brachliegende Kartoffelacker« in ein farbenprächtiges Beet verwandelt wird? Eine herbe Frage. Eine, die aber nicht an Aktualität verliert. Während der demografische Wandel voranschreitet, grassiert rechts wie links die Demagogie.

Und wer »A« wie »AfD« sagt, muss auch »B« wie »BSW« sagen. Gedanken zu diesen Entwicklungen sind selbstverständlich auch in diesem Band enthalten.

Nun sei noch ein wichtiger Hinweis gegeben, was die explizite Schilderung von Gewalt und die unzensierte Wiedergabe von Dialogen betrifft: Ich gebe keine Triggerwarnungen. Diese Haltung ist für mich ein Grundsatz, ganz egal, ob in meinen Texten, Reden, Workshops oder Gigs. Ich bekomme in meinem Alltag als mehrfach marginalisierte Person ebenfalls keine Triggerwarnungen, sondern eher die jählings abgefeuerten Kugeln des Hasses. Wer sich in das Leben einer von Rassismus direkt Betroffenen hineinversetzen möchte, sollte auch dazu bereit sein, die spontanen Spießrutenläufe zu absolvieren. In Triggerwarnungen wittere ich eher ein subtiles *Tone-Policing*, das mehr die weiße Fragilität als das schwarze Seelenheil berücksichtigt. »Wir brauchen Empowerment. Dafür müssen wir aber mehr Empathie zeigen und mehr Empörung zulassen«, erkläre ich im Spielfilm *Geschlechterkampf: Das Ende des Patriarchats* (2023).[4] Für die Sozialsatire, die ich mit dem Regisseur Sobo Swobodnik und der Hauptdarstellerin Margarita Breitkreiz gedreht habe, hatte ich die Ehre, meine Dialoge selbst zu verfassen. So konnte ich mir an der Berliner Volksbühne selbst aus der Seele sprechen. Empowerment geht nur, wenn wir Empathie und Empörung wie Wärme und Wut miteinander in Einklang bringen.

Berlin, den 10. Februar 2025
Michaela Dudley, J.D.

1. Grabenkämpfe

Mississippi, 1964. Die Baumwollfelder dehnten sich endlos aus. Unter der sengenden Sonne entfalteten sie sich wie ein schimmerndes Meer. Millionen flauschiger Wattebäuschchen tanzten auf einem leichten Windhauch und verwandelten die Landschaft in ein Gemälde der Natur, gemalt mit unzähligen weißen, welligen Pinselstrichen. Eine Idylle, traumhaft und zugleich trügerisch. Der Anblick gaukelte eine Unschuld vor, die in diesem Staat eigentlich längst verloren gegangen war.

Etwas lag so oder so in der Luft. In der drückenden Hitze schwebte der Geruch verblühter Magnolien und vergorener Melasse. Ortsfremde, die es hierher verschlagen hatte, empfanden das Aroma als betörend und nicht minder beklemmend. Dies war ein süßlich-fauler Duftcocktail, dem häufig ebenfalls eine rauchige Note innewohnte. Die Hiesigen störte es nicht. Damals war es gang und gäbe, überwucherte Weiden kontrolliert anzuzünden, um Platz für neue Triebe zu schaffen. So stachen Mulch und Stroh immer wieder in die Nase, kitzelnd und sogar quälend.

Bisweilen aber konnte man auch verbranntes Holz wittern. Verbranntes Holz, das unheimliche Rituale ins Gedächtnis rief. Es waren Rituale wie aus Geistererzählungen. Diese Geistererzählungen entstammten jedoch der Gegenwart und entsprachen der Wahrheit. Nachts auf den offenen Hügeln loderten Kreuze, während weiße Schatten im Mondlicht herumschwirrten. Manchmal erfassten die Flammen eine Blockhütte. Eine bewohnte, übermäßig belegte Blockhütte, deren Überreste am nächsten Morgen als graue, wabernde Aschewolken in das Firmament emporstiegen, durchsetzt von den beißenden Aromen der Verwesung.

Wer gedachte, in der Kühle der Wälder Zuflucht zu suchen, konnte plötzlich auf ein aufgeschnittenes, zerfranstes Galgenseil stoßen. Das verräterische Exponat der Selbstjustiz lag entweder auf dem Laubteppich unter den Eichen oder hing, sogar leicht baumelnd, noch von den Ästen. Jedweder Hain konnte sich zu jedweder Stunde in eine Hinrichtungsstätte verwandeln.

Man hatte schon mehrmals eindringlich davor gewarnt, das Reich der Rednecks zu besuchen. Das Vorhaben, ausgerechnet Mississippi, Schauplatz der grausamen Morde an Emmett Till (1941–1955) und Medgar Evers (1925–1963), zu besuchen, glich einem Sprung in den Abgrund. Doch James Earl Chaney, 21, sowie Michael Schwerner, 24, und Andrew Goodman, 20, ließen sich partout nicht beirren.

Chaney, ein schwarzer Katholik, kam sogar ursprünglich aus Meridian, Mississippi. Seine Mitreisenden Schwerner und Goodman, zwei weiße Juden, stammten aus New York City. Die drei Idealisten streiften in ihrem blauen Ford-Kombiwagen nicht planlos umher. Nein, sie hatten ein festes Ziel. Es ging um die Demokratisierung des Dixielands, und zwar, wohlbemerkt, ein Jahrhundert nach der offiziellen Abschaffung der Sklaverei.

In Mississippi, damals wie auch heute dem ärmsten Bundesstaat der USA, und in den anderen Staaten der ehemaligen Konföderation hatte ein Geflecht aus Gesetzen, wirtschaftlichem Druck und Gewalt ein Wahlsystem errichtet, das Schwarze systematisch marginalisierte. Die Möglichkeit zur politischen Partizipation blieb der afroamerikanischen Bevölkerung also weitgehend verwehrt. Gerade in Mississippi machten Schwarze sogar 45 Prozent der Bevölkerung aus, und trotzdem galten nur etwa 15 Prozent von ihnen als wahlberechtigt. Der Congress of Racial Equality (CORE), eine bereits 1942 gegründete NGO, trat diesem Unrecht entgegen und gründete Freedom Schools, um die entrechteten Bürger*innen zu befähigen und zu mobilisieren. Ziel war es, durch Bildung und Ermutigung die Hürden der

Wählendenregistrierung zu überwinden. CORE-Aktivist*innen unternahmen den mutigen Schritt, im tiefsten Süden eine solche Schule zu etablieren, um Schwarze gezielt auf die staatlich vorgeschriebenen Lese- und Schreibtests vorzubereiten.

Anno dazumal, in einer Ära ohne die digitalen Werkzeuge, die heute die Koordination von Protesten erheblich erleichtern, war es eine enorme Herausforderung, Menschen für eine gemeinsame Sache zu mobilisieren. Statt Flashmobs gab es Flugblätter, Poster statt Posts und Telegramme statt TikTok und Tweets. Trotzdem gelang es dem Organisationsteam, zahlreiche Freiwillige in kurzer Zeit zusammenzutrommeln.

Der Freedom Summer 1964 war ein Wendepunkt im amerikanischen Bürgerrechtskampf. Tausende junge Menschen, vorwiegend weiße Studierende, reisten in den tiefen Süden der USA. Sie kamen nicht als Protestierende mit Plakaten, sondern als Freund*innen mit Formularen. Denn es war ihr Ziel, schwarze Bürger*innen bei der Registrierung für die im November anstehenden Wahlen zu unterstützen. Angetrieben von einem tiefen Glauben an Gerechtigkeit und Gleichheit, konfrontierten sie den rohen Rassismus. Ihre Motivation? Sie wollten die Welt ändern. Die Welt – oder zumindest einen Teil davon. Immerhin trug ihre Arbeit maßgeblich dazu bei, das Bewusstsein für die Ungerechtigkeiten im Süden zu schärfen und die Bürgerrechtsbewegung zu stärken.

Das Fleckchen Erde, das dem Trio Chaney, Schwerner und Goodman zuteil und zum Verhängnis wurde, lag in Neshoba County. Dort in der Kleinstadt Longdale pflanzten die jungen Männer einen Samen der Hoffnung. Ihre Rede in der Mount Zion Methodist Church war ein leidenschaftlicher Appell zur Emanzipation. Schwerner flehte die Gemeinde an, die Ketten der Unterdrückung abzuschütteln und ihre Rechte einzufordern. »Ihr wart zu lange Sklaven«, rief er aus. »Wir können euch helfen, euch selbst zu helfen.«

Doch dieser Funke der Freiheit entzündete nicht nur Hoffnung, sondern auch den Hass der weißen Dominanz. Sam Bowers, Anführer der White Knights of the Ku Klux Klan, erteilte den Befehl, den mittlerweile abgereisten Bürgerrechtlern eine Falle zu stellen. Selbst der örtliche Sheriff, Lawrence Rainey, und dessen Stellvertreter, Cecil Price, beide Mitglieder des Klans, waren in die Verschwörung eingeweiht. Um die CORE-Aktivisten zurück nach Neshoba County zu locken, verübte der Klan einen gewaltsamen Überfall auf Gemeindemitglieder der Mount Zion Methodist Church. Gleich im Anschluss daran erfolgte ein Brandanschlag auf die Kirche. Der Zwischenfall rief Chaney, Schwerner und Goodman tatsächlich wieder auf den Plan. Vom CORE-Büro in Meridian aus eilten sie dahin und begutachteten die verkohlte Ruine aus nächster Nähe. Das Gotteshaus, in dem sie jüngst zum Widerstand aufgerufen hatten, war nunmehr nichts als Schutt und Asche. Ein ähnliches Schicksal widerfuhr rund zwanzig weiteren Kirchen für Schwarze in Mississippi, und zwar schon alleine in demselben Sommer.

Entsetzt, jedoch nicht entmutigt, beteuerten die drei Bürgerrechtler ihre Verbundenheit mit der Kirchengemeinde. Die Zeit war allerdings knapp. Aus Angst davor, nachts vor Ort erwischt zu werden, hatten sie für den Besuch nur wenige Stunden anberaumt. Es war der 21. Juni, der längste Tag des Jahres. Dies bot ihnen aber wenig Trost. Sie hatten allen Grund zur Annahme, dass sie heimlich verfolgt wurden. Wahrhaftig waren die Geister der Finsternis ihnen schon lange auf der Spur.

Da Chaney, der in Mississippi aufgewachsene Schwarze, bessere Ortskenntnisse hatte als seine beiden Kollegen, diente er als Fahrer. Er vermied auf dem Rückweg ganz bewusst die direkte Straße, weil diese schmal, unbefestigt und von verfallenen Gebäuden gesäumt war. Zu wenig Komfort, zu wenig Sicherheit. Schließlich wäre jener Weg auch zu langsam gewesen. So fuhren sie durch das 5.000-Seelendorf Philadelphia, den Verwaltungssitz von Neshoba County.

Zu allem Überfluss platzte ein Reifen des Kombis in Philadelphia. Aus dem Nichts erschienen blinkende rote Lichter. Deputy Price in seinem Polizeikreuzer stürzte sich auf sie und funkte nach Verstärkung. Dass der Negro am Steuer des Kombis saß, passte sehr gut. Chaney wurde wegen einer angeblichen Geschwindigkeitsüberschreitung festgenommen. Goodman und Schwerner wurden zur Vernehmung mitgenommen. Nach etlichen Stunden in Polizeigewahrsam und der Zahlung einer Geldstrafe von 20 Dollar kam Chaney wieder auf freien Fuß. Mit der Aufforderung, sich nie wieder in Neshoba County erwischen zu lassen, wurden sie in die Nacht gestoßen – und dem Ku Klux Klan übergeben. Deputy Price jagte die drei jungen Männer nach wenigen Kilometern Freiheit in die Arme eines Mordkommandos.

»*You that nigger lover?*«, fragte Alton Roberts, als er eine geladene Pistole auf Michael Schwerner richtete.[1]

Roberts, ein Verkäufer und unehrenhaft entlassener Marine, drückte binnen Sekunden ab. Er feuerte ebenfalls auf Andrew Goodman und schoss Chaney dann in den Kopf, wobei Chaney bereits von James Jordan in den Unterleib getroffen worden war. Drei Tage später wurde der Ford-Kombiwagen gefunden, völlig ausgebrannt und ohne Insassen.

Der ausgebrannte Kombi der drei CORE-Aktivisten. (Quelle: Pub ic Domain. FBI).

Mehr als sechs Wochen lang schien die Erde Mississippis Chaney, Schwerner und Goodman verschlungen zu haben. Doch auch währenddessen verschwanden sie gleichsam nicht von der Bildfläche. In meinem dritten Lebensjahr, als ich im Norden der USA über den Teppichboden krabbelte, erhaschte ich einen Blick auf sie im Schwarz-Weiß-Fernsehen. Ein FBI-Fahndungsplakat flackerte auf. Die drei Vermissten waren nebeneinander in Mugshot-Manier abgebildet. Für sachdienliche Hinweise wurde sogar eine Belohnung in Höhe von 25.000 Dollar (rund 250.000 Dollar im Jahre 2025) ausgelobt. Obwohl ich natürlich zu jung war, um zu begreifen, worum es ging, war das Plakat eines der ersten Bilder, das sich in mein Gedächtnis hineinbrannte. Walter Cronkite, das Urgestein von CBS News, sprach über den Fall, der das Land beschäftigte. Sage und schreibe 400 Marinetaucher wurden eingesetzt. Suchtrupps stießen unerwartet auf die Leichen von acht verschwundenen Schwarzen, die teils nachweislich vom KKK ermordet worden waren.

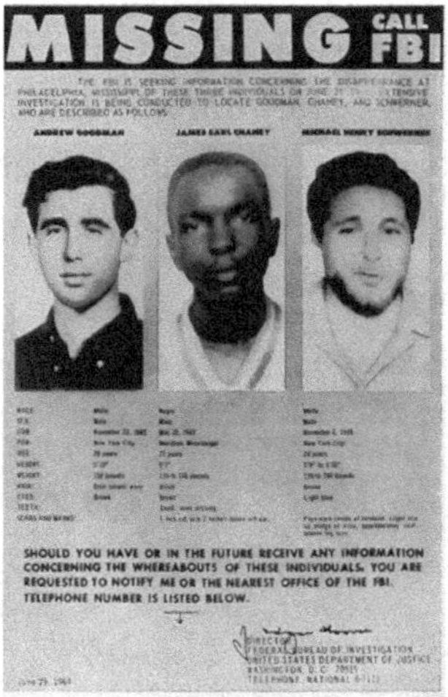

Dringend gesucht. Plakat mit Aufnahmen der Vermissten (v. l. n. r.) Andrew Goodman, James Earl Chaney und Michael Schwerner, 29. Juni 1964 (FBI). (Quelle: Public Domain. FBI).

Erst am 4. August 1964, auf einem Bauernhof namens Old Jolly Farm, entdeckte man die sterblichen Überreste von James Earl Chaney, Michael Schwerner und Andrew Goodman. Dort lagen sie gemeinsam in einem Erddamm. Chaney war zusätzlich kastriert worden, typisch für einen Schwarzen. Die Entführer hatten Goodman bei lebendigem Leibe begraben. Das offenbarten die Bruchteile roten Tons, die bei der Obduktion in seinen Lungen und in seinen krampfhaft geballten Fäusten entdeckt worden waren.[2] Der Hass des Ku Klux Klans auf Weiße, die sich der Emanzipierung schwarzer Menschen verschrieben hatten, war besonders groß. Vor allem an gebildeten, vermögenden Juden aus dem liberalen Norden, wie Goodman und Schwerner, wurde ein sadistisches Exempel statuiert.[3]

1967 wurden sieben Angeklagte im Zusammenhang mit den grausamen Verbrechen für schuldig gesprochen. Keiner jedoch musste mehr als sechs Jahre verbüßen. Allerdings wurde der mutmaßliche Drahtzieher, der örtliche Klan-Anführer Edgar Ray Killen, der übrigens nebenberuflich Baptistenprediger war, erst 2005 wegen dreifachen Totschlages zu einer Haftstrafe von 60 Jahren verurteilt.[4] Von den Bundesbehörden wurde der tiefgreifende Kriminalfall unter dem Titel *Mississippi Burning* zu den Akten gelegt, und bildete zumindest den Ausgangspunkt für den gleichnamigen Spielfilm (auf Deutsch *Die Wurzel des Hasses*) von Alan Parker aus dem Jahr 1988.[5] Der 20 Jahre später erschienene Dokumentarfilm *Neshoba: The Price of Freedom*,[6] der eine umfassende Darstellung der Ereignisse und ihrer Bedeutung im Kontext der Bürgerrechtsbewegung bietet, leistet allerdings einen unerlässlichen Beitrag zur Aufarbeitung der Morde.

Es ist eine Geschichte, die auch und gerade heute, nach mittlerweile sechs Jahrzehnten, schonungslos erzählt werden muss. So hat die Causa längst Einzug in meine Vorträge über den Rassismus gehalten. Lange Zeit fielen die Reaktionen im Publikum nahezu einheitlich aus. Einheitlich, wenn auch vielschichtig. Ein gemeinsam erlebbares Wechselbad der Gefühle wurde ausgelöst. Staunen, trübe Gesichter, entsetztes Kopfschütteln und schlussendlich Inspiration. Ich musste nicht einmal um eine Schweigeminute bitten. Denn die Stille legte sich von selbst über uns und vereinigte die Emotionen zu einer tiefen kollektiven Erfahrung. Oft war diese Ruhe so dicht, dass man eine Stecknadel hätte fallen hören können.

Doch seit einiger Zeit, wenn ich Chaney, Schwerner und Goodman öffentlich gedenke, laufe ich Gefahr, laut und aggressiv unterbrochen zu werden. Die Angelegenheit ist nicht nur von generationellen, sondern auch von geopolitischen Faktoren geprägt. Demnach gehöre es sich angeblich nicht, »Zionisten als Gerechtigkeitskämpfer« darzustellen. Gemeint waren Schwerner und Goodman. Ich konnte schon Lunte riechen.

Während meiner Jugend in den USA der 1960er und 1970er Jahre waren jüdische Kinder oft die Einzigen gewesen, die bereitwillig mit uns Schwarzen zusammengespielt hatten. Ihre Eltern wiesen schmucklose Tätowierungen aus dem KZ Auschwitz-Birkenau auf. Solche Begegnungen in jungen Jahren schweißen zusammen. Die Verbundenheit opfere ich jedoch nicht auf dem Altar des Zeitgeistes, sosehr dies auch erwartet wird.

Derartige Erfahrungen machte ich während meiner Veranstaltung zum Black History Month Februar 2024, und zwar knapp vier Monate nach dem berüchtigten 7. Oktober. Hier sei zur Ergänzung erwähnt, dass einige Anwesende nicht unbedingt damit gerechnet hatten, dass ich, eine agnostische Schwarze katholischen Glaubens, es für nötig halten könnte, eine Lanze für Jüdinnen und Juden zu brechen. Innerhalb des BIPoC-Kosmos herrschte immerhin der Nötigungsdruck, Israel als »Apartheidstaat« zu brandmarken, eine Charakterisierung, die ich aus historischen und sachlichen Gründen nach wie vor ablehne. Fakt ist, bei den Zerwürfnissen, die infolge des Gaza-Konfliktes entstanden, gerät so oder so eine einst enge interkulturelle Zusammenarbeit, nämlich die Allianz zwischen Schwarzen und Jüdinnen und Juden, in Vergessenheit; davon abgesehen, dass es übrigens auch schwarze Jüdinnen und Juden und jüdische Schwarze gibt. Allerdings waren Schwerner, Goodman und Chaney mitnichten die einzigen Verfechter des Bündnisses. Ein Prinz und ein King zählten auch prominent dazu.

Da handelte es sich genauer genommen um Joachim Prinz, den 1902 in Schlesien geborenen Rabbi, und einen späteren Friedensnobelpreisträger namens Martin Luther King. Der Gestapo nur knapp entkommen, stieg Prinz in den USA zum Präsidenten des American Jewish Congress auf. In jener Funktion lernte er den eloquenten Baptistenprediger King kennen, und es war die Grundsteinlegung einer wertvollen Partnerschaft für Gerechtigkeit. Denn Prinz, Mitorganisator des Marschs auf Washington für Arbeit und Freiheit, trat als einer der Redner auf der Demonstration vor dem Lincoln-Memorial auf, bei der King seine monumentale »I Have a Dream«-Rede hielt.

Trotz der erheblichen Bedrohung durch den Ku Klux Klan und ungeachtet der unzureichenden Strafverfolgung von Hassverbrechen blieb das interreligiöse und multikulturelle Bündnis im Kampf für Bürgerrechte unerschütterlich. Besonders bemerkenswert ist die hohe Beteiligung jüdischer Amerikaner*innen. So waren schätzungsweise etwa 50 Prozent der weißen Aktivist*innen, die 1964 am Freedom Summer in Mississippi teilnahmen, jüdischer Herkunft. Auch ältere Generationen, darunter Holocaust-Überlebende, engagierten sich leidenschaftlich für die Sache der Bürgerrechte. Die enge Zusammenarbeit zwischen jüdischen und schwarzen Bürgerrechtler*innen, wie sie sich u. a. bei dem gemeinsamen Marsch von Martin Luther King und Rabbi Abraham Joshua Heschel von Selma nach Montgeomery 1965 zeigte, war beispielhaft. Die Flammen, von denen sie mit Schwarzen zusammengeschweißt wurden, stellten die rassistische, antisemitische Brandstiftung des Ku Klux Klans in den Schatten. Doch die Verbundenheit war nicht erst ein Phänomen der revolutionären 1960er Jahre.

Bereits 1909 hatte sich Henry Moskowitz, ein jüdischer Amerikaner rumänischer Herkunft, gemeinsam mit W. E. B. Du Bois und anderen schwarzen Intellektuellen zusammengetan, um die renommierte Bürgerrechtsvereinigung NAACP aus der Taufe zu heben. Zwischen 1910 und 1940 gründete der jüdische Philanthrop Julius Rosenwald sage und schreibe mehr als 2.000 schwarze Grund- sowie weiterführende Schulen und darüber hinaus 20 schwarze Colleges und Universitäten. 1945 befreiten Black GIs des 761. US-Panzerbattailons rund 15.000 ungarische Juden aus dem KZ Gunskirchen in Österreich. Vermutlich wäre eine gewisse Ms. Harriet Tubman (1820–1913), alias Moses, sehr stolz auf die Jungs gewesen, die der kommandierende General Patton damals als seine Black Panthers pries. Solche gegenseitige Loyalität seitens der jüdischen Gemeinde gegenüber der schwarzen Community überspannte etliche Generationen und einige hässliche Krisen, wie z. B. die tödlichen Crown-Heights-Unruhen (1991).[7] Jüdische Solidarität war auch 2020 deutlich zu erkennen, als die Ermordung von George Floyd Abermillionen Menschen weltweit mobilisierte.

Umso bedauerlicher ist es, dass Black Lives Matter (»BLM«) Chicago wenige Stunden nach dem 7. Oktober 2023 das Bildnis eines Gleitschirms mit palästinensischer Flagge online postete.[8] Es ging nicht etwa um Tourismus, sondern um Terrorismus. Die Grafik war in Anlehnung an die Paragliders, mit denen die Hamas das Musikfest Supernova Rave beim Kibbuz Re'im überfallen hatte, um ausgerechnet friedlich feiernde Netanjahu-Gegner*innen scharenweise zu vergewaltigen, verschleppen und vernichten. Mehr als 25 BLM-Ortsverbände teilten das Meme eifrig weiter, zahlreiche Follower*innen rechtfertigten den Terror als »verzweifelten Akt der Selbstverteidigung«.

Ich hätte gehofft, wir wären weiter. Die Tatsache, dass viele »progressive« Menschen aus der weißen Dominanzgesellschaft ihre Schadenfreude und ihre Antipathien ähnlich potent zu erkennen geben, macht es nicht akzeptabler. Die einst erhoffte Brandmauer der Gesellschaft gegen den Antisemitismus löst sich nach und nach in Flammen auf. Irgendwie reicht es nicht, dass man, nach dem tödlichsten antisemitischen Massenmordanschlag seit der Shoah, dem Judentum die Empathie entzogen hat. Nein, es wird nachgetreten. Menschen, die sich mit einer Kippah oder mit einem Davidstern auf die Straße trauen, gelten als Freiwild. Selbst an den Universitäten finden sie keine Zuflucht. Jüdische Studierende werden von anderen Kommiliton*innen gejagt und krankenhausreif geschlagen. Hier in Deutschland, Heimat des Holocausts, werden jüdische und »judenfreundliche« Geschäfte zum Ziel von Flashmobs, die zum Boykott aufrufen und Gäste bedrängen. 1938 ist überall.

Zum Glück gibt es in der schwarzen Community auch Stimmen, die zur Verurteilung des Judenhasses aufrufen. Dazu mehr im Epilog. Wer den Hass bekämpfen will, muss jetzt mit anpacken. Die Idee, dass man den einen oder anderen Einsatz aussitzen könnte, bis es dann um die »eigene« Sache ginge, ist ein grotesk gefährlicher Wunschtraum.

Das Vermächtnis von Chaney, Schwerner und Goodman mahnt uns, dass der Kampf gegen Ungerechtigkeit ein gemeinsamer ist. Ihre Ermordung war ein Angriff auf die gesamte Gesellschaft, nicht nur auf Schwarze und Jüdinnen und Juden. Der Kampf der drei Jungs, die auf bestialische Weise gefoltert, erschossen und in einem Erdwall verscharrt wurden, darf nicht in geschichtspolitischen Grabenkämpfen verlaufen.

Die verscharrten Leichen auf der Farm in Philadelphia, Mississippi.
(Quelle: Public Domain. FBI).

2. Brückenschläge, Rückschläge

Rassismus tötet. Und das mit System. Auf methodische Weise nimmt er uns, seine Opfer, ins Visier. Wegen unserer Hautfarbe und unserer vermeintlichen oder auch tatsächlichen Herkunft gelten wir als verrufen – und verfügbar. Seit anderthalb Millennien werden wir in der schwarzen Community vom Rassismus beschattet, bedroht, bedrängt, beleidigt und beseitigt. Mit der Geburt des arabischen Kalifats im 7. Jahrhundert schlug die Stunde des Sklavenhandels. Ein dunkles Kapitel der Geschichte begann, das Afrika auf epochale Weise verwüstete und Abermillionen Menschen in die Ketten der Unfreiheit trieb. Mittlerweile stießen weiße Europäer gierig hinzu. Gemeinsam mit den arabischen Händlern, und zwar sogar unter der Beteiligung schwarzafrikanischer Akteure, schufen sie ein System massenhafter Entmenschlichung, das Kontinente erschütterte. Wer die multikulturelle Komplizenschaft der Sklaverei bestreiten oder relativieren will, entzieht sich einer ernsthaften historischen Auseinandersetzung.

Mit passionierter Penibilität wurde eine Pseudowissenschaft entwickelt, um unsere generationenübergreifende Unterwerfung zu rechtfertigen. Mit Elan und Erlassen förderte die Kirche den Kolonialismus. Die hochgelobten Humanisten und Fürsprecher der Freiheit sahen tatenlos zu, während wir entmenschlicht wurden: Georg Wilhelm Friedrich Hegel und Immanuel Kant, George Washington und Thomas Jefferson hatten gut reden. Ausgerechnet im Zeitalter der Aufklärung, gewissermaßen zum Urknall des Universalismus, blühte der Handel mit Versklavten auf.

Doch auch heutzutage – nach der zumindest formalen Emanzipation – werden wir als Opfer des Rassismus ausgegrenzt und gleichzeitig eingezäunt. In Unterkünften für Geflüchtete, in Justizvollzugsanstalten, in der Psychiatrie, in den Fängen der Sextrafficker. Oder wir fristen unser Dasein mit etwas Glück als Steuerzahlende im Streichelgehege des selbst ernannten Sozialstaates, dem Menschenzoo der Moderne. Denn auch da sind wir angekettet. Wir werden wie Marionetten manipuliert. Wir werden dressiert, um unsere Dankbarkeit besser artikulieren zu können. So oder so sind wir nicht frei, sondern immer noch Freiwild. Und da der Rassismus nach wie vor wütet, hinterlässt er weiterhin Blutspuren und vernarbte Seelen. Ihm steht dabei eine große Auswahl an Tatorten zur Verfügung. Sein Unwesen treibt er am Arbeitsplatz, an der Tür zum Club, auf offener Straße, im Internet und auch von der Gerichtsbank aus. Häufig kann er, der Rassismus, getrost damit rechnen, nicht mal als Problem betrachtet zu werden. Denn angeblich existiert er ja gar nicht mehr oder die ihm vorgeworfenen Handlungen werden als verständliche Reaktion auf die sogenannte Überfremdung der gedachten Heimat fehlinterpretiert.

Die Komplizenschaft des Rassismus ist ebenfalls überall unterwegs. Sie lässt sich jedoch nicht minder schwer fassen. Viele Mittäter*innen ahnen selbst nicht, dass sie ihr Schützenhilfe gewähren oder zumindest Zuflucht bieten. Wenn sie mit den Privilegien konfrontiert werden, die sie infolge ihrer aktiven oder auch nur passiven Mitwirkung genießen, zücken sie ihre Smartphones. Sogleich warten sie mit Beweisbildern von einem afrikanischen Patenkind auf, das sie seit Jahren mit Leidenschaft und Lastschriftverfahren unterstützen. Sie weisen auf ihre Social-Media-Profile hin und zeigen, wie sie jüngst *Blackout Tuesday* gefeiert haben.

Dabei möchte ich Sympathiegesten und Solidaritätsbekundungen nicht pauschal in Abrede stellen. Heutzutage ist der Begriff *Black Lives Matter* in aller Munde – und das ist gut so. Die gleichnamige Bewegung, die bereits 2013 infolge der Erschießung des schwarzen Teenagers Trayvon Martin im Jahr zuvor gegründet wurde, hat mittlerweile rund um die ganze Welt Ableger. Im Schulterschluss mit uns Schwarzen greifen Menschen jeglicher Couleur den desperaten Satz auf: *»I can't breathe!«*

Schon 2014 stieß der Schwarze Eric Garner ebenjene Wörter während seiner tödlichen Festnahme auf Staten Island in New York aus. Und er wird kaum der Erste gewesen sein. Von dem fatalen Einsatz gibt es sogar kurze Videoaufnahmen, die Garner im damals wie heute verbotenen Würgegriff der Polizei zeigen, wobei es für den verantwortlichen Beamten keine ernsten Konsequenzen gab. Jahre später nahm eine junge Schülerin namens Darnella Frazier[1] ein 8 Minuten und 46 Sekunden langes Video mit ihrem Handy auf – und diese Szene klebt visuell und akustisch in unserem Gedächtnis: Der Afroamerikaner George Floyd,[2] bereits mit Handschellen gefesselt und auf dem Boden liegend, stirbt unter dem Knie des Polizeisergeants Derek Chauvin. Der Mitschnitt, der Floyds Martyrium in Minneapolis festhält, ging sofort viral. Genau genommen, war Floyd sogar 9 Minuten und 29 Sekunden gefoltert worden, wie Bodycam-Aufnahmen der beteiligten vier Polizisten später verrieten.[3] Eingedenk der Tatsache, dass ich am eigenen Leib schon viel Erfahrung mit Rassismus gesammelt hatte, war ich verblüfft, dass ich noch heulen konnte, während ich mir den Mord anschaute. Und das tat ich immer und immer wieder. Wie eine masochistische Voyeurin. Wohl in der verzweifelten Hoffnung, dass Chauvin im nächsten oder übernächsten Durchlauf rechtzeitig aufhören würde, damit Floyd wieder heil auf die Füße und mit einem Schrecken davonkommen könnte. Als hätte *White Supremacy* jemals eine Schwäche für Gnade.

Aber dann kam fast ein Jahr später die »Erlösung«. Das einstimmige Urteil der zwölf Geschworenen wurde vom Richter verlesen. Schuldig in allen drei Anklagepunkten: Mord zweiten Grades, Mord dritten Grades und Totschlag zweiten Grades.

Eine Mischung aus Euphorie und latenter Erzürnung bemächtigte sich meiner. Ich klatschte, ich schrie, ich schimpfte, als der Ex-Cop abgeführt wurde. Der süffisant-gelassene Gesichtsausdruck, mit dem er in die Handykamera geschaut hatte, während er das Leben aus George Floyd qualvoll herausquetschte, war nicht mehr zu erkennen.[4]

»Ich kann nicht atmen!« Diese Parole erlangte inmitten der Pandemie eine erweiterte Signifikanz. Denn Rassismus nimmt uns – uns allen! – die Luft zum Atmen. Gleichwohl entsteht dieses Virus nicht in einem Vakuum, sondern in einer brodelnden Biosphäre, in der Brutalität und Bürokratie an und für sich gut miteinander auskommen. Wir direkt Betroffene der Diskriminierung, wir, die methodisch marginalisiert sind, weisen dabei eine erhöhte Komorbidität auf. So ist es zu begrüßen, dass nicht schwarze Verbündete, die bislang kein Sterbenswort gesagt haben, was Rassismus betrifft, unsere Schnappatmung endlich wahrnehmen.

Sie können nicht mehr tatenlos mitansehen, wie unschuldige Schwarze durch rassistische Übergriffe des Staates und seitens diverser Bürgerwehren wie 2020 im Fall von Ahmaud Marquez Arbery im MP4-Format ohne Anlass gejagt und getötet werden. Zugleich möchten sie nicht mehr wegschauen, auch und gerade wenn Frauen wie die unschuldige Rettungssanitäterin Breonna Taylor nicht coram publico, sondern nachts in ihrem Schlafzimmer im Kugelhagel der Polizei tödlich verletzt werden. Ausgerechnet Taylor, eine der kollektiv gefeierten Held*innen im Kampf gegen Covid-19, starb als zunächst anonymer Kollateralschaden eines misslungenen Polizeieinsatzes. Ja, bitte: #SayHerName. Außerdem begreifen unsere nicht schwarzen Verbündeten nach und nach, dass auch sie ins Visier der Rassisten geraten können: Der weiße, damals 17-jährige Kyle Rittenhouse, der sich von seiner Mutter zu einer BLM-Demo chauffieren ließ, erschoss in Kenosha, Wisconsin, zwei Weiße und verletzte einen weiteren

Weißen schwer. Und nationalistische Republikaner in den USA gaben sich daraufhin die Klinke in die Hand, um dem inzwischen freigesprochenen Knaben zu huldigen. Einige Kongressabgeordnete haben Rittenhouse sogar ein Praktikum im Kapitol angeboten, als wäre der *Coup-Klux-Klan* am Dreikönigstag 2021 nicht schlimm genug.

Während der moderne mediale Kulturkampf tobt, liegen immer mehr besorgte Bürger*innen in ihren »Fox«-Löchern auf der Lauer. Alles, was multikulturell wirkt, alles, was nach kritischer Auseinandersetzung mit Rassismus klingt, wird unerbittlich unter Beschuss genommen. Selbst in der noch definierbaren politischen Mitte der Gesellschaft gibt es Skeptiker*innen, die die Devise der BLM-Bewegung *»No justice, no peace«* eher als Drohung auffassen. Eine fatale Fehleinschätzung, die suggeriert, der böse schwarze Mann sei mit geballter Faust und aufgehaltener Hand unterwegs. Gemäß dem Motto: »Versorgt mich! Oder ich vernichte euch!« Und wenn man kein Interesse daran hat, Protestierende und Plündernde auseinanderzuhalten, trägt dieses Versäumnis nicht gerade zur Entschärfung der Lage bei. Denn die Devise *»No justice, no peace«* ist schlussendlich keine Drohung, sondern eine unumstößliche Wahrheit. Ein Weckruf, der uns alle aus dem Dornröschenschlaf erwachen lassen muss, ganz egal, ob wir *woke* sind. Denn eine Gesellschaft, in der nur die Privilegierten Gerechtigkeit erwarten können, kann auf Dauer niemandem Frieden gewährleisten. Das gilt hüben wie drüben.

Im Rahmen dieses Storytellings warte ich mit autobiografischen Anekdoten auf. Denn die Segregation, die durch Staatsgewalt geforderte rassistische Trennung von Schwarzen und Nicht Schwarzen in den USA, ist für mich nicht etwa die graue Vorzeit, sondern eine grausame Erinnerung aus den 1960er Jahren. Wenn meine Eltern und ich in die Südstaaten fuhren, hatten wir das sogenannte *Green Book* dabei, den jährlich erscheinenden

Reiseführer für afroamerikanische Autofahrende, nach dem Herausgeber Victor Hugo Green benannt. Das Betreten der als *»White only«* gekennzeichneten Hotels und Restaurants war schwarzen Gästen quer durch den Süden streng verboten, wie auch das Verweilen in vielen Städten nach Sonnenuntergang. Das prägt, das prägt lebenslänglich. Freiheit sei eben ein ständiger Kampf, meinte die ikonische Soldatin mit Riesenafro. Es war Angela Yvonne Davis,[5] deren Konterfei ich mit zehn Jahren auf meinem Reversknopf hatte. Diesen bekam ich 1971 von meiner älteren Cousine – die Aufschrift rief zu einer Free-Angela-Demo im Central Park auf.

Erst 51 Jahre später traf ich mich persönlich mit Ms. Davis. Sogar zum Interview,[6] und zwar am Oranienplatz in Berlin. Der Begegnungsort, ein Containerdorf, diente 2022 als Refugee-Camp im Kreuzberger Ortsteil SO 36. Im Herzen dieser »Baustelle Migration« stand ein Zelt, in dem Kundgebungen, Workshops und Diskussionsrunden stattfanden. Der Andrang war groß, obwohl sich der Zugang zur Pressekonferenz auf uns eingeladene Journalist*innen beschränkte. Akkreditierungsformalitäten, Sicherheitschecks.

Feminismus, Hetze, Kolonialismus, LGBTQ-Politik. Mit der Aktivistin, die den Terror des Ku Klux Klans in »Bombingham«, Alabama, überlebt hatte, sprach ich über allerhand Themen, die gewissermaßen überhandnehmen. Mit Grazie nahm sie die erste Auflage dieses Buches mitsamt Signatur entgegen, und die polyglotte Frau liest ja bekanntlich auch auf Deutsch. Aber zwischen unseren Meinungen zu Israel klafft ein unüberwindlich tiefes Rotes Meer.[7] Da fühle ich mich mit der sturen, feierlichen Solidarität von Martin Luther King besser aufgehoben:

> Jegliches Gerede von der Vertreibung der Juden ins Mittelmeer, wie wir es in den letzten Wochen oder Jahren gehört haben, ist nicht nur unrealistisch,

sondern es ist selbstmörderisch für die ganze Welt, und ich halte es auch für schrecklich unmoralisch.[8]

Dass die schwarze Community eine Meinungsvielfalt aufweist, ist schließlich eine gute Sache. Ein Gewinn für die ganze Gesellschaft. Wir sollten uns von der Vorstellung abwenden, dass alle Menschen einer bestimmten Gruppe eine einheitliche Meinung vertreten. Denn wir brauchen keine Vervielfältigung derselben Ansichten, sondern eine echte Vielfalt an Ansätzen.

Der Kampf um die Freiheit ist nolens volens ein Dauerabo. Dabei müssen wir, die Betroffenen, allerdings dazu bereit sein, nicht nur oberflächliche soziale Normen und die gängigen Vorurteile zu hinterfragen, sondern auch die Machtstrukturen zu konfrontieren, die in der »Befreiungsbewegung« tief verwurzelt sind. Denn nicht alles, was sich nach außen hin als progressiv darstellen lässt, beinhaltet wirklich einen Fortschritt.

Die Faszination zum Beispiel für Ernesto Che Guevara ist ebenso bemerkens- wie bedauernswert. Denn Guevara vertrat rassistische, antisemitische, queerfeindliche und misogyne Ansichten. In seinem Tagebuch bezeichnete er schwarze Menschen als »diese großartigen Beispiele der afrikanischen Rasse, die ihre Rassenreinheit dank ihrer Abneigung gegen das Baden bewahrt haben«.[9] Überdies glaubte er, dass weiße Europäer den Menschen afrikanischer Abstammung überlegen seien, und er beleidigte Mexikaner als »eine Bande von ungebildeten Indianern«. Dass er trotzdem Held vieler Linken ist und sogar als weißer Erretter gilt, zeugt davon, dass der Rauch seiner Zigarillos ihn überlebt.

Immerhin ist es von entscheidender Bedeutung, dass wir den *White Saviors* mit Vorsicht begegnen. Oft wollen sie uns instrumentalisieren, um ihre eigene Position zu stärken. Indem sie den gepriesenen Kampf gegen die weiße Übermacht steuern, lenken sie jedoch davon ab, dass auch sie privilegiert sind. Ihre vermeintlichen Hilfeleistungen an uns sind oft mit Bedingungen verbunden, die unsere Autonomie einschränken und unsere Abhängigkeit verstärken. Wenn sie uns dazu aufstacheln, ihre Feinde zu hassen und uns auch noch dazu gegenseitig anzugreifen, dient es weder uns noch dem sozialen Frieden überhaupt.

Diese Tendenz erkennt man in der Bereitschaft der *White Saviors*, uns in der BIPoC-Community als Kanonenfutter zu betrachten. Wer uns als Gorillas betrachtet, hat kein Problem damit, dass wir als Guerillas sterben. Mit revolutionärer Rhetorik schicken sie uns gerne in den bewaffneten Kampf gegen den Kolonialismus auf x-beliebigen Kontinenten, während sie ihre Posten auf dem Kurfürstendamm oder entlang des Rodeo Drive verteidigen. Dabei sind sie nicht darauf bedacht, am Abbau struktureller Diskriminierung im eigenen Umfeld zu arbeiten.

Es handelt sich um den Rassismus der Geringschätzung bzw. der geringen Erwartungen. Diese Art der Menschenverachtung opfert uns, leugnet unsere intellektuellen Fähigkeiten und suggeriert, wir seien dafür da, um für die Demokratie zu sterben, statt in der Demokratie zu leben.

Rasse. Race. Das Rennen, das ewige Rennen. Nichts vermag solche Gedankensprünge in Gang zu setzen wie ein morgendlicher Lauf. Gerade in Berlin, einer Stadt, die weitaus mehr Brücken hat als Venedig, kann jedweder Schritt auf eine weitere Insel führen, indem man sich am Archipel der Menschheit entlangtastet.

Während ich auf der Moltkebrücke laufe und die Spree überquere, denke ich an Angela. Allerdings Angela Merkel. Denn meine Joggingstrecke führt direkt an der Waschmaschine, also dem Bundeskanzleramt, vorbei. Mutti zieht in diesen Tagen aus. *»Angie, Angie, where will it lead us from here?«*[10] Merkel habe ich einige Male live gesehen, zwischen Sylt und Stuttgart. Aber niemals auf der Joggingstrecke. Damit will ich nicht suggerieren, Merkel sei unsportlich. Nein, sie wandert in Südtirol fleißig über

Berg und Tal. Außerdem ist es eine große athletische Leistung, 16 Jahre ununterbrochen auf der Stelle zu treten. Okay, okay. Die Kabarettistin in mir kann es selbst bei diesen todernsten Themen nicht lassen. Nennen wir es schwarzen Humor. Ehe man sauer wird, dass ich der Ehefrau von Herrn Sauer politische Untätigkeit vorwerfe, möchte ich der Dame mein Lob und meinen Dank aussprechen, und zwar von ganzem Herzen. Merkel hat die Ellenbogen eingesetzt, um für eine Empathiegesellschaft zu werben. Sie ließ nicht vergessen, dass Menschen, die unverschuldet auf der Flucht sind, unser aller Achtung verdienen. Ich möchte niemals unterschätzen, wie viel Kraft sie jahrein, jahraus aufbringen musste, um an etlichen Fronten den Druck der Patriarchen und Populisten auszuhalten. Das zeugt von Charakter und Chuzpe. Chapeau!

Aber es obliegt uns, Chapeau hin, Chapeau her, auf der Hut zu sein. Wer Einwanderungspolitik am Volk vorbei macht, wird havarieren. Wenn wir es als Gesellschaft den Demagogen überlassen, die lästigen, logistischen und schließlich logischen Fragen zur Thematik Flucht und Integration zu stellen, ist das ein Armutszeugnis. Das sage ich in völliger Kenntnis der Lage.

Auf dem Mittelmeer treibt ein Boot,
Vom Frontex noch nicht geentert,
Auf dem Mittelmeer bleibt das Boot,
Denn es ist schon längst gekentert.[11]

Als am 3. Oktober 2013, übrigens am Tage der Deutschen Einheit, das erste große Schiffsunglück von Lampedusa geschah, war ich nicht in der Bundesrepublik. Live im italienischen Fernsehen RAI verfolgte ich die Tragödie, die Hunderten von Geflüchteten erleben mussten. Erfahrene Moderatorinnen kämpften sichtlich gerührt mit ihren Emotionen vor der Kamera. Ganze Sendungen wurden unterbrochen. Die Bauchbinden am unteren Rande des

Bildschirms versuchten verzweifelt, das sich entfaltende Leid zu beziffern, während sich die Särge unaufhörlich stapelten. Heutzutage aber tauchen solche Unglücke als flüchtige Fußnote auf. Auf dem Wege in Richtung Gerechtigkeit setzt der Gewöhnungseffekt ungeduldig ein. Ist es dennoch unmoralisch, zu fragen, inwieweit die berühmt-berüchtigte »Willkommenskultur« eine neue Form des Kolonialismus darstellt? Oder sogar die alte Form fortsetzt?

Fakt ist, Dekolonialisierung, echte Dekolonialisierung fängt lokal an. Egal, ob die Ampel nach den Neuwahlen 2025 leuchtet, sollte man die Straßenumbenennung fortsetzen. Meine Reportagen offenbaren, wie wir in der schwarzen Community seit Langem dafür plädieren, rassistische und den Kolonialismus verherrlichende Straßennamen zu ändern und empowernde Wegweiser durch die sonst weitgehend totgeschwiegene afrodeutsche Geschichte aufzustellen.[12] Empowerment ist auch nötig, was den Umgang mit unseren »Morden« betrifft. Verantwortliche müssen also mit zur Rechenschaft gezogen werden, wenn das System nicht gewillt ist, Morde wie die an Amadeu Antonio Kiowa und Oury Jalloh aufzuklären. Weniger Sonntagsreden, mehr Alltagshandeln.

Von der Gesellschaft insgesamt erwarte ich mehr Engagement – individuell und kollektiv. Mit Flashmobs allein ist es allerdings nicht getan. Und unsere Wachsamkeit darf sich nicht auf eklatante Hassverbrechen beschränken. Die Terroranschläge von Halle und Hanau verdeutlichen die Notwendigkeit des Zusammenhalts, auch und gerade im Alltag. Wenn die Wellen der Empörung verebben und die Hashtags auf dem Cyber-Friedhof landen, bedeutet es nicht, dass der Rassismus sich ausruht.

Der Kampf gegen den Rassismus ist kein Sprint, sondern ein Marathonlauf mit Hindernissen. Wenn wir multikulturell als Staffel auftreten, können wir den Hass überholen und als Team ins Ziel der Gleichberechtigung einlaufen. Alle können davon profitieren.[13] Denn der Antirassismus befreit nicht nur die Unterdrückten. Wir Schwarzen sind zwar Opfer, jedoch auch Tatkräftige, die den Takt und den Ton angeben können. Seit anderthalb Millennien sind wir auf diesem Parcours unterwegs und haben auf die harte Tour gelernt, nicht aufzugeben.

Diesbezüglich möchte ich aus meinem Tongedicht »Race Relations« zitieren:

> *Für Ruhe noch keine Zeit,*
> *Sonst lägen wir danieden.*
> *Ein Leben ohne Freiheit,*
> *Ist ein Tod ohne Frieden.*[14]

3. Das Gesicht wahren

Das Licht der Welt erblickte ich im Schatten der Freiheitsstatue. Es war Oktober 1961, und zwar genau 75 Jahre nach der Einweihung jenes ikonischen Monuments im New Yorker Hafen. Die Patronin mit der Patina stand mir also Pate. Gute Aussichten, oder? Zu ihr pflege ich zeitlebens allerdings eine Beziehung, die von einer Mischung aus Ambition und Ambivalenz geprägt ist. Wer sechs Jahrzehnte lang in meiner Haut steckt, vermag diese Zerrissenheit zu verstehen. Wer mich sieht, sollte es sofort begreifen können. Ein Blick auf meine in den USA ausgestellte Geburtsurkunde gibt schon Aufschluss. Ebenda steht der lakonische Vermerk: *»Race: Negro.«*

Diese anthropologische Festlegung ist folgenschwer. Ist sie aber auch fachgerecht? Gemäß den zu jener Zeit herrschenden Vorstellungen über die Menschheit mag diese Klassifizierung in Ordnung gewesen sein. In der Tat stammen meine Ahnen aus Afrika und sie wurden wie auch ich der Kategorie der Negroiden zugerechnet. Wahrhaftig weise ich die phänotypischen Merkmale dieser Kategorie auf, insbesondere in puncto Hautfarbe und Behaarung, teils auch wegen der Schädelform. Meine fleischigen Lippen und meine etwas breite Nase verraten ebenfalls einiges. Allerdings gibt es keine Menschenrassen, sondern die menschliche Rasse überhaupt. *»Race: Human«* – das sollte eigentlich dort stehen. Die sogenannte Rassenkunde, die im 17. Jahrhundert etabliert und penibel ausgearbeitet wurde, war von Beginn an willkürlich und nicht minder wissenschaftsfremd. Doch die damit verbundenen Ansichten währen leider bis heute fort, und zwar als Denkstrukturen. Die genealogische Statistik ist somit Teil der gesellschaftlichen Statik.

Ich bin so oder so schwarz. Schwarz und verdammt stolz. Schwarz und verdammt strapaziert. Schwarz und verdammt halt. Trommelwirbel, bitte. Gern mit Djemben. Afrikanische Trommeln reden nicht nur, sie singen und sie sprechen auch. Und ihre Rhythmen bilden meinen Herzschlag.

An dieser Stelle sei vorsorglich erwähnt, dass meine Wenigkeit sogar mit Pauken und Trompeten gezeugt wurde. Die Fanfarenstücke entstammten allerdings dem Klangkörper des U.S. Marine Corps. Ja, die traditionsreiche Militärband machte Hintergrundmusik, während ich gerade noch ein Funkeln in den Augen meiner Mutter war. Mama und Papa hielten sich in der einen Kiste auf und unterhielten sich gleichzeitig vor einer anderen Kiste. Letztere war ein Röhrengerät mit aufgesperrten Mahagonitüren. Schnee flimmerte immer wieder über die Mattscheibe. Zum einen, weil der Empfang schlecht war, ganz egal, in welche Richtung man gedachte, die hasenohrartige Zimmerantenne zu drehen. Zum anderen gab es damals einen heftigen Blizzard in Washington, D.C. – und von dort wurde die Amtseinführung eines charmanten jungen Präsidenten live übertragen. Mit einer Hand zum Schwur gehoben und mit der anderen auf der Bibel legte John Fitzgerald Kennedy seinen Eid ab. Dann legte er mit seinen Visionen los. Als JFK das Wort ergriff, fesselte er die Nation. Eine Nation, in der sich einige Sterbliche danach sehnten, entfesselt zu werden:

> Wir dürfen in unseren Tagen nicht vergessen, dass wir die Erben jener Revolution sind. Mögen nun und hier Freund und Feind erfahren, dass die Fackel weitergereicht wurde an eine neue Generation von Amerikanern, die in diesem Jahrhundert geboren, durch Krieg gehärtet und durch einen kalten und bitteren Frieden an Disziplin gewöhnt wurde – die stolz auf unser altes Erbe und nicht bereit ist, zuzusehen

> oder zuzulassen, dass die Menschenrechte, zu denen sich diese Nation immer bekannte und auch heute bekennt, langsam zugrunde gerichtet werden.[1]

Es war wohl auch die Rede, in der er im selben Atemzug ermutigte und ermahnte: »Fragt nicht, was euer Land für euch tun kann – fragt, was ihr für euer Land tun könnt.«[2] Hehre Worte. Hehre Worte in einem herben Winter: Am Vorabend der Inauguration waren rund 3.000 Schneepflüge eingesetzt worden, um die Verkehrswege des Bundesdistrikts in Anbetracht der bevorstehenden Parade freizuräumen.

Aber in dem imposanten Gebäude mit der Hausnummer 1600 an der Pennsylvania Avenue hatten die neuen Bewohner*innen es offenbar versäumt, vor der eigenen Tür zu kehren. Die abgedroschenen Plattitüden über Menschenrechte blieben gleichsam auf der Straße und knirschten unter den Sohlen wie der trotzige, schmutzige Schnee von gestern. Dabei ist ein schwarzer Sänger und Stepptänzer von Weltruhm ausgerutscht.

Mit dem »Jigaboo Jitterbug« gedachte ich, jenem Star eine sarkastisch-solidarische Warnung zu schreiben. Diese kam, was ihn betrifft, etwa 60 Jahre zu spät. Eigene Erfahrungen zu sammeln, ist ja zeitaufwendig. Rückschlüsse zu ziehen, ist oft schmerzhaft. Eine Marionette, die ihre Fäden in die Hand nimmt, bleibt eine Marionette, oder? Immerhin gilt die ebenso klare wie konfuse Aussage:

Save your face,
It's all you got,
Find your space,
Stay on your spot.

Show them teeth,
But don't you bite,

Remain beneath,
Don't dare to fight.

Sing your song,
Do the dance,
Move along,
It's your chance.[3]

Für Sammy Davis Jr. alias Mister Entertainment war die Buchung Anfang 1961 wie ein Ritterschlag. Es handelte sich um eine Veranstaltung, die in der East Capitol Street stattfinden sollte, und zwar in der mit 10.000 Sitzplätzen ausstaffierten Armory der National Guard in Washington, D.C. Eigentlich hatte er in seiner spannenden Karriere schon längst in viel größeren Hallen gespielt. Diesmal aber sollte er beim Inaugurationsball von John F. Kennedy antanzen. Zu den anderen erlesenen Headlinern des Events zählten Laurence Olivier, Leonard Bernstein und Frank Sinatra. So hatte sich Davis gefreut, auf der A-Liste zu sein. Doch bei ihm stand »A« eben für »Ausladung«. Verzeihung, aber man habe sich plötzlich eines anderen besonnen. Das abrupte Umentscheiden gegen Davis erfolgte möglicherweise auf Geheiß des Patriarchen Joseph Kennedy, der den Ball für seinen 43-jährigen Sohn übrigens aus eigener Tasche finanzierte. Davis erhielt noch dazu die niederschmetternde Anweisung, sich vom Event bitte fernzuhalten. Nein, nicht einmal als Zaungast sollte er in Erscheinung treten. Auf dem schwarz-weißen Parkett der Politik wurde Davis nicht lediglich auf dem falschen Fuß, sondern auch auf dem falschen Feld erwischt. Schachmatt kann man ohne »Schmach« nicht buchstabieren.

Ausgerechnet Davis sollte Hausverbot bekommen? Seitdem er ein Dreikäsehoch war, stand der Afroamerikaner mit hispanischen Wurzeln auf den Brettern, die die Welt bedeuten. Auch wenn er dunkelhäutig war, trat er als Kind mit Blackface auf. Pechrabenschwarz und putzig. Nach den damaligen Maßstäben. So konnte er einen 44-jährigen Zwerg namens Silent Sam verkörpern, ohne negativ aufzufallen – für Darsteller unter 16 Jahren war es verboten, im Rampenlicht zu stehen. Stumm blieb er aber nicht. Nein, er ließ seine Stimmbänder mit samtweichen sonoren Tönen vibrieren und sie öffneten ihm Tür und Tor. Er schaffte den Sprung von Harlem bis nach Hollywood. Bei der Army unterhielt er zwischen 1943 und 1945 die Truppen, auch wenn die Soldaten ihn rassistisch beleidigten und sogar schlugen. 1955 wurde er zu einem Reformjuden.[4] Ist sein Werdegang nicht der Stoff, aus dem der buntscheckige amerikanische Traum zusammengenäht wird? Die Story handelt von harter Arbeit, Glaubensfreiheit und Auferstehung.

Den Übertritt zum Judentum führte Davis übrigens auf ein tiefes Insichgehen nach einem schrecklichen Autounfall an der Route 66 zurück, das er nur knapp überlebt hatte. Durch den Unfall war er auf dem linken Auge blind. Allerdings unterstützte er die Wahlkampfkampagne des Mannes aus Massachusetts gleichsam blind. Und doch: Er hätte die Blamage und seinen damit verbundenen Gesichtsverlust kommen sehen müssen.

Einige Monate zuvor auf dem Nominierungsparteitag der Demokraten 1960 in Los Angeles war Davis von vielen aus den Südstaaten stammenden Delegierten ausgebuht worden. Frank Sinatra, als enthusiastischer Befürworter Kennedys ebenfalls dabei, war entsetzt. Er legte eine Hand auf Davis' Schulter und tröstete: »Ach, diese dreckigen Hurensöhne. Sammy, lass sie nicht an dich ran.«

Leichter gesagt als getan. Davis steckte die Erniedrigung in Los Angeles dennoch weg. Politische Parteitage tendieren dazu, wie Familientreffen abzulaufen. Es gibt Beschimpfungen, es fliegen die Fetzen. Pack schlägt sich, Pack verträgt sich. Oder? Sammy Davis Jr. gehörte dem Pack wiederum nicht an, sondern vielmehr dem *Rat Pack*, jener Meute hochkarätiger Performer, die mit Charisma und Cocktails auf die Bühnen der Casinos traten. Die Hauptstadt Washington ist natürlich nicht mit Las Vegas gleichzusetzen, aber sie ist trotzdem das Venue vieler Vabanquespiele. So wollte Sinatra die Würfel rollen. Als Anführer der Rattenbande wurde das italoamerikanische Idol bei den Kennedys vorstellig, um Davis' Teilnahme an der Gala zur Amtseinführung doch noch zu erwirken. Sonnyboy Frank, dem ein etwas zu vertrauter Umgang mit Mafiosi nachgewiesen wurde, gelang es jedoch nicht, bei den Kennedys ein Umdenken zu forcieren. Die Ausladung habe übrigens nicht mit Davis persönlich zu tun, wurde Sinatra zugesichert.

Doch der Grund konnte nicht persönlicher sein. Davis war frisch mit einer Weißen, der schwedischen Schauspielerin May Britt, verheiratet und auf dem Parteitag der Demokraten war seine Verlobung schon bekannt gewesen. Auch die Presse hatte längst Bescheid gewusst. Keine Paparazzi, sondern renommierte Fotografen bannten Sammy und May regelmäßig auf die Platte. Die beiden Verliebten erschienen auf den Titelseiten von Hochglanzmagazinen wie der *Vogue,* als wären sie John und Jacqueline Kennedy. Die Exemplare gingen weg wie warme Semmeln und manche wurden zugleich ein Raub der Flammen. *Mixed Marriages* waren damals nicht nur skandalös, sondern in etwa der Hälfte der US-Bundesstaaten auch strengstens verboten. Eine Gallup-Umfrage des Jahres 1958 zeigte, dass lediglich ein Prozent der Weißen im Süden und nur fünf Prozent der Weißen außerhalb des Südens die Ehe zwischen verschiedenen ethnischen Gruppen befürworteten.[5]

Der Reflex, Davis den blauen Brief zu geben, erfolgte entlang eines logischen Axioms des Kalküls. Es waren also Ängste, die Mitte Januar 1961 die Kennedys kalte Füße bekommen ließen. Welch Ironie! JFK hatte als Kommandant eines schiffbrüchigen Schnellbootes im Zweiten Weltkrieg ein schwer verletztes Besatzungsmitglied mit sich zu einer fünf Kilometer entfernten

Insel gezogen, und zwar quer durch die haiverseuchten Gewässer des Pazifiks. Nun aber als angehender Oberbefehlshaber am Potomac hatte er ein bisschen Bammel davor, zu früh und zu fleißig gegen den Strom der Mainstream-Gesellschaft zu schwimmen. Sich erst mal treiben lassen, statt Wellen zu schlagen: Das war nach dem harten, knapp erfolgreichen Wahlkampf gegen den Republikaner Richard Nixon das Ziel. In diesem Zusammenhang entbehrt es nicht einer gewissen Ironie, dass Davis, zunächst verzweifelt, dann lange verschnupft, Anfang der 1970er Jahre zu einem Anhänger Nixons wurde. Und Nixon zeigte diesbezüglich keine Berührungsängste. Nein, er ließ sich von Davis sogar in aller Öffentlichkeit umarmen. War dieser Seitenwechsel die Vorlage für die spätere *Biracial Bromance* zwischen Kanye West und Donald Trump?

Wie dem auch sei: Andere schwarze Stars waren zum Inaugurationsball von Kennedy 1961 eingeladen. Etliche. Darunter Nat King Cole, Harry Belafonte, Sidney Poitier, Ella Fitzgerald und Mahalia Jackson. Sie durften die Gala auch tatsächlich besuchen und mit ihren diversen Talenten aufhübschen. Aber die Stimmung war seltsam. Harry Belafonte erinnerte sich: »Es war einer dieser Momente, in denen nicht nur Frank nicht glücklich darüber war, wir anderen waren auch mit einem Moment konfrontiert, bei dem wir nicht wussten, wie wir das hinkriegen würden.«[6]

Dass Nat King Cole dabei sein durfte, ist übrigens nicht immer so selbstverständlich gewesen, obwohl er als Entertainer mit einem hervorragenden Renommee aufwartete. Der in Alabama geborene und in Chicago aufgewachsene Cole war Sohn eines Baptistenpredigers und einer Kirchenorganistin. Natürlich spielte er Gospelmusik. Klassisches Klavier jedoch auch, sogar »alles von Johann Sebastian Bach bis hin zu Sergei Rachmaninoff«.[7] Doch es waren seine als singender Jazzpianist absolvierten Performances, die ihm viel Ruhm und zeitweilig etwas Reichtum brachten. Den Löwenanteil des Reichtums holte er für andere ein. Entlang der Vine Street in Hollywood gibt es ein 13-stöckiges Hochhaus, das 1955 als das Capital Records Building eingeweiht wurde. Bald danach bezeichnete man es als *The House That Nat Built,* da Nat King Cole eine große Anzahl von Tonträgern für das Unternehmen verkauft hat. Mehr als 50 Millionen Schallplatten seiner Lieder wurden verkauft – »Straighten Up« and »Fly Right«, »Mona Lisa«, »The Christmas Song« und, ja, »Unforgettable«.

Unvergesslich ist freilich auch, dass Cole ähnlich wie Davis immer wieder den Zorn der Segregationisten geweckt hatte. Als Cole 1948 eine Villa in einem gänzlich weißen Stadtteil von Los Angeles erworben hatte, war ihm ein leuchtendes Geschenk zum Einzugsfest zuteilgeworden. Nämlich ein brennendes Kreuz, die Visitenkarte des Ku Klux Klans. Die Mitglieder der Eigentümergemeinschaft von Hancock Park gaben sich empört. Sie richteten ihre Wut jedoch nicht etwa gegen den KKK, sondern gegen Cole – und erklärten, sie wollen keine Unerwünschten in der Nachbarschaft. Cole antwortete sogleich: »Ich auch nicht. Wenn Unerwünschte hier auftauchen, werde ich der Erste sein, der sich beschwert.«

Der Zorn gegen Cole nahm zu. Denn er war der erste Schwarze mit einer eigenen Radiosendung, dann einer der ersten Schwarzen mit einer eigenen Fernsehserie, nach Ethel Waters (bereits 1939) und Hazel Scott (1950). *The Nat King Cole Show* auf NBC erzielte respektable Einschaltquoten. 1957 wurde sie aber nach 42 Folgen abgesetzt. Offiziell wegen fehlender Sponsoren. Rheingold Beer, Italian Swiss Colony Wine und Colgate waren gern dabei, doch die Konstellation reichte nicht. Cole meinte, Madison Avenue, Dreh- und Angelpunkt der Werbeagenturen, habe »Angst vor der Dunkelheit« gehabt.[8] Auch das hat man in weiten Teilen des Landes nicht gern gehört. Auf Tournee wurde Cole verbal und physisch attackiert. Immer wieder zirkulierten während seiner Konzerte Fantasiefahndungsfotos, die Coles

Konterfei mit irgendwelchen weißen Mädchen zeigten, um die Stimmung gegen ihn zu kippen.

In einem Fall hatten nicht weniger als 150 verärgerte weiße Männer konspirativ geplant, Cole in Birmingham zu kidnappen. Heutzutage würde man sie als »besorgte Bürger« bezeichnen. Tatsächlich waren sie vom North Alabama Citizen's Council, einer KKK-Fraktion unter der Leitung von Asa Carter, der später für George Wallace die berüchtigte Rede »Segregation Forever« verfasste. Einige Mitglieder seiner Gruppe kastrierten 1957 einen Schwarzen. Ein weiterer Verschwörungsteilnehmer war ein gewisser Kenneth Adams, der gleichzeitig der Neonazi-Gruppe National States' Rights Party angehörte. Adams wurde unter anderem mit einem Brandanschlag auf einen Bus mit Freedom Riders, dem Mord am Afroamerikaner Willie Brewster und einem Komplott zur Bombardierung verschiedener Kirchen und Zeitungsverlage in Verbindung gebracht. Also nur besorgte Bürger.

Beim Versuch, Cole zu entführen, rannten Kenneth Adams und drei andere Weiße durch den Mittelgang des Birminghamer Auditoriums auf die Bühne zu. Cole war gerade inmitten seiner romantischen Ballade »Little Girl«, als Adams ihn packte. Der in Schrecken versetzte Sänger wurde von einem herunterfallenden Mikrofon direkt ins Antlitz getroffen. Adams rang ihn dann über den Klavierhocker auf den Boden nieder. Polizisten in Zivil schritten ein, wobei sie anfangs mit uniformierten Kollegen, von denen sie für weitere Angreifer gehalten wurden, zusammenstießen. Das britische Ted Heath Orchestra, mit dem Cole unterwegs war, wurde bei dem Handgemenge ebenfalls attackiert. Mit steifer Oberlippe verharrte es freilich auf seinem Posten – wie die Kapelle auf der *Titanic* – und stimmte sogar ein weiteres Stück an. Zwar nicht »Nearer, My God, to Thee«, aber immerhin »God Save the Queen«.[9] Die Melodie dieses Stückes war gewissermaßen tonangebend, da sie in dem patriotischen US-Lied »America (My Country, 'Tis of Thee)« eins zu eins wiederzuerkennen ist. Das verwirrte Publikum, das sich aus 4.000 weißen Fans zusammensetzte, kam für einige Takte pflichtbewusst auf die Füße, fast wie beim Spielen der Nationalhymne. Der Vorhang fiel.

Draußen entdeckten Beamte ein Auto, in dem Gewehre und Schlagringe deponiert waren. Adams und fünf andere Männer wurden festgenommen. Sie kamen aber meist mit einem halben Jahr Gefängnis davon.[10]

Cole überlebte den Angriff mit leichten Verletzungen im Gesicht und am Rücken. Doch er machte in einer Hinsicht einen fatalen Fehler. Dem Lynchen entkommen, redete er sich in einem Interview um Kopf und Kragen: »Ich kann es nicht verstehen«, lamentierte er fassungslos, »ich habe an keinen Protesten teilgenommen. Ich habe mich auch keiner Organisation angeschlossen, die gegen die Rassentrennung kämpft. Warum sollten sie mich angreifen?«.[11]

Namhafte schwarze Zeitungen wie *The Chicago Defender* und *The New York Amsterdam News* feuerten eine Breitseite gegen Cole ab. Sie waren ihm gram. Denn er spielte immer noch in Etablissements, zu denen nur Weiße Zutritt genossen. Dabei trat er in Hotels auf, deren Manager ihn gern im Ballsaal zum Musizieren, jedoch nicht im Zimmer zum Übernachten haben wollten. Auch Thurgood Marshall, damals leitender Rechtsberater der National Association for the Advancement of Colored People (NAACP) und später der erste afroamerikanische Richter am Obersten Gerichtshof, meldete sich ohne Mitleid zu Wort. Er riet Cole, fortan mit einem Banjo aufzutreten.

Die Bemerkung mit dem Banjo deutete wohl auf einen »Saitenwechsel« hin: Cole wurde als Verräter abgestempelt, und zwar mittels einer ätzenden Anspielung auf Jim Crow. In den USA ist »Jim Crow« die gängige Bezeichnung für das umfangreiche System zur Aufrechterhaltung der rassistischen Hierarchie in sämtlichen Bereichen der Gesellschaft. Die Etikettierung beschreibt im Grunde die amerikanische Apartheid, die in den

Südstaaten ironischerweise ausgerechnet nach Beendung der Sklaverei grassierte. Aber woher kommt der Begriff?

Seinen Ursprung hat er im schwarzen Jim Crow, in der Krähe, dem ulkigen Rabenvogel, dem dümmlichen, gutmütigen Clown, der zur Belustigung der Plantagenbesitzer auf Befehl hüpfte und zupfte. Seit etwa 1830 stand Jim Crow im Mittelpunkt der Minstrel-Shows. Die Bühnenfigur wurde wohl von einem Weißen erfunden, dem Komiker Thomas D. Rice, der seine Visage mit verbranntem Kork oder Schuhputzcreme bemalt und seine Lippen auf absurde Weise überzeichnet hatte. Mit Laurence Olivier als Othello war Rice nicht unbedingt zu verwechseln. Rice meinte, die folkloristischen Lieder und Tänze der Versklavten verstanden zu haben. Kulturelle Aneignung war das im strengsten Sinn jedoch nicht, sondern eine groteske Verballhornung, die nicht nur im Süden, sondern auch im Norden des Landes an Beliebtheit gewann. Ein Jahrhundert später verkörperte der weiße Schauspieler Al Jolson ebenfalls mit *Blackface* in dem Streifen *The Jazz Singer,* der als erster abendfüllender Tonfilm gilt, einen Minstrel-Sänger.

Jim Crow, wie er singt und lacht. Erniedrigung als Entertainment (Quelle: Public Domain).

William H. West (1853–1902; oben links im Bild) war ein US-amerikanischer *Blackface*-Schauspieler, der auch als »Progressive Minstrel« reüssierte. Tatsächlich zählte er zu den ersten weißen Besitzern einer Minnesänger-Truppe, die sich aus schwarzen Künstlern zusammensetzte (Quelle: Public Domain).

Die Schilder sagen eigentlich alles. Getrennte Wasserbrunnen in Oklahoma City, 1939. Zur selben Zeit in Deutschland war der Massenmörder Hitler vom »Weltmarktführer im kodifizierten Rassismus« fasziniert (Quelle: Public Domain).[12]

Die *Blackfacing*-Szene aus der erfolgreichen Krimikomödie *Ocean's 11* (deutscher Titel: *Frankie und seine Spießgesellen)* aus dem Jahr 1960. Während Peter Lawford, Dean Martin und Frank Sinatra (v. l. n. r.) sich zur Tarnung schminken, witzelt Sammy Davis Jr. (ganz rechts im Bild) am Lenker: »Ich wusste, dass diese Farbe eines Tages nützlich sein würde.« (Quelle: alamy.com)

Ein beliebter, talentierter Schwarzer, der als salonfähig galt, durfte das internationale Parkett gern betreten. Für ihn war es gleichzeitig ein Drahtseilakt ohne Netz. Nat King Cole und Queen Elizabeth im Jahr 1960 (Quelle: alamy.com).

Dabei gesellten sich auch Schwarze zu den Minstrels, beispielsweise Sammy Davis Jr. in seiner Kindheit, aber zeitweise sogar erwachsene Blues-Musiker wie Fats Waller, Jelly Roll Morton, W. C. Handy, Ma Rainey und Bessie Smith. Für viele war es der ökonomischen Notwendigkeit geschuldet. Aber Cole stand finanziell etwas sicherer da, obwohl er noch lange nicht so viel verdiente wie einige weiße Kollegen, die weniger bekannt waren. Außerdem hatte der KKK ihn auf dem Kieker. Trotzdem – oder gerade deswegen – erweckte er den Eindruck, sich mit der Segregation abgefunden zu haben. So schrieb Roy Wilkins, Exekutivsekretär der NAACP, ein Telegramm an Cole, in dem es hieß:

> Du warst ja kein Kreuzritter, du hast dich kaum bemüht, die Sitten oder Gesetze des Südens zu ändern. Diese Verantwortung [...] überlässt du den anderen. Dieser Angriff auf dich lässt unmissverständlich erkennen, dass die systemische Bigotterie keinen Unterschied macht zwischen denen, die Rassendiskriminierung nicht aktiv bekämpfen, und denen, die es tun. Das ist ein Kampf, dem keiner von uns entkommen kann.[13]

Darüber hinaus hatte es sich herumgesprochen, dass Cole sich vor seinen Fernsehauftritten bewusst etliche Töne heller schminken ließ. Auch sein privates Leben war vom Colorismus gefärbt und gleichsam überschattet. Seine zweite Gattin Maria, eine light-skinned Afroamerikanerin, entstammte einer Elitefamilie Bostons. Unter dem Namen »Marie Ellington« hatte Maria früher als Sängerin gearbeitet, und zwar im Duke Ellington Orchestra, wobei sie mit dem legendären schwarzen Bandleader nicht verschwägert war. Den Nachnamen »Ellington« hatte sie von ihrem ersten Mann Spurgeon Ellington, einem ebenfalls light-skinned Afroamerikaner, der 1943 als Kampfpilot ums Leben gekommen ist. Scheinbar hat Maria den ebenholzartigen Teint ihres famosen Gatten Nat als etwas Bedauerliches empfunden. Das bestätigte ihre gemeinsame Tochter, die preisgekrönte Vokalistin Natalie Cole (1950–2015), die zudem darüber berichtete, dass Maria es nicht ausstehen konnte, wenn Natalie und ihre Geschwister mit schwarzen Kindern spielten.[14]

Colorismus, ein in der schwarzen Community immer noch heißes Eisen, ist ein besonders sadistisches Nebenprodukt des systemischen Rassismus, weil das Gefühl der Zusammengehörigkeit dadurch Risse bekommt.[15] Der Begriff geht auf eine Prägung von Alice Walker in ihrem 1982 erschienenen und 1985 verfilmten Roman *The Color Purple (Die Farbe Lila)* zurück.[16] Das Tabuthema war allerdings bereits 1929 von Wallace Thurman in seinem Harlem-Renaissance-Klassiker *The Blacker the Berry* tiefsinnig angeschnitten worden. Seine Porträtierung der dark-skinned Emma Lou, die versucht, mit den rassistischen Strukturen innerhalb der afroamerikanischen Gesellschaft zurechtzukommen, deckte etliche Facetten der mehrfachen Ausgrenzung auf.[17]

Es wäre vermessen, Nat King Cole als Onkel Tom in die Geschichte eingehen zu lassen. Ja, er durfte 1961 vor JFK, Jackie und zigtausend auserkorenen Gästen spielen. Ungeachtet seines Nachbarschaftsstreits in L.A. wurde er als minder bedenklich eingestuft. Und, ja, als man ihn in Alabama überfiel, steckte er trotz seiner Indignation die Schläge brav ein. Er war für *White America* und das Weiße Haus also vermittelbar. Lange betonte er, er sei kein Politiker, sondern ein Entertainer. Und irgendwie ist es auch rassistisch zu erwarten, dass jedwede schwarze Person lebenslänglich und 24/7/365 Aktivistin sein muss – auch wenn einige von uns diese Herausforderung nolens volens annehmen. Diese Herausforderung können wir leichter annehmen, weil Menschen wie Sammy und Nat, so unterschiedlich sie vermeintlich oder tatsächlich waren, auf ihre Weise und durch ihre

Präsenz den Weg geebnet haben. Wie auch Thurgood Marshall und Roy Wilkins.

Damals, Ende der 1950er, Anfang der 1960er Jahre, gab es den Black-Power-Gruß noch nicht. Und wer die geballte Hand in der Tasche hielt, konnte nicht Klavier spielen. Wer auf den Händen saß, konnte niemandem imponieren und nichts bewirken. Cole ruhte sich auf seinen Lorbeeren allerdings nicht aus. Er wurde Mitglied der NAACP und trat als aktiver Teilnehmer der Bürgerrechtsbewegung in Erscheinung. Dabei spielte er bei der Organisation des Marsches auf Washington 1963 eine entscheidende Rolle, bei dem ein anderer King vor 250.000 Anwesenden erklärte: *»I have a dream.«* Als Cole, ein unverbesserlicher Kettenraucher, 1965 an Lungenkrebs starb, hinterließ er Pläne für eine Produktion von James Baldwins Theaterstück *Amen Corner.*[18] Die Witwe Maria Cole stimmte mit einer Spende von 70.000 Dollar (heute 607.000 Dollar) den Plänen bereitwillig zu.

Das Bühnenspiel in drei Akten sah ich erst mit 14. Ich erinnere mich noch, wie die Figur der Pastorin Margaret am Ende sinniert: »Den Herrn zu lieben, das bedeutet, alle seine Kinder zu lieben – alle, alle! – und mit ihnen zu leiden und sich mit ihnen zu freuen und den Preis nie zu zahlen!«[19]

Amen aus dieser Ecke. So sei es. Der Vollständigkeit halber möchte ich dennoch ein paar Sachen dazu erwähnen.

Es gab einen Afroamerikaner, der bei der Inaugurationsgala tatsächlich im *Blackface* auftrat. Allerdings genau 20 Jahre nach JFKs Soiree in der Armory, 1981 bei der Amtseinführung von Ronald Reagan. Ben Vereen beabsichtigte eine Hommage an den schwarzen Vaudeville-Entertainer Bert Williams (1874–1922) und die Nummer sollte als Auftakt zu einer Kritik an der rassistischen Diskriminierung fungieren.[20] Aber die Fernsehsendung zeigte nicht den kritischen Teil, sondern ganz unreflektiert lediglich die stereotype Gestik und Mimik eines Minstrels, während das weiße Publikum jubelte. Alsbald wurde Vereen von einer

Kaskade der Entrüstung seitens seiner schwarzen Fans heimgesucht. Das 2015 uraufgeführte Theaterstück *Until, Until, Until,* von Edgar Arceneaux und Kurt Forman geschrieben, greift übrigens diesen Auftritt auf, ohne Vereen anzugreifen.[21] Mit Frank Lawson in der Hauptrolle wurde eine beherzte Relativierung auf die Bühne gebracht, die den Zuschauenden ohne Vorwarnung einen Spiegel vorhält. Auf Monitoren, die dem Publikum zugewandt sind, sieht man Aufnahmen von Reagans damaligen Gästen, die schließlich ihre Plätze im Theater verlassen. Dann jedoch fangen die Kameras das heutige Publikum ein. Schamgefühle auf Knopfdruck. Gewagt, sogar gewieft. Aber gelungen? Inwieweit darf man *Blackfacing* benutzen, um Weißen die Röte ins Gesicht zu treiben? Das scheint gewissermaßen die Quadratur des Teufelskreises zu sein. Doch ist es wirklich so schwierig?

Von meiner Warte aus kann man sich *Blackfacing* endlich abschminken. Ein für alle Mal! Das gilt auch für Saalwetten (2013) und versteckte Kamerafallen (2016) in deutschen Samstagabendsendungen. Wetten, dass es sich immer noch nicht herumgesprochen hat? Egal, da verstehe ich eben keinen Spaß. Auch nicht zum 1. April (2021), als *Blackfacing* sich – natürlich nur rein satirisch gemeint – gleichsam ins *SchleichFernsehen*[22] geschlichen hat. Und was ist mit den Sternsingern? Ist da nichts mehr heilig? Weiße Eltern, die zum Dreikönigstag Balthasar und Caspar unbedingt authentisch in Erscheinung treten lassen wollen, dürfen die Rollen gern – bitte festhalten! – mit waschechten schwarzen Kindern besetzen, statt die Antlitze der eigenen Kinder zu schwärzen. Letzteres ist ein Relikt aus der Vergangenheit. Ein Relikt, das die Menschen auf die Hautfarbe reduziert und ihre Individualität ignoriert. Die Teilnahme zu erweitern, das ist viel nachhaltiger und zukunftsorientierter als die rücksichtslose Reproduktion der Stereotype.

Erst recht sollten sich afrikanischstämmige Menschen aus dem Sog des Minstrel-Zyklus entfernen. Dass man das sagen muss, oder? Bei den Farbenspielen der Unterdrückenden und Unreflektierten können wir jedenfalls nicht gewinnen. Passion und Pathos haben wir ohnehin ausreichend, wir bedürfen keiner Patina dazu.

Wir Schwarzen wahren unser Gesicht, indem wir unser wahres Gesicht zeigen. Ja, wir können uns durchaus blicken lassen, so gefährlich es auch ist. Und es ist gefährlich. Lebensgefährlich! Denn der Stolz, den wir als marginalisierte Menschen zur Schau stellen, weckt den Neid anderer. Immerhin gilt die Maxime des Melanins. *»Black don't crack«,* beteuert die nun 60-jährige Frau in meinem Spiegel, wenn ich morgens und nachts Denkmalpflege betreibe. Stimmt auch. Straffe Haut, keine Falten in der Visage. Wir sehen viel jünger aus, als wir sind. Wenigstens darüber kann sich unsere gefurchte Seele freuen.

Es ist der großartigen Filmdiva Monica Vitti auch passiert. In Michelangelo Antonionis Klassiker *L'eclisse*[23] (unter dem deutschen Titel *Liebe 1962* erschienen) trat die weiße Italienerin 1962 im Blackface auf. Das war meines Erachtens jedoch kein Fettnäpfchen, sondern eine erzählerisch förderliche Falle. In der ikonischen Szene legte die schwarz bemalte Monica Vitti eine Schallplatte voller Musik aus der kenianischen Savanne auf und tanzte durch die Wohnung, gekleidet in afrikanische Gewänder und mit einem Speer bewaffnet. Die Wahl ihrer Darstellung und die damit verbundenen Symbole laden zu einer tieferen Auseinandersetzung mit Themen wie Identität, Kultur und Macht ein. Man erlebt somit keinen billigen Gag, sondern eine provokative Nummer, welche die Kritik an den Mechanismen der Macht und der Unterdrückung vervollständigt. Die Szene beinhaltet ein faszinierendes Vexierbild: Während Vitti eine Flucht aus der Zivilisation inszeniert, ist sie gleichzeitig tief in die kolonialen Diskurse verstrickt, die diese Flucht überhaupt erst ermöglichen.

Das Mittel *Blackfacing* war damals nicht das Gewagte. Aber das, was dahintersteckte war seiner Zeit voraus. Schon deshalb sollte der Film sich auch heute erblicken lassen dürfen.

Wer dahingegen nicht so viele sozialkritische Ansprüche hegt, sollte sich das *Blackfacing* aber gefälligst abschminken. Das gilt auch für Saalwetten (2013) und versteckte Kamerafallen (2016) in deutschen Samstagabendsendungen. Wetten, dass es sich immer noch nicht herumgesprochen hat? [... die »rücksichtslose Reproduktion der Stereotype«].

Monica Vitti in *L'eclisse*. Kunst zwischen Stereotypen und Sozialkritik. (Quelle: alamy.com).

Denn es geht wiederum um das nackte Überleben. Dark-skinned Schwarze wie Eric Garner († 2014), Michael Brown († 2014), Breonna Taylor († 2020) und George Floyd († 2020) werden häufiger von der Polizei getötet, auch wenn sie bei der oft fragwürdig begründeten Festnahme gar keinen Widerstand leisten. Im Polizeifunk lachen und lästern Beamte über »King Kong« und prahlen, als würden sie Bestien im Dschungel umlegen. Man weiß, wer damit gemeint wird.

In Anbetracht solcher verheerenden Folgen ist es klar, dass der Colorism bekämpft werden muss. Doch wie? Einerseits obliegt es uns, gegen dieses Übel als einen integralen Bestandteil des Rassismus zu Felde zu ziehen. Das tun wir wohl, da es ohne Rassismus keinen Colorism gäbe.

Andererseits ist es vonnöten, dass wir uns speziell auf die lange ignorierten Bedürfnisse unserer Brüder und Schwestern fokussieren. Das tun wir auch. Wir bieten seelische Versorgung durch Professionelle aus der eigenen Community an, um den Rassismus-basierten traumatischen Stress, der Betroffene heimsucht und teils wortwörtlich lähmt, konsequent zu kontern. Wir stellen unsere eigenen Produkte für afro-texturiertes Haar her. Wir treten mit Workshops in Erscheinung, die unser Melanin als Element der schwarzen Schönheit zelebrieren und Selbstliebe sowie Körperpositivität fördern. So weit, so gut. Denn der Krieg muss an etlichen Fronten geführt werden.

Dennoch gibt es innerhalb der schwarzen Community einen besorgniserregenden Ansatz, der droht, den Zusammenhalt zu zerreißen. Diesen Ansatz nenne ich *Radical Anti-Colorism Exclusionism (RACE).*[24] Dementsprechend werden wir Schwarzen, die man nolens volens zu den light-skinned Blacks zurechnet, auf radikale Weise aus der Lösungssuche zum Colorism ausgeschlossen. Denn wir seien Teil des Problems.

Diese verletzende Kritik kenne ich schon zur Genüge aus der Kindheit. Aber jüngst erlebte ich sie auf einer Berliner Veranstaltung zum schwarzen Empowerment aufs Neue.[25] Als ich auf meinen Auftritt wartete, hörte ich, zunehmend irritiert und teils staunend, meiner Vorrednerin zu. Die Youtube-Influencerin implizierte im Wesentlichen, dass light-skinned Schwarze nicht schwarz genug seien, um über den Schmerz des Rassismus mitzureden. Influencerin zu sein, bedeutet, über Liken zu gehen, so lästere ich im Kabarett, und diese Liken-Schau missfiel mir auf Anhieb.

Ich erhob Einspruch und erwähnte, dass meine light-skinned Urgroßeltern Versklavte in Tennessee gewesen waren. Mein Ziel war, meinen Zugang zum Thema zu offenbaren und für inklusive Perspektiven zu plädieren. Doch die Influencerin stempelte diese Erwähnung sogleich als Whataboutism ab, als wollte ich den Rassismus »wie eine weiße Person« relativieren. Daraufhin fragte ich sie, wo und wie sie die Linie zwischen light-skinned und dark-skinned Blacks denn ziehen würde. Um so etwas zu vollbringen, müsste sie nicht die pseudowissenschaftliche »Rassenkunde« wieder heranführen? Bräuchten wir noch mehr arbiträr und oberflächlich festgelegte Kategorien der Menschentype? Und was hätte sie zur »One Drop Rule« zu sagen? Demgemäß galt in den USA jede Person als schwarz, die mindestens zu einem Achtel schwarzes Blut aufwies. Meinen Fragen wich die Referentin aus. Stattdessen hackte die Moderatorin der öffentlich finanzierten Veranstaltung nach. Aber gegen mich. Ich, eine von Neonazis und TERFs angefeindete schwarze Queerfeministin, solle lieber meine »Privilegien« als light-skinned aufzählen, hieß es.

Wer in meiner Haut steckt, vermag mein Entsetzen zu verstehen. Meine Ahnen stammten sowohl mutter- als auch väterlicherseits aus Afrika. Es ist ein halbes Millennium her, als sie angekettet und wie Vieh westlich über den Atlantik verschifft wurden. Über die Jahrhunderte hinweg erlangten wir eine stets hellere Hautfarbe, weil die versklavten Frauen mehrfach vergewaltigt wurden. Die dadurch gezeugten Kinder gerieten in die lebenslängliche Knechtschaft. Light-skinned Versklavte durften zwar im Hause des Plantagenbesitzers arbeiten und wohnen, aber dafür wurden sie weitaus häufiger sexuell missbraucht. Hinweis: Zugang bedeutete also nicht gleich Zuflucht. Das gilt auch heute.

Noch eine Meldung dazu: Im Januar 2023 erlag Tyre Nichols, ein 29-jähriger Afroamerikaner, in Memphis, Tennessee, den Folgen einer gewalttätigen Auseinandersetzung mit fünf Polizeibeamten.[26] Klingt bekannt? Bei einer fragwürdigen Verkehrskontrolle zogen sie Nichols aus seinem Auto, bevor sie ihn mit Pfefferspray und einem Taser attackierten. Nichols konnte sich befreien und rannte zum Haus seiner Mutter, das knapp anderthalb Kilometer entfernt war. Die Polizisten holten Nichols in der Nähe des Hauses ein, wo sie ihn schlugen, traten, mit Pfefferspray besprühten und mit einem Schlagstock schlugen. Das vor Ort eintreffende medizinische Personal leistete ihm 16 Minuten lang keine Hilfe. Nichols wurde in kritischem Zustand ins Krankenhaus eingeliefert. Das brutale Ereignis führte zu einer intensiven öffentlichen Debatte über Polizeigewalt und Rassismus. Auch über internalisierten Rassismus. Denn die fünf direkt beteiligten Polizeibeamten sind allesamt schwarz und darkskinned.

4. Blinde Sehnsucht

Isaac Woodard saß hinten im Greyhoundbus. Der Afroamerikaner schaute erwartungsvoll durch das Fenster, als der Savannah-Fluss überquert wurde. *»Welcome to South Carolina, the Palmetto State«,* grüßte ein Schild. Die Landstraße mündete alsbald in eine von Palmengewächsen umsäumte Allee. Großwüchsige Stämme, dicht in ihre alten Blattbasen im Kreuzmuster gewandet, bildeten ein Willkommensspalier. Welch ein Anblick! Trotz der Winterkälte strebten sie weiter hinauf. Leicht gebeugt, jedoch standhaft. Kein Wunder, dass die Palmetto-Palme bereits im 16. Jahrhundert zum Symbol der aufständischen Versklavten in Santo Domingo geworden war.

An den Baldachinen mit ihren blaugrünen fächerartigen Blättern konnte sich Woodard an diesem frühen Abend kaum sattsehen. Bezaubert war er. Wie der Betrachter in dem aus der Feder von Gwendolyn Bennett stammenden Gedicht »Heritage« verfolgte er die spitzen Finger, die an den Wolken zogen.[1] Er wollte eines geschmeidigen schwarzen Mädchens, »dunkel gegen den Himmel geätzt«, ansichtig werden, während der Sonnenuntergang verweilte.[2]

Auch als die Nacht hereinbrach, blieb Woodard frohen Mutes. Es war Mitte Februar 1946 und dem Anschein nach würde es ihm rechtzeitig zum Valentinstag gelingen, seine Ehefrau Rosa Scruggs in die Arme zu schließen – zum ersten Mal seit Langem. Die vergangenen Jahre hatte der nun 26-Jährige teils auch unter Palmen verbracht. Im weit entfernten Pazifik sogar. Freilich ohne Südseeromantik. Er war auf Neuguinea gewesen, und zwar häufig in Schussreichweite der kaiserlichen japanischen

Streitkräfte. Als Soldat im 429. Port Bataillon hatte Woodard Transportschiffe unter feindlichem Bombardement be- und entladen. Dafür war er ausgezeichnet und befördert worden. An diesem Tag nun im Bus trug er seine Ausgehuniform mit vier Medaillen und drei Streifen. Der junge Sergeant war stolz. Dieser Tag war ein Dienstag, dieser Tag war sein letzter Dienst-Tag. Stunden zuvor war er auf dem Paradeplatz von Camp Gordon in Georgia ehrenvoll aus der U.S. Army verabschiedet worden. In Winnsboro in South Carolina wollte er Rosa abholen, um dann mit ihr weiter nach New York zu fahren, wo seine Eltern mittlerweile wohnten.

Zuerst einmal stieß Woodard allerdings mit anderen Insassen des Busses an. Denn in der Mehrzahl waren sie frisch entlassene GIs auf der Heimreise. Ausgelassene Stimmung herrschte. Es wurde gelacht, es wurde gesoffen. Weiße und Schwarze zusammen. Obwohl sie in segregierten Militäreinheiten gekämpft hatten, gab es auf der Fahrt nach Hause weitgehend gelungene Verbrüderungsversuche zwischen ihnen. Dabei hatten sie ohnehin gemeinsame Hoffnungen wie auch gemeinsame Bedürfnisse. Wann und wo kommt die nächste Raststätte? Beine vertreten, eine rauchen, sich wieder mit Spirituosen auftanken. Und, ja, bei der herrschenden Bierlaune musste man vor allem das Wasser abschlagen. Der mit mehr als drei Dutzend Sitzplätzen ausstaffierte Bus verfügte über eine hochgesetzte Passagierebene, etliche Unterflurgepäckfächer und eine geriffelte Aluminiumaußenhaut, beidseitig mit dem ikonischen Windhund-Logo versehen. Er war auch relativ gut geheizt. Eines hatte der silberne Straßenkreuzer jedoch nicht: ein Bordklosett.

Als der Bus irgendwo in der Nähe von Aiken anhielt, kam Woodard auf die Füße und bewegte sich ganz nach vorn. Höflich bat er den Busfahrer, einen Weißen namens Alton Blackwell, um ein paar Minuten Zeit zwecks Verrichtung der kleinen Notdurft. Und um nicht wildzupinkeln, fragte Woodard nach dem nächstgelegenen WC. Überdies musste es natürlich ein WC für *Coloreds* sein. Anders ginge es nicht.

»Hell no, goddamn it!«, antwortete Blackwell forsch, vom Harndrang des Schwarzen völlig unbeeindruckt. *»Boy, sit your ass back down!«*

»What was that?«, erwiderte Woodard staunend.

»I ain't got no time to waste!«, betonte Blackwell.

»Goddamn it, talk to me like I'm talkin' to you!«, entgegnete Woodard voller Indignation, *»I'm a man just like you!«*

Ein Wortgefecht wurde also entfacht. Dabei äußerte Woodard keine Drohungen. Doch er machte klar, dass er als kampferprobter Unteroffizier ein Mann war. Kein Bursche, kein Schuhputzjunge, sondern ein Mann. So viel Respekt verlangte er. Aber schon das war offenbar zu viel. Im Süden des Landes waren schwarze Armeeangehörige eine Provokation. Die Dienstgradabzeichen und die Dekorationen, die Woodards Uniform aufwies, beinhalteten einen Affront gegen die weiße Vorherrschaft. Militärisch ausgezeichnet, na und? Der Mohr hat seine Pflicht und Schuldigkeit getan. Keine Widerrede. Trotzdem oblag es dem Fahrer gemäß den Richtlinien des Greyhoundbusunternehmens, den Toilettenanforderungen aller Fahrgäste während des Haltes nachzukommen. Woodard wies selbstbewusst darauf hin. Zähneknirschend erfüllte Blackwell ihm den Wunsch.

Nach dem Gang zum Lokus kehrte Woodard zum Bus zurück. Als er wieder einstieg, gab es kein weiteres Geplänkel. Zudem wurde die Fahrt ohne Verspätung fortgesetzt. Planmäßige Halte erfolgten ohne Zwischenfälle in Edgefield, Johnston und Ridge Spring. Aber in der Gemeinde Batesburg lief es anders. Diesmal sprang der Fahrer Blackwell aus dem Bus, ähnlich zischend wie die Bremse, die er krampfhaft gezogen hatte. Etwas war los. Dabei war es nichts Dienstliches. Er musste die Unterflurgepäckfächer nicht aufsperren. Er musste auch nicht bei irgendwelchen neuen Gästen abkassieren. Doch er hatte eine offene Rechnung.

Etwas wollte er nicht auf sich beruhen lassen. Und so tat er genau das, was gekränkte Weiße tun, wenn das Verhalten eines Schwarzen ihnen auf die eine oder andere Weise missfällt. Er suchte Hilfe.

Batesburg war ein verschlafenes Kaff. Die örtliche Polizei bestand aus lediglich zwei Männern. Der eine war Lynwood Shull, Anfang 40, ein Schurke mit Sheriffstern. Der andere war sein junger Handlanger Elliot Long. Beide hockten gelangweilt in dem einzigen Streifenwagen des Provinznestes, als der Busfahrer sie entdeckte und erregt an das Autofenster klopfte.

Woodard blieb derweil im Bus sitzen. Arglos schmiedete er seine Zukunftspläne. Nach den Jahren der Einsätze und Entsagungen schien es, als könnte er den Frieden, zu dem er beigetragen hatte, endlich genießen. Keine Luftangriffe, keine Landungen und keine Leichenberge mehr. Nur die hartnäckigen Albträume aus den Gefechten, aber die würden sicherlich verebben, oder? Gedanklich war er schon mit Rosa in New York. Ah, Broadway, die Hochhäuser, die überlebensgroßen Leuchtreklamen und, ja, der Times Square! Er müsste Rosa unbedingt dort küssen. Einmal, zweimal – und noch einmal dazu. Wie Kitty Kallen in »It's been a long, long time« singt: *»Kiss me once, kiss me twice and kiss me once again.«* Das gemeinsam mit Harry James und dessen Orchester aufgenommene Lied hatte einige Wochen zuvor Platz eins der Big-Band-Charts erreicht. Es feiert das Wiedersehen eines Kriegsheimkehrers mit seiner Frau und ruft melodramatische Bilder ins Gedächtnis, wie die im *Life Magazine* erschienene Momentaufnahme mit dem Matrosen und der Zahnarzthelferin auf dem Times Square.[3] Ja, Isaac und seine Rosa sollten natürlich beim Schnäbeln in New York auf die Platte gebannt werden. Bilder des Liebesbeweises für das Fotoalbum. Bilder, die jahrzehntelang beliebig oft angeschaut werden könnten.

Woodard fing an zu schlummern. Er rollte sich am Fenster zusammen, benutzte sein Schiffchen als Kopfkissen und mümmelte sich in seine Träume ein. Aber ehe er wusste, was ihm geschah, wurde er mitsamt Gepäck aus dem Bus und in die Kälte gezerrt. Im falben Licht einer einsamen Laterne sah er seinen stoßartigen Atem und seine Antagonisten.

Lynwood Shull und Elliot Long standen gestiefelt und gespornt da. Sie fassten an ihre schwer beladenen Gürtel, die Handschellen baumelten am Hosenbund. Shull, bohrende blaue Augen und braunes Haar mit grauen Strähnen, warf mit Abstand den größeren Schatten. Obwohl nur knapp 1,75 groß, brachte er weit mehr als 200 Pfund auf die Waage. Er war nie beim Militär gewesen, aber er, der Sohn eines Gefängnisfarmleiters, trug als Polizeichef seine Montur fast tagtäglich und überall, außer sonntags zum Gottesdienst. Wie ein Feldherr forderte er den schwarzen GI nun auf, die Habachtstellung einzunehmen. Dazu war Woodard eigentlich nicht verpflichtet, wobei er eine mehr oder minder respektvolle Haltung zeigte.

Alton Blackwell schob seine Busfahrermütze geradezu feixend nach oben und rückte einen Schritt näher heran. Alsdann behauptete er, eine weiße Passagierin habe sich bei ihm mehrmals über Woodards obszönes und betrunkenes Verhalten während der Fahrt beschwert.[4] Auch aus seiner Sicht sei Woodard zu laut und bedrohlich gewesen. Woodard gab zu, gefeiert zu haben, und zwar als ehrenvoll verabschiedeter Soldat. Aber er bestritt vehement die Anschuldigungen und erwähnte ganz von sich aus den Disput über den Toilettengang.

»Shut up, boy!«, brüllte Shull. *»Gimme ya damned discharge papers!«* Wie aufgefordert, überreichte Woodard seine Entlassungspapiere. Dann versuchte er aufs Neue, seine Version der Dinge zu schildern. Das kam nicht gut an. Shull zog seinen Gummiknüppel aus der langen, schmalen Tasche an seinem rechten Hosenbein. Mit dem Stock schlug er dem als aufsässig empfundenen Schwarzen ins Gesicht und schrie:

»Shut the hell up, boy! And I told you to stand at attention!«

Woodard taumelte vor Höllenschmerzen zurück, blieb aber stehen. Denn er konnte es sich nicht leisten, stark alkoholisiert zu wirken. Ernüchtert war er sowieso, erniedrigt jedoch auch. Allerdings protestierte er verbal gegen die Gewaltanwendung. Sogleich empfing er einen zweiten Schlag. Reflexhaft wehrte er sich nunmehr physisch: Der in Nahkampftechniken ausgebildete Soldat entriss dem Sheriff den Knüppel.

Jählings zückte Elliot Long seine Pistole und kreischte: *»Drop it – or I'll drop you!«*

Woodard ließ den Gummiknüppel fallen. Beide Polizisten packten ihn und schleppten ihn in eine nahe gelegene Gasse. Ebenda schlugen sie mehrmals und geradezu turnusmäßig auf ihn ein. Die Lederriemen an den Knüppelgriffen ermöglichten es Shull und Long, die Stöcke an ihren Handgelenken zu befestigen, während sie zum Schlagen ausholten. Woodard kauerte am Boden. Mit jedem Hieb gegen seinen Schädel wurde sein Hörsinn stärker beeinträchtigt. Die Motoren des Busses konnte er akustisch noch wahrnehmen, aber nur gedämpft – und sie verklangen bald. Dann brummte Shull wieder. Da Woodard bei dem spontanen Verhör lediglich mit *»Yes.«* anstatt mit *»Yes, Sir!«* antwortete, rastete Shull vollkommen aus. Mit seinem Knüppel stach er Woodard wiederholt in die Augen. Das Kopfende des Knüppels war – typisch für die polizeilichen Schlagstöcke der Ära – mit Schrotflintenkugeln beschwert. Die Wirkung war verheerend.

Man nehme zwei Oliven, zwei Mörser und einen Stößel. Man zerreibe und zerstampfe die Oliven in den jeweiligen Mörsern der Reihe nach mit dem Stößel – fertig. Als ginge es um die Herstellung von Pesto. Auf diese Weise wurden Woodard die Augen methodisch ausgehöhlt. Seine Augenlider waren gequetscht und zugleich geschwollen. Sie bluteten stark. Die rechte Cornea, die als transparenter Teil des Auges unmittelbar vor der Pupille und der Iris liegt, war zerrissen. Ungeachtet dessen wurde ihm jegliche medizinische Hilfe verwehrt. Shull und Long nahmen ihn wegen ordnungswidrigen Verhaltens formal fest und lieferten ihn ins Stadtgefängnis.

Anderentags betrat Shull die Zelle. Er führte Woodard zum Waschbecken und spülte das getrocknete Blut weg. Woodard wurde dann prompt dem Richter H. E. Quarles, der gleichzeitig der Bürgermeister war, vorgeführt.[5] Dieser befand Woodard ebenso prompt für schuldig und erlegte ihm eine Geldstrafe in Höhe von 50 Dollar auf. Alsbald wurde diese auf 44 Dollar reduziert, da Woodard nur über so viel in bar verfügte, mal von seinem noch nicht eingelösten Ausmusterungsscheck von der Army in Höhe von knapp 700 Dollar abgesehen. Das Geld war wiederum nicht seine primäre Sorge, sondern seine Gesundheit. Er konnte nichts sehen. Nullkommanichts. Verzweifelt und von Amnesie geplagt, flehte er um einen Arzt.

Erst drei Wochen nachdem seine Familie ihn als vermisst gemeldet hatte, wurde er in einem Veteranenkrankenhaus ausfindig gemacht. Praktisch dahinsiechend. In der Zwischenzeit war er von einem fachfremden Mediziner zum anderen weitergereicht worden. Es dauerte, bis ein Spezialist ihn begutachten konnte. Die Diagnose war eindeutig: Jeder Augapfel war irreparabel zerstört. Das bestätigte auch Dr. Chester Chinn, der erste afroamerikanische Ophthalmologe, nach einer gründlichen Untersuchung im April 1946 in seiner Praxis in Manhattan.

Die von den rassistischen Dorfpolizisten Shull und Long verübten Hiebe führten zu einer Kette von Hiobsbotschaften für den schwarzen Veteranen. Rosa besuchte ihn, ihren Gatten, ihren Isaac. Er konnte sie nie wieder sehen – und sie konnte es nicht einsehen, den Rest ihres Lebens mit einem Krüppel zu verbringen. Sie kehrte ihm den Rücken. Das tat die US-Veteranenverwaltung im Grunde auch. Die beschränkte seine Invalidenrente auf knapp 50 Dollar monatlich, anstatt ihm die volle Leistung zu gewähren.

Der Zwischenfall machte von Küste zu Küste Schlagzeilen. Prominente äußerten sich empört. Schwarze wie Weiße, darunter der Boxweltmeister Joe Louis und der Filmregisseur Orson Welles. Der in Trinidad geborene Calypso-Sänger Lord Invader nahm knapp einen Monat später den Antirassismus-Song God Made Us All auf – die finale Strophe des Stücks bezieht sich auf das Geschehnis in Batesburg. Der legendäre Folkmusiker Woody Guthrie veröffentlichte *The Blinding of Isaac Woodard* und bei der Aufführung des Liedes vor 36.000 Menschen im Lewisohn Stadium in New York erhielt er den größten Applaus seines Lebens.

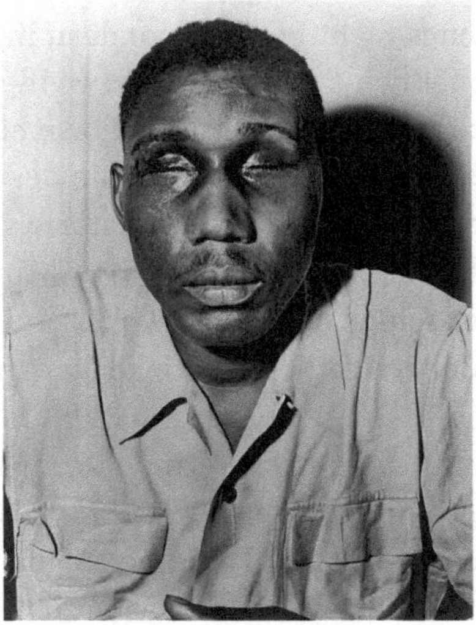

Der Veteran Isaac Woodard, durch rassistische Polizeigewalt geblendet (Quelle: Public Domain. J. DeBisse, Library of Congress).

Nach dem Sturm der Entrüstung war vor dem Sturm der Entrüstung. Schließlich wurde der Ortspolizeichef Shull angeklagt und landete in der Tat vor dem Bundesbezirksgericht in der südkarolinischen Hauptstadt Columbia. Die Bundesstaatsanwaltschaft vor Ort erweckte allerdings den Eindruck, den Fall nicht besonders ernst zu nehmen.

Etliche weiße und schwarze Zeugen aus dem Bus hatten während der Vorverhandlungen bestätigt, dass Woodard sich nicht ordnungswidrig benommen hatte. Überdies waren sie der Meinung, Polizeichef Shull sei von Anfang an mit exzessiver Gewalt in Erscheinung getreten. Doch davon machte die Bundesstaatsanwaltschaft kaum Gebrauch. Nicht minder erwartungsgemäß war das Verhalten der Verteidigung beim Prozess. Während Woodard als Geschädigter aussagte, wurde er von Shulls Verteidiger immer wieder rassistisch beleidigt und als Unruhestifter charakterisiert. Der vorsitzende Bundesrichter Julius Waties Waring rügte die Verteidigung scharf. Die Entscheidung in der Sache lag allerdings nicht bei ihm, sondern in den Händen der Jury, die ausschließlich aus männlichen weißen Geschworenen bestand. Diese zogen sich eher nur der Form halber zur Urteilsfindung zurück. Dass sich Shull im Laufe des Prozesses mehrmals in Widersprüche verstrickt hatte, störte sie offenbar nicht. Denn sie sprachen ihn innerhalb von 30 Minuten frei. Unter Applaus nahm er seinen Job gleich wieder auf – ohne je wieder von lästigen, halbherzigen Gerechtigkeitsansprüchen behelligt zu werden.

In der Umgebung häuften sich Konflikte zwischen schwarzen Armeeangehörigen und Weißen. Im März 1946 beschuldigte eine Weiße lauthals einen afroamerikanischen Soldaten aus Fort Jackson, sie attackiert und zu Boden geworfen zu haben. Ein Passant eilte ihr zu Hilfe. Polizisten nahmen den Soldaten fest, ließen ihn aber immerhin frei, nachdem die Frau einige Tage später zugegeben hatte, dass er nichts anderes getan habe, als sie ganz harmlos nach dem Weg zu fragen.[6] Im August desselben Jahres wurde die Korporalin Marguerite Nicholson in Hamlet, North Carolina, aus einem Eisenbahnwaggon gezogen, festgenommen und vom Polizeichef von Hamlet verprügelt. Denn sie hatte sich geweigert, im abgetrennten Abschnitt für Schwarze zu sitzen. Sie kam mit zwei Tagen Gefängnis und einer Geldstrafe davon.[7]

Was müsste eine afroamerikanische Person noch alles tun und über sich ergehen lassen, um als vollwertig angesehen zu werden? Der Mensch, der als erster Märtyrer der Amerikanischen Revolution anerkannt wird, der Seemann Crispus Attucks, war ein Schwarzer mit weiteren Wurzeln bei den Wampanoag. Attucks wurde 1770 beim Massaker von Boston von britischen Truppen erschossen. Das war fünf Jahre vor dem Ausbruch des Unabhängigkeitskriegs. Seither haben afroamerikanische Personen ihrem Land in sämtlichen Militärkonflikten gedient.

Während des Zweiten Weltkriegs waren afroamerikanische Soldat*innen in allen Streitkräften tätig. Insgesamt rund 1,2 Millionen, fast alle in durchgehend segregierten Einheiten. Dazu zählte mein Vater, ein Unteroffizier des U.S. Army Air Corps beziehungsweise der U.S. Air Force. Seine Waffengattung umfasste unter anderem die renommierten Tuskegee-Flieger, denen es gelang, deutsche Düsenjäger der Gattung Me 262 über Berlin abzuschießen und ein Torpedoboot der Kriegsmarine im Mittelmeer außer Gefecht zu setzen. Vor Hawaii ging ein schwarzer Schiffskoch namens Doris »Dorie« Miller in die Geschichte ein. Beim Angriff der Japaner auf Pearl Harbor im Dezember 1941 packte Miller an. Unter Einsatz des eigenen Lebens half er mehreren verwundeten Kameraden, ehe er eine Flugabwehrkanone bediente, für die er gar nicht ausgebildet worden war, und etliche japanische Maschinen zerstörte. Die Schwarzen Panther des 761. Panzerbataillons bewiesen ihr Durchsetzungsvermögen in der Normandie, in der Ardennen-Offensive und in der Steiermark, wo sie das Konzentrationslager Gunskirchen befreiten. Neben einer Menge Tapferkeitsmedaillen verdienten sie den Respekt und das Vertrauen des kontroversen Haudegens General George S. Patton, dem sie unterstanden.

Der Einheit gehörte zeitweilig auch der spätere Baseballstar Jackie Robinson an. Er war sogar Oberleutnant. Allerdings erlebte er keine Kampfhandlungen, zumindest was den Dienst an der Front anbelangte. Dafür war er in den Staaten in einen militärischen Rechtsstreit verwickelt, der mit seiner Verweigerung, sich in einem Armeebus hinten hinzusetzen, zu tun hatte. Tatort Killeen, Texas, in der Nähe von Camp Hood. Eigentlich besaß die Army ihre eigene, nicht getrennte Buslinie. Aber das war dem Fahrer völlig egal. Nachdem First Lieutenant Robinson seiner Aufforderung keine Folge leistete, ließ er die Militärpolizei holen. Den Feldjägern erzählte der Fahrer, Robinson sei betrunken gewesen, obwohl dieser gar keinen Alkohol trank. Von einem Kriegsgericht wurde Robinson schlussendlich freigesprochen.[8] Doch das Drehbuch, dem hasserfüllte, handlungsunfähige Menschen wie Sheriff Shull und der Busfahrer von Batesburg folgten, war weitverbreitet und konnte viel Unheil anrichten.

Zwischen Opferbereitschaft und Oppression: Tuskegee Airmen aus der 332. Kämpfergruppe bei einer Einsatzbesprechung im März 1945 auf dem Stützpunkt in Ramitelli, Italien (Quelle: Public Domain. Toni Frissell, Library of Congress).

Im Zweiten Weltkrieg wurden 992 schwarze US-Militärpiloten ausgebildet. Die hochdekorierten Flieger absolvierten mehr als 1.500 Kampfeinsätze und nahezu 200 Bomber-Geleitschutzeinsätze. Dabei zerstörten sie rund 400 feindliche Flugzeuge und schossen sogar drei deutsche Düsenjäger ab. Doch an der Heimatfront in den USA kämpften ihre Kameraden um Anerkennung. Wenige Tage nach der obigen Aufnahme wurden 167 schwarze Offiziere auf dem Freeman Army Airfield in Indiana wegen Meuterei festgenommen. Denn sie hatten aufgrund ihrer Hautfarbe keinen Zutritt zum Offiziersclub erhalten.

Der Aufstand dieser Angehörigen der 477. Bombardement-Gruppe war eigentlich durch zivilen Ungehorsam geprägt und beinhaltete einen wichtigen Schritt zur Wahrnehmung der systemischen Diskriminierung von schwarzen Soldaten. Coleman Young, der spätere mehrmalige Bürgermeister von Detroit, spielte bei der Meuterei eine wichtige Rolle. Er erklärte, wie es dazu kam:

> [Das System hat] die Standards so hoch angesetzt, dass wir tatsächlich eine Elitegruppe geworden sind. Wir wurden gescreent und supergetestet. Wir waren zweifellos die schlausten und körperlich fittesten jungen Schwarzen des Landes. Wegen der irrationalen Gesetze von Jim Crow waren wir so leidgeprüft. Du kannst nicht so viele intelligente junge Leute zusammenbringen und sie zu Kämpfern ausbilden und dann erwarten, dass sie sich unterwürfig auf den Rücken rollen, oder?[9]

Es geht doch! Nazis sehen besser aus, wenn sie beide Hände erheben und sich ergeben. Wenn ich einen Schuss *Black Empowerment* benötige, schaue ich mir gern dieses Bild an. Ein schwarzer Soldat der 12. US-Panzerdivision bewacht im April 1945 im deutschen Wald eine Gruppe gefangen genommener Wehrmachtssoldaten (Quelle: Public Domain).

Frustrierte Vertreter der NAACP forderten und bekamen eine Audienz mit Harry S. Truman, der seit dem Tod Franklin D. Roosevelts im April 1945 im Oval Office saß. In seiner Eigenschaft als Präsident reüssierte Truman nicht unbedingt als Vorreiter der Bürgerrechte. Als junger Korporal in der Nationalgarde des Bundesstaats Missouri hatte er einst sogar an seine zukünftige Frau Bess Wallace geschrieben: »*I think one man is just as good as another[,] so long as he's honest and decent and not a nigger or a Chinaman«.*[10] Die in einem Liebesbrief ebenso böse wie beiläufig artikulierte Abneigung gegen afrikanisch- und asiatischstämmige Menschen hätte eigentlich ein schlechtes Omen sein müssen. Truman war übrigens derjenige Oberbefehlshaber, der den Abwurf zweier Atombomben wenige Tage nacheinander auf Hiroshima respektive Nagasaki bedenkenlos befohlen hatte.

In der Liebe und im Krieg sind sprichwörtlich alle Mittel erlaubt. Immerhin befand sich der kleine Mann aus Missouri plötzlich inmitten eines Kriegs, bei dem die Welt den Atem anhielt. Sein außenpolitischer Grundsatz, der als Truman-Doktrin in die Geschichte einging, befasste sich konsequent damit, die Expansion der Sowjetunion aufzuhalten.[11] Einen fundamentalen Bestandteil der Eindämmungspolitik bildete der Marshallplan zum Wiederaufbau Westeuropas – und dieser lief auf Hochtouren, wie auch die Pläne zur Gründung der NATO. In Anbetracht dessen schien das Treffen, das NAACP (National Association for the Advancement of Colored People) mit ihm festlegen konnte, ziemlich aussichtslos.

Doch Truman hatte Visionen. Und der Fall des geblendeten Veteranen Isaac Woodard bewegte ihn sehr. Truman, der Politiker mit Weitsicht, hatte eine angeborene Sehschwäche. Deswegen war er sogar aus der Nationalgarde ausgemustert worden. Als er sich ein paar Jahre später freiwillig zum Dienst in der Army gemeldet hatte, war er gezwungen worden, einen neuen Sehtest zu absolvieren. Diesen hatte er übrigens bestanden – allerdings deshalb, weil er heimlich die Zeichen auf der Tafel auswendig gelernt hatte. Als Artillerieoffizier im Ersten Weltkrieg erblickte ausgerechnet er durch seinen Feldstecher eine deutsche Artilleriebatterie, die jenseits des Flusses unbemerkt aufgestellt worden war.[12] Unter Missachtung der Anweisungen, seine Feuerkraft auf einen anderen Sektor zu beschränken, befahl er seinen Leuten, auf die Batterie zu schießen. Beinahe wäre er von der Army dafür angeklagt worden. Aber durch seine Aktion rettete er andere Amerikaner, die sonst von den Deutschen unter Beschuss genommen worden wären. Als einer, der im Laufe seines Lebens immer wieder abgeschrieben wurde und sich trotzdem zurückkämpfte, war er darauf bedacht, seine Augen auf das Ziel gerichtet zu halten. Das war etwas, das der schwarze Sergeant nicht mehr machen konnte – und das bedeutete für Truman einen Aha-Moment. Nach dem Austausch mit der NAACP gründete Truman die Civil Rights Commission. Aufgrund ihrer Empfehlungen erließ er Durchführungsverordnungen, die zum einen Rassendiskriminierung in den US-Streitkräften explizit verboten und zum anderen den Weg zur Integration der zivilen Bundesregierung ebneten. Die Grundsatzentscheidungen hätten ihn 1948 beinahe die Wahl, seine erste Wahl zur vollen Amtszeit, gekostet, vor allem im Süden des Landes. Mit Executive Order 9980 und Executive Order 9981 war die Beendigung der Segregation nämlich zur Chefsache geworden. Resolut erklärte er:

> Ich bin fest davon überzeugt, dass wir in den Bemühungen unseres Landes, allen unseren Bürgern Freiheit und Gleichheit zu garantieren, einen Wendepunkt erreicht haben. Die jüngsten Ereignisse in den Vereinigten Staaten sowie im Ausland haben uns klargemacht, dass es heute wichtiger denn je ist, sicherzustellen, dass alle Amerikaner diese Rechte genießen. Wenn ich *alle Amerikaner* sage, meine ich *alle Amerikaner.*[13]

Und Amerikanerinnen auch? Irene Morgan war eine schwarze Fließbandarbeiterin, die in einer Rüstungsfabrik arbeitete, in der zweimotorige Bomber der Gattung B-26 hergestellt wurden. In einem Greyhoundbus fuhr sie nach Baltimore in

Maryland. Da sie eine Fehlgeburt noch frisch verarbeitete, war sie physisch und psychisch angeschlagen. In dem Bus gab es zwar keine gekennzeichneten Sitze für Weiße oder Schwarze, aber afroamerikanische Fahrgäste durften weder gegenüber noch neben Weißen sitzen. Als ein weißes Paar im Bundesstaat Virginia zustieg, wollte Irene Morgan ihren Platz nicht räumen. Der Busfahrer holte den Sheriff. Letzterer präsentierte Morgan einen Haftbefehl, doch sie zerriss den Zettel und warf die Fetzen aus dem Fenster des Busses. Als der Sheriff sie anfasste, trat sie ihm in die Leiste. Er humpelte weg. Ein Deputy versuchte, sie zu überwältigen, aber sie zerriss sein Hemd. »Ich wollte ihn beißen, aber er sah schmutzig aus, also habe ich ihn stattdessen gekratzt«, erklärte sie.[14]

Es ist ein Wunder, dass sie die Auseinandersetzung überlebte. Sie bekam eine Geldstrafe in Höhe von 100 Dollar, die sie auch bezahlte. Doch sie lehnte es ab, auf schuldig zu plädieren, was den Vorwurf der Missachtung der Trennungsgesetze betraf. Mit Beistand der NAACP klagte sie gegen den Bundesstaat Virginia. Ihrer Klage wurde stattgegeben und der Fall landete schlussendlich vor dem Obersten Gerichtshof. Dieser gab Irene Morgan mit sechs zu eins Stimmen eigentlich recht. Denn angesichts des Vorrangs des Bundesrechts stellte die Segregation in zwischenstaatlichen Beförderungsmitteln einen verfassungswidrigen Verstoß gegen den 14. Zusatzartikel dar.[15] Anderthalb Jahrzehnte danach im Fall *Boynton v. Virginia* weitete der Supreme Court diese Rechte aus, um Busstationen und deren Läden und Restaurants zu integrieren,[16] sosehr sich die Südstaaten auch nachher dagegen wehrten, die zuerkannten Rechte zugunsten der Schwarzen zu implementieren. Morgan, die später im Leben einen Masterabschluss erlangte, erhielt bereits 1947 eine würdigende Erwähnung in einem Lied, das in der Bürgerrechtsbewegung die Runde machte:

You don't have to ride Jim Crow,
You don't have to ride Jim Crow,
Get on the bus, set any place,
'Cause Irene Morgan won her case,
You don't have to ride Jim Crow.[17]

Zurück nach Batesburg, Tatort der Blendung von Sergeant Woodard. Die Gattin des Bundesrichters Waring hatte nach dem Freispruch des Polizeichefs Shull den Gerichtssaal kopfschüttelnd und unter Tränen verlassen. Infolge der Causa wurden dem Bundesrichter selbst die Augen aufgerissen. Ausgerechnet er, Julius Waties Waring, Sohn eines Konföderiertensoldaten, beendete daraufhin die rassistische getrennte Sitzordnung im Gerichtssaal und ebnete sogar den Weg für schwarze Gerichtsvollzieher. Jene bahnbrechenden Gesten führten dazu, dass die Familie Waring rund um die Uhr bewaffneten Schutz benötigte. Man verbrannte Kreuze in ihrem Hof und warf Steine durch die Fenster. Doch Waring gab nicht auf. Er hatte gerade erst begonnen, er hatte ein Ziel vor Augen. Nun suchte er nach Fällen, die das System der rassistischen Diskriminierung strategisch herausfordern würden. Zu denen, die er annahm, zählte *Briggs v. Elliott,*[18] ein Berufungsverfahren, bei dem es im Kern um die Verfassungsmäßigkeit einer getrennten, aber gleichberechtigten Bildung für Kinder in South Carolina ging. Thurgood Marshall, damals noch Chefanwalt der NAACP, vertrat die schwarzen Kläger*innen, deren Kinder auf eine minderwertige Bildung angewiesen waren.

Ein dreiköpfiges Richtergremium stimmte zwar mit zwei zu eins für die Aufrechterhaltung des Status quo, aber Waring vertrat die abweichende Meinung, in der er die Segregation als per se ungleich beschrieb. Die Causa *Briggs* wurde später mit ähnlich gelagerten Rechtsfällen zusammengeführt und fand 1954 Einzug in das umwälzende Urteil des Obersten Gerichtshofs

Brown v. Board of Education,[19] das die rassistische Trennung an öffentlichen Schulen verbot. Dabei war es ausdrücklich Warings Dissens, der die geistige und juristische Grundlage dieser Entscheidung bildete.

Rosa Scruggs hatte ihrem Gatten den Laufpass gegeben. Aber eine andere afroamerikanische Rosa lief auf die Bühne der Bürgerrechtsbewegung. Rosa Parks. Anfang Dezember 1955 in Montgomery, in ihrem Heimatstaat Alabama, bestieg Mrs. Parks gegen 18 Uhr den Stadtbus 2857. Nachdem sie für die Fahrkarte bezahlt hatte, setzte sie sich in den für Schwarze designierten Bereich. Doch dieser Bereich verkleinerte sich, als mehr und mehr Weiße zustiegen. Der Busfahrer James F. Blake verlegte das *Colored*-Abschnittsschild hinter Parks und verlangte, dass sie und drei weitere Schwarze ihre Plätze zugunsten der Weißen aufgeben und nunmehr stehen. Die anderen drei gaben nach und standen auf. Rosa Parks nicht. Daraufhin wurde sie von der Polizei in Gewahrsam genommen. Der Vorfall löste den Busboykott von Montgomery aus, der ein ganzes Jahr dauerte. Dieser wurde beendet, als der Oberste Gerichtshof in *Browder v. Gayle*[20] die Entscheidung des zuständigen Bundesbezirksgerichts bestätigte. Demgemäß wurde die Praxis der Segregation in öffentlichen Verkehrsmitteln als Verstoß gegen den 14. Zusatzartikel zur US-Verfassung als gesetzeswidrig erklärt.

Dabei war Rosa Parks nicht die erste Afroamerikanerin, die diesbezüglich in einem Bus in Montgomery festgenommen worden war. Neun Monate zuvor hatte sich in derselben Stadt ein 15-jähriges schwarzes Mädchen namens Claudette Colvin geweigert, ihren Platz im Bus für einen Weißen zu räumen. Neun Monate, diese Zahl war nicht ohne eine gewisse Signifikanz. Claudette Colvin war eine der Klägerinnen in *Browder v. Gayle*. Doch sie erhielt relativ wenig Aufmerksamkeit und damit waren viele Aktivist*innen sogar zufrieden. Denn die Teenagerin war mit einem unehelichen Baby schwanger. So galt sie für viele der baptistisch geprägten Bürgerrechtler*innen, zu denen der damals noch relativ unbekannte Prediger Martin Luther King zählte, zwar als Vorreiterin der Bewegung, aber eben nicht als ideales Vorzeigekind für einen zivilen Aufstand.[21] Eine verachtenswert misogyne Haltung.

Auch aus anderen bedenklichen Gründen wurde Claudette nicht ins Rampenlicht gerückt. Zum Beispiel Colorismus. Ihre Hautfarbe wurde als zu dunkel und ihre Haare als nicht gut genug eingestuft. Zu jener Zeit gab es noch keine sozialen Medien und somit keine schwarze Online-Community zur Abstimmung über die Vorgehensweisen. Strategieentscheidungen wurden von schwarzen Männern in verrauchten Hinterzimmern getroffen.

Somit setzte man auf Rosa Parks, die als teilzeitbeschäftigte Sekretärin bei der NAACP und dazu als vollzeittätige Näherin wie maßgeschneidert erschien, was ihre Rolle als Widerständlerin im Auge der Öffentlichkeit anbelangte. Auch sie hatte es nicht leicht. Doch trotz der Anfeindungen seitens der Rassisten hielt sie durch. Und, nein, ihr Aufstand im Bus 2857 war nicht vorher inszeniert, dafür aber gekonnt ausgeschlachtet worden. In ihrer Autobiografie *My Story* Anfang der 1990er Jahre gewährte sie nach langem Schweigen etwas mehr Einsicht, was ihre Motivationen anging:

> Die Leute sagen immer, dass ich meinen Platz deswegen nicht aufgegeben habe, weil ich müde gewesen sei, aber das stimmt nicht. Ich war körperlich nicht müde oder nicht müder als sonst am Ende eines Arbeitstags. Ich war damals auch nicht alt, auch wenn manche so ein Bild von mir im Kopf haben. Ich war 42. Nein, müde war ich nicht. Sondern ich hatte es satt, immer klein beizugeben.[22]

Denn es ginge um Respekt, wie sie als »Mutter der modernen Bürgerrechtsbewegung« in einem Interview mit dem National Public Radio ebenso nachdenklich wie nachdrücklich erläuterte:

> Ich wollte nicht missachtet werden, ich wollte nicht eines bezahlten Sitzes beraubt werden. Es war einfach an der Zeit – es gab eine Gelegenheit für mich, Stellung zu beziehen, um auszudrücken, wie ich mich auf diese Weise behandelt fühlte. Ich hatte wahrlich nicht geplant, festgenommen zu werden. Ich hatte viel zu tun, ohne im Gefängnis landen zu müssen. Aber als ich mich dieser Entscheidung stellen musste, habe ich nicht gezögert, weil ich das Gefühl hatte, dass wir das zu lange ertragen hatten. Je mehr wir nachgaben, je mehr wir uns an diese Art der Behandlung hielten, desto bedrückender wurde sie.[23]

Die afroamerikanische Bürgerrechtlerin Rosa Parks (Quelle: Public Domain).

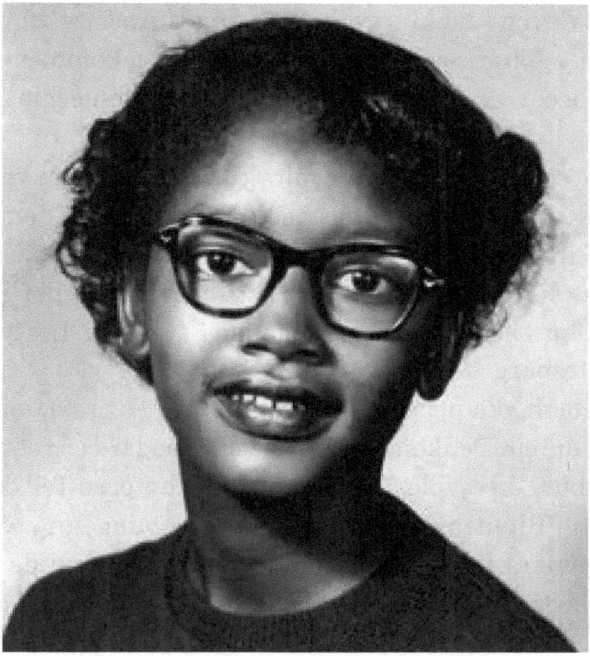

Claudette Colvin (geb. Austin) war nur 15 Jahre alt, als sie sich der damals herrschenden Segregation im öffentlichen Busverkehr widersetze. Ihr Aufstand geschah in Montgomery, Alabama, und zwar in derselben Stadt, in der die Bürgerrechtsikone Rosa Parks erst neun Monate später ihren Aufstand machte (Quelle: Public Domain).

Sergeant Isaac Woodard, der frisch heimgekehrte schwarze Soldat, hatte in Batesburg erkannt, dass der wahre Kampf, der Kampf um Respekt, in den Vereinigten Staaten noch ausgefochten werden muss.[24] Es ist nicht übertrieben, ihn im selben Atemzug mit Rosa Parks und Claudette Colvin zu erwähnen, zu feiern. Seine höllisch beendete Busfahrt hatte den Weg in Richtung Gerechtigkeit ein Stück weit gebahnt. Mehr, als er je erwartet hätte. An der Strecke wies er, obwohl ohne Augenlicht, einen Bundesbezirksrichter und einen Präsidenten der Vereinigten Staaten auf Unzumutbarkeiten hin, die sie ansonsten, durch ihre Privilegien und Präjudizien geblendet, womöglich nicht gesehen hätten. Heute würden wir die diesbezüglichen Verdienste von Julius

Waties Waring und Harry S. Truman als Ansätze zu einer Art *White Allyship* bezeichnen. Dass es erst dazu kommen muss, ist bedauerlich. Dass es dazu kommen kann, ist immerhin zu begrüßen.

Isaac Woodard segnete 1992 mit 73 Jahren in einem Veteranenkrankenhaus in der Bronx das Zeitliche. Er liegt auf dem Militärfriedhof in Calverton, New York. Ein halbes Jahrzehnt nach Woodard starb der brutale, rassistische Polizeichef Lynwood Shull mit 92 friedlich in der Gemeinde Batesburg-Leesville, ehemals Batesburg.

Don North, ein pensionierter Major aus Georgia, leitete eine Gruppe, die ein Denkmal zu Ehren von Woodard errichten ließ.[25] In Batesburg-Leesville. Der Text auf dem unteren Teil des Denkmals ist in Blindenschrift. Bei der Einweihung 2019 wurde ein Schweigemarsch zwischen der Bushaltestelle und dem Stadtgefängnis gehalten. Der Bürgermeister Lancer Shull, der nicht mit dem ehemaligen Polizeichef verwandt ist, artikulierte ehrfürchtig die Hoffnung, dass das *Memorial* auch andere Städte zu einem Diskurs über den in der Geschichte des Landes tiefverwurzelten Rassismus inspirieren werde.[26]

Ein Jahr später wurde George Floyd von Polizisten im hohen Norden vor laufender Kamera ermordet.

Der Greyhoundbus ist aus der Geschichte der US-Bürgerrechtsbewegung nicht mehr wegzudenken. Er spielte nicht nur in den Erlebnissen des Sergeants Isaac Woodard und der Rüstungsfabrikarbeiterin Irene Morgan eine Rolle. Nein, der ikonische Bus mit dem Windhund-Logo war auch das primäre Transportmittel der Freedom Riders, jener schwarzen und weißen Aktivist*innen, die regelmäßig in Überlandbussen in die Südstaaten reisten, um gegen die staatlich sanktionierte rassistische Trennung zu protestieren. Präsident John F. Kennedy, der für seine Außenpolitik auf Unterstützung der aus dem Süden stammenden Kongressabgeordneten angewiesen war, gab sich mit dem hohen Tempo der Freiheitsfahrten unzufrieden. Im Gespräch mit dem weißen Bürgerrechtsanwalt Harris Wofford beschwerte sich Kennedy: »Können Sie Ihre gottverdammten Freunde nicht davon abhalten, in diese Busse zu steigen? Die sollen das abblasen. Sagen Sie ihnen das!«[27] Kennedy stempelte die Freedom Riders als unpatriotisch ab, zumal sie die Nation auf dem Höhepunkt des Kalten Kriegs seiner Meinung nach auf dem internationalen Parkett in Verlegenheit brachten. JFKs jüngerer Bruder Robert, damals Justizminister, schlug eine *Cooling-off*-Phase vor. James Farmer, Chef der aktivistischen Studentenorganisation CORE, erwiderte Robert Kennedy: »Wir kühlen seit 350 Jahren ab – und wenn wir noch weiter abkühlen, werden wir tiefgefroren sein«.[28] Ungefährlich waren die Fahrten nicht, wie das Bild von Mitte Mai 1961 zeigt. In der Nähe von Anniston in Alabama wurde der Bus von rund 50 wütenden weißen Männern attackiert. Der Mob, vom Ku Klux Klan-Führer William Chappel angeführt, war mit Baseballschlägern, Ketten und Rohren bewaffnet. Fensterscheiben wurden eingeschlagen, Reifen aufgeschlitzt und die Seitenwände des Busses verbeult. Die örtliche Polizei traf verspätet ein und schaute tatenlos zu, obwohl sie Stunden zuvor glaubwürdige Indizien eines bevorstehenden Angriffs erhalten hatte (Quelle: Public Domain. U.S. National Park Service).

5. Ras(s)enverhältnisse
Oder: »Umarme nie wieder einen Neger!«

Elstal in Brandenburg. Nichts als ein Rangierbahnhof mit Ringlokschuppen. So der erste Eindruck. Auch der zweite Eindruck ist nicht viel anders. Das kommt nicht von ungefähr. Vor einem guten Jahrhundert wurde die Ortschaft als Eisenbahnersiedlung aus dem Boden gestampft. Im Zweiten Weltkrieg wurde sie teils in Schutt und Asche gelegt, danach eklektisch aufgebaut. So oder so ist Elstal zu einem Winkel der Weichenstellungen geworden.

Mit dem RE4 bin ich gekommen. Vielmehr gepilgert. Denn ich befinde mich auf der Suche nach den Stätten und Stationen schwarzer Geschichte. Ausgerechnet hier. Ja, eine Wallfahrt durch Wustermark. Noch eine halbe Stunde zuvor stand ich auf dem Bahnsteig am Potsdamer Platz. Ob ich es mir antun sollte?

Wer pilgert, ist wohl ein Fremdling. Beziehungsweise wohl oder übel. Das ergibt sich aus der Etymologie, wie ich noch aus meinem Kirchen- und Küchenlatein weiß. Betrachte ich mich selbst aber wirklich so? Als fremd? Ist es nicht eher die Aufgabe der anderen, mich so anzusehen? Mich so anzuglotzen? Die Aufgabe jener anderen, die sich als die Einzigen, die »einzig Wahren«[1] verstehen?

Ein ICE rast unter meinen Sohlen, während ich mich über die Fußgängerbrücke bewege. Auf der anderen Seite der Gleise entfaltet sich eine Gemeinde mit seinerzeit ca. 4.500 Seelen. Baumidylle und Baustelle, Beifußpollen und Bodenstaub. Etwas schwebt in der Luft. Etwas, das ich olfaktorisch wahrnehmen kann. Etwas, das mir übel aufstößt.

Vorsorglich sei erwähnt, dass in Elstal bereits 1918 eine biologische Kläranlage eingerichtet wurde, für die damalige Zeit eine echte Innovation. Diese wurde allerdings im Jahr 2000 stillgelegt, ohne beräumt zu werden.[2] Etliche Komponenten sind erhalten geblieben, darunter zwei Schlammbecken und drei aus Schlacke bestehende Rieselbettreaktoren. Lange stand eine dreckige Brühe in den Hochbrunnen und die Fett- und Ölabscheider sowie der Sandfang waren ebenfalls noch beschmutzt. Doch das ist nicht das, was ich mit gerümpfter Nase wittere. Nein, es sind nicht die Restausdünstungen aus dem Abwasserbehandlungswerk. Es sind die Bemühungen einer gewissen Partei, einen brodelnden braunen Sumpf auf politischer Ebene auszuweiten. »Deutschland, aber normal« – so lautet der Slogan, der auf den nicht sparsam verteilten Postern der AfD prangt, und zwar zur Bundestagswahl 2021. Eigentlich harmlos, oder? Mitnichten! Eher eine Verharmlosung der Hetze. Herrscht diesbezüglich noch Zweifel, klärt das dazugehörige Video, ein veritables Heimatfilmchen der Ewiggestrigen, schnell auf. Andersaussehende und Andersdenkende unerwünscht: Das ist die wahre Botschaft.

Mehr Demagogie wagen? Bei den Anschlägen der AfD ist alles wörtlich plakativ. Man erinnert sich sicherlich an das Poster, das eine nackte, verängstigte und, ja, blonde Frau zeigt, die an einen Heizkörper gekettet ist. Welch ein Einfall von der Partei mit dem Phallus-Logo, so nebenbei bemerkt. Vor der Frau steht ein dunkler Schatten, der mit einem spitzen Gegenstand bewaffnet ist. »Pfefferspray hilft nicht immer«, so das in Blockschrift erscheinende Fazit. Dann gab es noch eine Aufnahme mit einem tief dekolletierten weiblichen Model und dem Hinweis: »Deutsche Frau kein Freiwild.« Na gut. Nein, nicht gut. Aber es herrscht Wahlk(r)ampf und solche populistischen Aushänge tauchen in der heißen Phase sogar auch in Kreuzberg auf – ehe sie zerrissen und als Fetzen in die Tonne getreten werden. Doch hier in Brandenburg, vor allem auf dem Land, stößt die AfD leider auf fruchtbaren Boden.

Nun, es ist vielleicht nicht ganz fair, eine Kommune nach dem an der Wahlurne gemessenen Umfang ihrer Unterstützung für die AfD zu beurteilen. Stichwort Sippenhaft. Doch die Zurkenntnisnahme einer solchen Statistik kann trotzdem praktisch sein, wenn eine *Person of Color* eine Exkursion plant. In dieser Hinsicht darf man warnende Trends nicht in den Wind schlagen.

Bei der Landtagswahl 2019 gingen nämlich mit 23,3 Prozent die meisten der aus Wustermark stammenden Erststimmen an die Alternative für Deutschland.[3] Podestplatz eins. In den Wahlbezirken derselben amtsfreien Gemeinde im Landkreis Havelland wurde bei der Bundestagswahl 2021 die Union, die hinter der SPD auf Platz zwei der Wählendengunst gewesen war, abrupt abgelöst, und zwar von der AfD.[4] Dabei hat die AfD-Bundestagsfraktion zwar einige Federn gelassen, aber ihr Höhenflug sollte nicht vorzeitig als beendet erklärt werden. Denn ihr völkisch-nationalistischer Flügel, obwohl bereits als Verdachtsfall eingestuft, nimmt weiterhin besorgte Bürger*innen unter seine Fittiche. Fakt ist: Der 2021 vorgestellte Bericht des Bundesverfassungsschutzes des Landes Brandenburg verzeichnet einen seit sieben Jahren stetig fortwährenden Anstieg in der Zahl der Rechtsextremisten in Brandenburg.[5] Blaue Flecken lassen sich also nicht so leicht entfernen – und dieses Blau ist ja das neue Braun.

Hoffnung machen immerhin ein paar »FCKNZS«-Aufkleber, die sporadisch vor Ort wahrzunehmen sind.

Aber nicht minder inspirierend ist, dass Elstals Heinz-Sielmann-Oberschule 2018 im Rahmen des 100-jährigen Jubiläums des Ortes offiziell als »Schule ohne Rassismus – Schule mit Courage« anerkannt wurde. Bei Licht betrachtet, handelt es sich bei der Auszeichnung um kein Zertifikat, sondern um ein Ziel. Denn es geht vielmehr um eine Selbstverpflichtung zur konstruktiven Kultur des Hinsehens.[6] Die Schüler*innen versprechen, nachhaltige Aktionen, Projekte und Veranstaltungen gegen Rassismus durchzuführen und diskriminierende Äußerungen und Gewalt zu melden. Für die Aufnahme in das bundesweit größte Schulnetzwerk müssen sich mindestens 70 Prozent der Schüler*innen in einer geheimen Abstimmung dafür entscheiden. An der Heinz-Sielmann-Oberschule waren es 90 Prozent. Bei Problemen werde man versuchen, »diese schnellstmöglich in einem Gespräch zu klären, oft beziehen wir auch den Schulrat mit ein, das werden wir weitermachen«, beteuert Karsta Höft, die amtierende Schulleiterin.[7] Die Schule habe ihr »Engagement gegen Rechtsradikalität, die leider jüngst in nicht wenigen Teilen Deutschlands immer stärker aufflammt, verstärkt«,[8] erklärt die integrierte Oberschule, die 320 Schüler*innen im Ganztagsbetrieb umfasst.

Dabei erwarte ich persönlich nicht, dass die Kinder und Jugendlichen die Toleranz nunmehr wie eine Monstranz vor sich hertragen. Das würde eh nichts Konkretes bringen, außer mehr Antipathien und Drohungen. Zu den festen Bestandteilen des Programms zählen immerhin Exkursionen in die ehemaligen Konzentrationslager Sachsenhausen und Börnicke bei Nauen, ein Besuch des Berliner Holocaust-Mahnmals und des Denkmals für die im Nationalsozialismus ermordeten Sinti und Roma Europas, Aktionstage gegen Homo- und Transfeindlichkeit und Schultheatertage gegen Rassismus. Das sind wunderbare Vorsätze. Erste Schritte nur, aber die Richtung stimmt. Holger Schreiber, der seit 2010 dienende, parteilose Bürgermeister, zeigt sich stolz – und das ist auch gut so. Denn in vielen Orten, ob inner- oder außerhalb von Brandenburg, ist es nicht so selbstverständlich, dass sich eine Schüler*innenschaft freiwillig und in der überwiegenden Mehrheit gegen Diskriminierung engagiert. Rassisten werden nicht geboren, aber oft schon von Kindesbeinen an intensiv betreut. Das begreift die JA, die Junge Alternative für Deutschland. Jene Organisation, der das Bundesamt für Verfassungsschutz eine migrations- und insbesondere islamfeindliche Haltung bescheinigt. Mitglied der JA kann man bereits im Alter von 14 Jahren werden. Nein zur JA kann man aber schon vorher sagen.

Nachdenklich bewege ich mich über das Terrain. Klackgeräusche von der Seite. Zwei Seniorinnen beim Nordic Walking kommen mir in die Quere. Eine grüßt kursorisch, ohne aus dem Takt zu fallen. Die andere stockt und starrt, ehe sie wieder den Anschluss findet. Beide schauen über die Schultern und flüstern. Dazu taucht ein Mountainbiker aus dem Nichts auf. Er klingelt, aber erst ein paar Nanosekunden, bevor er mich rechts überholt. Blöd. Ich will nichts Böses hineininterpretieren.

Angst habe ich sowieso nicht. 2018 in Chemnitz war es dagegen etwas gravierender. Das gebe ich zu. Damals habe ich entgegen aller Warnungen kurz nach den rechtsextremen Ausschreitungen Nipster interviewt.[9] Die vermeintlich kultivierten Kerle, die gleichsam von einer Internationale der Nationalisten träumten, begrüßten mich mit Affengeräuschen und queerfeindlichen Äußerungen. Jens, ein Masterstudent, der sich nie in Bomberjacke oder mit Glatze blicken lassen würde, forderte die Burschen auf, mich in Ruhe zu lassen, ehe er »Araber« mit Terroristen gleichstellte und fast im selben Atemzug die NSU-Mordserie als Fake News abstempelte.[10] Die Stimmung kippte, eine Flasche flog durch Luft. Ich kam mit Bluthochdruck und 3.500 Zeichen davon. Und mit der Erkenntnis, dass es *Fifty Shades of Brown* gibt. Diese neuen Wellen der Braunhemden müssen den Holocaust nicht mehr leugnen. Nein, nicht mündlich. Das überlassen sie häufig ihrer Mode. Ich denke diesbezüglich an die in einem Video erschienene Frau, die 2014 auf der HoGeSa-Demo (Hooligans gegen Salafisten) in Köln einen Pulli mit der Aufschrift »University of Auschwitz, 1941« trug.[11]

Reinhard Koch, Leiter der Arbeitsstelle Rechtsextremismus und Gewalt in Braunschweig, gibt zu bedenken:

> Der Jugendliche kann 24 Stunden täglich Neonazi sein. […] Rechtsrock zum Wecken, in der Schule mit einem Thor-Steinar-Pullover auffallen, am

> Nachmittag in der Innenstadt die linken Zecken mit den Punkfrisuren einschüchtern, abends mit den Kameraden saufen und als Highlight am Wochenende vielleicht noch ein Aufmarsch mit zahllosen Polizisten und Gegendemonstranten oder ein hoch konspiratives und daher auch als hoch spannend erlebtes Konzert.[12]

An diesem Tag in Elstal sehe ich weder Skinheads noch Nipster. Nein, nicht in persona. Nur die Fratzen auf den Plakaten, die vorsorglich daran erinnern, deutsch zu wählen, Volksverräter zu stoppen und Grüne zu hängen.

Meinungsfreiheit, nicht wahr? Die Journalistin in mir versteht es. Die gelernte Juristin in mir begreift es auch. Die Kabarettistin in mir sowieso. Das, was ich nicht verstehe, ist allerdings, dass Schriftzüge voller Straftatbestände als zulässig geduldet werden. Vielleicht wollt ihr nicht *woke* sein, aber wacht wenigstens auf! Ganz ehrlich. Was nutzt die Nabelschau mit der Nazizeit, wenn man bei Weimar 2.0 nicht eingreift? Schmerzhaft erworbenes Wissen zur Sicherung der Demokratie nicht anzuwenden, ist selbst ein Verbrechen. Hetze ist nicht zumutbar und ein Mordaufruf ist keine Meinung. Wenn Demagogen voller Pathos die Demokratie umarmen, handelt es sich dabei immer um einen Würgegriff. Und Nazis stehen nur insofern auf dem Boden des Grundgesetzes, als sie die Verfassung mit Füßen treten.

Mit Füßen und mit *»Fuck you«*-Boots. Strapazierfähige Springerstiefel waren lange und sind nach wie vor der Klassiker bei den Skins. Am liebsten Doc Martens. Mindestens zehn Löcher. Idealerweise zwölf oder sogar 14. Je höher, desto begehrter. Weiße Schnürsenkel für »allzeit kampfbereite« Nationalisten, gelbe für Antisemiten, rote für Mitglieder von *Blood & Honour*. Natürlich nur mit Stahlkappen.[13] Also wennschon, dennschon. Nicht umsonst erklärte der Brandenburger Jugendrichter Andreas Müller vom Amtsgericht Bernau:

»Springerstiefel sind eine Waffe und jeder Tritt wird als gefährliche Körperverletzung behandelt. Bei einem zweiten Tritt würde ich eine solche Tat der Schwurgerichtskammer wegen versuchten Mordes vorlegen.«[14] Mittlerweile sind Sneaker von New Balance en vogue.[15] Die Schuhe der Weißen, so schreibt der amerikanische Neonazi Andrew Anglin auf seiner Website *The Daily Stormer*, deren Titel wahrhaftig dem Namen des deutschen nationalsozialistischen Wochenblattes *Stürmer* (1923–1945) nachempfunden ist.[16]

Bei dem Herrn, dessen einstweiliges Quartier ich heute aufsuche, spielte die Fußbekleidung immerhin auch eine entscheidende Rolle. Das liegt alles eine Weile zurück. Dabei handelt es sich um einen Schwarzen aus der Fremde. Er kam übers Meer nach Deutschland und tauchte inmitten einer Gesellschaft auf, in der die Xenophobie an der Tagesordnung war. Vorgewarnt war er schon. Diverse Stimmen hatten ihm davon abgeraten, in solch einer feindseligen Umgebung aufzutreten. Tatsächlich ahnte er, dass er nicht allzu lange bleiben dürfte. Trotzdem wollte er Fuß fassen. Auf seine Weise. Ein lästiges Problem bahnte sich aber direkt an. Seine Lieblingsschuhe hatte er in seinem Heimatland liegen lassen. Aber er bekam welche. Stollenschuhe waren es. Frisch aus der Fabrik in Herzogenaurach, handgefertigt und mit speziell angeordneten Dornen und einem niedrigen Schaft versehen. Rudolf Dassler hat sich persönlich dafür interessiert und engagiert. Politisch korrekte Willkommenskultur? Wohin sollte das nur führen?

Quo vadis? Na ja, der Weg ist das Ziel. Der Weg, den ich nehme, führt mich querfeldein. Dabei navigiere ich entlang der Spur zwischen Development und Dystopie. Das denkmalgeschützte Speisehaus der Nationen rückt ins Blickfeld. Imposant. Ein Esssaal in Elstal? Eigentlich umfasste das von den Gebrüdern Werner und Walter March entworfene Speisehaus insgesamt 38 verschiedene Esssäle. Gut 130 Meter lang ist das Gebäude, das – genauer genommen – aus zwei gebogenen Trakten besteht. Diese umfrieden einen ellipsenförmigen Innenhof und warten mit drei terrassenartig angelegten Etagen auf. Allerdings ist das Gelände, auf dem die Eisenbetonkonstruktion im Bauhausstil steht, weitgehend abgeriegelt. Wird eine Geisterstadt gentrifiziert? Maisonetten, Suites und Penthouse-Wohnungen nehmen Gestalt an. Rund 900 Bewohner seien für die 360 denkmalgeschützten, wenn auch modernisierten Einheiten sowie für die Neubauten eingeplant.[17]

Doch die Unterkunft, die ich suche, ist ein alleinstehendes Häuschen. Ich folge der Wegweisung und denke an ihn, den einstigen Bewohner, den Mann, der laut Geburtsurkunde mit Vor- und Nachnamen James Cleveland heißt.

1913 wurde James Cleveland in Alabama geboren. Er war das zehnte und letzte Kind eines armen Farmpächterpaars und der Enkel eines Ex-Versklavten. Schon von Anfang an galt er als kränklicher Knabe. Am Tag nach seinem fünften Geburtstag entdeckte man auf seiner Brust eine golfballgroße, faserige Beule, die begann, schmerzhaft gegen seine Lunge zu drücken. Da sich die Familie keinen Arzt leisten konnte, um das Gebilde zu entfernen, beschlossen seine Eltern, die Operation selbst durchzuführen. Während der Junge hart in einen Lederriemen biss, schnitt seine Mutter mit einem mehr oder minder sterilisierten Küchenmesser seine Brust auf. Das Gewächs wurde entfernt. Zwar erlitt der Junge einen starken Blutverlust, aber er überlebte.[18]

Ein paar Jahre später zog die Familie nach Ohio. Das war Teil der Großen Migration, als rund 1,5 Millionen Afroamerikaner*innen den rassistisch segregierten Süden verließen – in der Hoffnung, ein etwas besseres Leben im urbanen, industriellen Norden zu finden. Die neue Heimat von James Cleveland war die Stadt Cleveland – nomen est omen. Doch das ist nicht die einzige Ironie oder Kuriosität, die seinen Namen betrifft. Seine neue Lehrerin konnte ihn wegen seines südstaatlichen Akzents nicht so gut verstehen, als er ihr sagte, dass man ihn kurz »J. C.« nenne. Demzufolge erhielt er den Spitznamen »Jesse«. Seine Aussprache wirkte langsam und schleppend, aber für ihn ging es schnell aufwärts. Buchstäblich. In seiner Jugend war er als Liftboy und Leichtathlet unterwegs. Vor allem auf der Aschenbahn machte er sich einen Namen – an der Fairmont Junior High School, an der East Technical High School und an der Ohio State University.

»Wow, that Owens boy is quicker than lightning!«, staunte man immer wieder.

Ja, es geht um Jesse Owens. Als Student nannte man ihn auch *Buckeye Bullet.* Sein Trainer Larry Snyder, der zudem als Kampf- und Kunstflieger bekannt war, hielt große Stücke auf Owens. Und Owens lieferte. Er erzielte einen Rekord von acht einzelnen NCAA-Meisterschaften, jeweils vier in den Jahren 1935 und 1936. Zum Vergleich: Der Rekord von vier Goldmedaillen bei der NCAA wurde erst 2006 von Xavier Carter erreicht, wobei nicht nur Einzel-, sondern auch Staffelmedaillen dazuzählten. Coach Snyder machte ihn sogar zum ersten afroamerikanischen Teamkapitän der Universität.

Doch gerade wegen seiner Hautfarbe musste sich Owens etliche Einschränkungen gefallen lassen. Denn selbst in den Nordstaaten steckte Integration in den Kinderschuhen. Also war er gezwungen, mit anderen nicht-weißen Athlet*innen außerhalb des Campus zu leben. War er mit der Mannschaft auf Achse, aß er in Restaurants, die nur für *Colored Guests* gedacht waren, oder bestellte sein Essen zum Mitnehmen. Übernachtungsmöglichkeiten gab es auch ausschließlich in schwarzen Hotels. Ein Stipendium bekam er nicht – so arbeitete er neben Studium und Sport. Die Verletzungsgefahr war immer groß, allerdings nicht nur auf dem Schotterbett und dem Buntsandstein.

»Wir bedienen nur weiße Gäste«, proklamierte dieses Restaurant in Lancaster, Ohio, in den 1930er Jahren. Viele Etablissements blieben Schwarzen in der Ära von Jim Crow verschlossen, wohl auch im Norden der USA. Jesse Owens und seine Familie hatten den alten Süden von Alabama und die rassistische Diskriminierung vermeintlich hinter sich gelassen, stellten aber bald fest, dass die systemische Diskriminierung keine Grenzen kennt (Quelle: Public Domain. Library of Congress, LC-USF33-6392-M4. Fotograf: Ben Shahn, 1898–1969).

Im Mai 1935 stürzte er im Treppenhaus des Studentenwohnheims und zog sich am Rücken eine Verletzung zu. Coach Snyder riet ihm daraufhin, die Teilnahme am für den Folgetag an der University of Michigan geplanten Wettkampf *Big Ten Conference* abzusagen. Trotzdem nahm Owens in Ann Arbor teil und erzielte innerhalb einer Dreiviertelstunde sechs Weltrekorde. Beim 100-Yards-Sprint egalisierte er den Weltrekord von 9,4 Sekunden. Knapp zehn Minuten später sprang er die Weltrekordweite von 8,13 Metern. Snyder staunte: »Jesse schien über die Piste zu schweben. Er streichelte sie geradezu. Von den Hüften aufwärts bewegte er den Körper praktisch nicht – er hätte eine volle Kaffeetasse auf dem Kopf balancieren können und nichts davon verschüttet.«[19] Danach siegte er auf 220 Yards mit 20,3 Sekunden, parallel laufend als Weltrekord über die etwas kürzere 200-Meter-Strecke anerkannt. Mit 22,6 Sekunden knackte er die

23-Sekunden-Marke auf der 220-Yards-Hürden-Strecke. Diese Zeit galt ebenfalls als Weltrekord über die 200-Meter-Hürden-Strecke. Mit solchen Erfolgen war er auf dem sicheren Weg in Richtung Berlin, Ort der XI. Olympischen Sommerspiele.

Allerdings wurde der 22-Jährige von den Bürgerrechtlern der NAACP darum gebeten, sich von dem gigantischen Event fernzuhalten, um gegen den Rassismus des Dritten Reiches zu protestieren. In Deutschland sehnten sich viele jüdische Athlet*innen freilich nicht nach einem internationalen Boykott der Spiele, sondern nach einer persönlichen Teilnahme daran. Beispielsweise Gretel Bergmann.

Die Hochspringerin Bergmann war 1933 aus antisemitischen Gründen aus ihrem Ulmer Sportverein ausgeschlossen worden, woraufhin sie nach Großbritannien gezogen war. Dort gewann sie bei den offenen Meisterschaften, den Women's A.A.A. Championships, den Hochsprung mit 1,55 Metern. Infolgedessen drängte das NS-Regime auf ihre Rückkehr – mit dem ausdrücklich angekündigten Ziel, ihr das Training für die Olympischen Spiele zu ermöglichen. Um das Überraschungsangebot noch schmackhafter zu machen, drohte der Staat im Verweigerungsfall mit Repressalien gegen Bergmanns noch in Deutschland verbliebene Familie. Als sie zurückkam, tappte sie wiederum in die Falle. Für sie gab es kaum geeignete Möglichkeiten, sich auf Wettkämpfe auf Weltniveau vorzubereiten, außer beim noch erlaubten jüdischen Sportbund »Schild«,. Oft war sie stundenlang unterwegs, um den Übungsplatz überhaupt zu erreichen. Trotz der demütigenden Widrigkeiten sprang sie immer höher. Im Juni 1936 erreichte sie in Stuttgart 1,60 Meter. Somit übertrumpfte sie die Gaumeisterin Dora Ratjen, eine heimlich intergeschlechtliche Person, die später übrigens als Heinrich Ratjen lebte. Die Presse feierte Bergmann »kurz vor Toresschluss« als Hoffnungsträgerin.[20] Olympiaverdächtig war sie wohl. Nicht minder verdächtig waren jedoch die Olympia-Machenschaften des NS-Regimes, das sich nicht wirklich dafür interessierte, Bergmann an den Start gehen zu lassen, sondern nur dafür Sorge tragen wollte, dass sie bei den Spielen kein anderes Land sportlich vertreten würde.

Auch damals schon konnten junge Sportler*innen unversehens zu Spielbällen der internationalen Politik werden. Jesse Owens zögerte lange, was seine Teilnahme betraf. Dann gab er in der Öffentlichkeit bekannt, in einem Land, das schwarze und jüdische Athlet*innen diskriminiert, wolle er nicht antreten. Die Stellungnahme schlug ein wie eine Bombe. Coach Snyder wies den jungen Athleten scharf zurecht und erinnerte ihn eindringlich an die Bedeutung Olympias für seine Karriere. Dann legte Avery Brundage, Präsident des Amerikanischen Olympischen Komitees, noch einen drauf. Brundage, ein ehemaliger Leichtathlet, ein Baulöwe und dazu ein geübter N-Wort-Benutzer, beschimpfte Owens und andere sich kritisch äußernde Sportler als »unamerikanische Agitatoren«.

Für Brundage wäre es eine Katastrophe gewesen, in Deutschland den Eindruck entstehen zu lassen, er hätte seinen Laden nicht im Griff. Es ging um den in der olympischen Charta gefeierten Gedanken, der mit dem Motto »Citius, altius, fortius!« artikuliert wird: »Schneller, höher, stärker!« Brundage war dabei ein großer Verfechter des Amateurismus, was die Sportler*innen anbelangte. Geschäftlich gesehen war Brundage allerdings ganz Profi, der kalkuliert und konsequent anstrebte, alles unter einen Hut zu bringen. Unter einen Hut, der gleichsam aus Filz bestand. Der Leichtathlet gab dem Druck nach. Mitte Juli ging Owens in New York mit den US-Olympionik*innen an Bord der Manhattan.

Genau einen Tag nach dem Ablegen des Schiffes wurde die deutsche Hochspringerin Gretel Bergmann offiziell über ihren Ausschluss von den Spielen informiert. Reichssportführer Hans von Tschammer und Osten behauptete, Bergmanns Leistungsstand sei nicht überzeugend. Die Hochspringerin war nicht mehr in der Schwebe, sie war am Boden zerstört. Ihr Trainer wurde zudem in Schutzhaft genommen. Die Halbjüdin Helene Mayer (Silbermedaille im Florettfechten) sollte deutscherseits die einzige Alibi-Nichtarierin sein.

Nach der Ankunft in Hamburg kamen Owens und seine männlichen Kollegen mit dem Zug in Brandenburg an.

Das »Dorf des Friedens«,[21] wie die Nationalsozialisten das internationale Sportlerquartier in Elstal bezeichneten, unterstand dem Kommandanten und Wehrmachtsoffizier Wolfgang Fürstner. Hauptmann Fürstner war einer der galoppierenden Glücksritter, denen der hinter vorgehaltener Hand genuschelte Witz galt: »NSDAP? Na, suchst du auch 'n Pöstchen?« Seit 1934 war Fürstner vor Ort in Elstal, anfangs den Baubetrieb leitend. Doch 1936 wurde Fürstner kurz vor der Eröffnungszeremonie in Berlin jählings von seinem Pöstchen abgesetzt. Denn an den Tagen der offenen Tür in den Wochen zuvor habe er angeblich nicht mit der nötigen Härte durchgegriffen, als Besucher Schaden angerichtet hätten. Das war aber womöglich ein Vorwand. Es stellte sich heraus, dass Fürstner gemäß den geltenden Nürnberger Gesetzen ein »Vierteljude« war. Tatsächlich besaß er keinen Ariernachweis und folglich stand seine Entlassung aus der Wehrmacht kurz bevor. Im August, kurz nach seiner Entgegennahme des Olympia-Ehrenzeichens 1. Klasse, erschoss er sich. Der Freitod wurde als Unfall geschildert. Kaum fand seine Beisetzung auf dem Invalidenfriedhof statt, heiratete seine Witwe seinen ehemaligen Adjutanten. Die opernreife Melodramatik, die sich sozusagen hors concours entfaltete, ging allerdings im Schatten der XI. Sommerspiele unter.

Im Sportlerquartier schwang nunmehr Werner Freiherr von und zu Gilsa das Zepter – offenbar zur Zufriedenheit der Naziführung. Im Hindenburghaus gab es Filmvorführungen. Wer wollte, durfte dort den Propagandastreifen *Der Neuaufbau des deutschen Heeres* teils mit Untertiteln sehen. Im Foyer gab und gibt es nach wie vor ein monumentales Relief des Bildhauers und Befürworters des Kolonialismus Walter Alexander Moritz von Ruckteschell. Es zeigt marschierende Truppen, allesamt mit geschultertem Gewehr und selbstverständlich mit dem ikonischen Stahlhelm. Damals begrüßte die Aufschrift dazu: »Möge die Wehrmacht ihren Weg immer kraftvoll und in Ehren gehen, als Bürge einer starken deutschen Zukunft.«

Sicherheit ging vor. Das Dorf wurde rund um die Uhr von der Gestapo bewacht. Die Besucher aus aller Herren Länder wurden vielmehr überwacht. Es gab eine umfassende Postzensur. Busse der Wehrmacht transportierten die Athleten im engen Takt zwischen Elstal und dem 18 Kilometer entfernten Berliner Olympiastadion. Zusätzlich wurden Spitzel eingesetzt, um zu gewährleisten, dass Prostituierte nicht ins Spiel kommen, vor allem nicht bei schwarzen Athleten. »Rassenschande« war unter allen Umständen zu vermeiden. Frauen, die nicht zum Service gehörten, hatten sowieso grundsätzlich keinen Zugang. Die weiblichen Teilnehmenden wurden nicht in Elstal, sondern im Friesenhaus auf dem Reichssportfeld direkt in Berlin untergebracht. Damenbesuch in Elstal gab es trotzdem, auf gewisse Weise.

Viele Autogrammjägerinnen tauchten am Empfang auf, konsequent lauernd und konstant fragend: »Wo ist Jesse? Wo ist er denn?« Auch Jungs warteten auf ihn. Piefkes im Pimpf-Alter, blond und blauäugig, die allen Ernstes glaubten, in seine Fußstapfen treten zu wollen. Erwischten die Jugendlichen Jesse, nahm er sich Zeit, ihre Fotokarten mit seinem exotisch anmutenden Friedrich Wilhelm zu versehen.

Das nachgebaute Jesse-Owens-Haus auf dem Areal des olympischen Dorfes in Elstal. Hier wohnte der hoch ausgezeichnete US-Athlet während der XI. Sommerspiele (Quelle: Public Domain. Fotograf: Karsten Knuth).

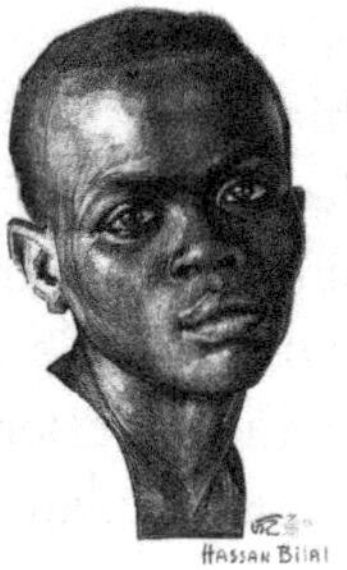

Bildnis von Hassan Bilai aus der 1921 veröffentlichten *Lettow-Mappe* von Walter von Ruckteschell. Es muss gesagt werden, dass Hassan Bilai eine auffallende Ähnlichkeit mit Jesse Owens hat. Der deutsche Künstler und Kolonialist von Ruckteschell hat es jedenfalls bis in die afroamerikanische Kulturbewegung *Harlem Renaissance* geschafft, und zwar mithilfe einer ehemaligen Mitarbeiterin des eigentlich rassistischen US-Präsidenten Woodrow Wilson. Merkwürdige Seilschaften. Alain LeRoy Locke, Vater der *Harlem Renaissance*, begrüßte, dass europäische Künstler wie von Ruckteschell ein Auge für die Wahrnehmung der Ästhetik afrikanischer Motive hätten. Wer das Hindenburghaus im olympischen Dorf Elstal in Brandenburg besucht, wo Owens residierte, stößt immerhin auf ein Riesenrelief, das von Ruckteschell zu Ehren der im Aufmarsch dargestellten Wehrmacht angefertigt hat. Mehr zur deutschen Faszination hinsichtlich afrikanischer Kunstsujets findet man in Kapitel 8 (Quelle: Public Domain).

Wolfgang Fürstner, Rudolf Heß und dessen Adjutant Alfred Leitgen (v. l. n. r.) 1936 im olympischen Dorf Elstal (Quelle: Public Domain. Bundesarchiv).

Nun sehe ich es, als ich mich am früheren Sachsenweg entlangbewege. Das Haus Meißen, das als Jesse-Owens-Haus gilt. Nummer 39. Das Sternenbanner weht im Vorhof.

Eigentlich wurde Owens während der Sommerspiele gemeinsam mit dem Hochspringer Dave Albritton nebenan im Haus Bautzen untergebracht.[22] Dort sind die Fenster aber mit Backsteinen vermauert, das Dach hat den Krieg, die sowjetische Besetzung und die Wende nicht intakt überlebt. Vernachlässigung, Verwüstung und Vandalismus hinterließen überall in Elstal ihre Spuren und dabei wurde das Haus Bautzen – aus welchen Gründen auch immer – etwas stärker in Mitleidenschaft gezogen. Das Haus Meißen hingegen ließ sich leichter restaurieren und so fungiert es als Anlaufstelle für Fans des Superstars. In der originalgetreu nachgebauten, zehn Quadratmeter kleinen Schlafkammer befinden sich zwei Betten, ein Schreibtisch am Kreuzstockfenster, ein Stuhl, zwei Schemel und ein großer Schrank. Ein Teppichläufer mit Fransen erstreckt sich auf dem Kachelboden. Deutsch, bieder, sauber, schlicht. So kann man sich gut vorstellen, wie Owens insgesamt etwa drei Wochen wohnte.

Ein Freilufttrainingsplatz war gleich um die Ecke und immer wieder übte er seine Sprints und Sprünge. Die ersten Tage soll er jedoch hauptsächlich drinnen verbracht haben, unter anderem beim Pokerspiel mit Albritton und dem Teamkollegen Cornelius Johnson, da das Wetter anfangs frisch und regnerisch war.

Haus Meißen. Der Name ist eigentlich ganz passend. Denn viel Porzellan wurde zerschlagen, als Owens zum Politikum avancierte.

Vier Goldmedaillen in vier Finals, jeweils vor 100.000 Zuschauenden. Den 100-Meter-Lauf absolvierte er in 10,3 Sekunden. Beim Weitsprung flog er 8,06 Meter. In 20,7 Sekunden brachte er 200 Meter Aschenbahn hinter sich. Und beim 4-mal-100-Meter-Staffellauf trug er maßgeblich dazu bei, dass er und die drei anderen Jungs einen Weltrekord von 39,8 Sekunden aufstellten.

Ursprünglich war er für den Staffellauf gar nicht vorgesehen. Aber aus heiterem Himmel wurden Marty Glickman und Sam Stoller, die einzigen Juden in der Staffelmannschaft, ohne Erklärung ersetzt, und zwar durch die Afroamerikaner Owens und Ralph Metcalfe. Bis heute hält sich das Gerücht, dass das NS-Regime die USA höflich und doch betont darum gebeten habe, die beiden Juden, die in der Staffel Aussichten auf Goldmedaillen gehabt hätten, nicht an den Start zu schicken. Deutschland sollte nicht nochmals gedemütigt werden. Wie dem auch sei: Glickman warf Avery Brundage in der Tat vor, sich bei diesem Austausch sowie im Allgemeinen mit den Nazis bereitwillig arrangiert zu haben.

So oder so hat Jesse Owens allen die Show gestohlen. Es war, als rannte er im römischen Kolosseum um sein Leben, den gefräßigen Löwen keuchend hinter sich lassend. Owens verkörperte Askese und Ästhetik in einer Person. Alle Kameras waren auf ihn gerichtet. Hurtig bahnte er sich einen Weg in Leni Riefenstahls *Olympia* und in einen Werbekatalog von Adi Dassler. Geschwind, graziös und immer wieder grinsend, zeigte der schwarze Junge aus Alabama der ganzen Welt, wo es langging.[23] Und der Führer oben auf seiner Tribüne war bekanntlich nicht amüsiert.

Joseph Goebbels als Reichsminister für Volksaufklärung und Propaganda hatte im Vorfeld der Spiele vollmundig proklamiert:

> Der deutsche Sport besitzt eine große Aufgabe und nur diese: den Charakter des deutschen Volkes zu bilden, ihm den Kampfgeist und die unerschütterliche Kameradschaft zu geben, die es im Kampf um seine Existenz notwendig hat.[24]

Bereits am 4. August, als Owens gerade Bergfest feierte, schrieb Goebbels allerdings entgeistert: »Wir Deutschen erringen eine Goldmedaille, die Amerikaner drei, davon zwei durch Neger.«[25] Die Wahrnehmung seitens der Braunhemden, dass sie die Ärmel noch und nöcher hochkrempeln müssen, um im Rennen um die »Rassenhoheit« zu bleiben, war frustrierend. Von wegen Heimvorteil. Anderthalb Monate zuvor hatte Max Schmeling den *Brown Bomber* Joe Louis mit einem Kinnhaken zu Boden geschickt, und zwar in New Yorks Yankee Stadium. Joe Louis, auch der Sohn eines Farmpächters aus Alabama, hatte sich in etlicher Hinsicht geschlagen geben. Ausgerechnet an dem in der schwarzen Community geschichtsträchtigen 19. Juni.[26] Und die Nazis hatten Blut geleckt. Doch diesmal hat Owens die Reichsrassisten bloßgestellt.

Mit seinem Triumphzug fand der unverhoffte Publikumsliebling Owens sogar in der deutschen Mannschaft einen großen Fan: Carl Ludwig Hermann Long, alias »Luz«. Long, ein Leipziger Leichtathlet und Europarekordler, landete im Weitsprung direkt hinter Owens. So gewann er die Silbermedaille. Nach der Siegerehrung umarmte Long den Schwarzen. Dann stolzierten beide untergehakt, wörtlich Hand in Hand, über den Platz und an den Publikumsrängen entlang. Es war der »Schönheitsfehler einer gigantischen Propagandaschau«.[27] Long und Owens wurden Freunde, ähnlich wie Joe Louis und Max Schmeling, ohne auf die Drehbücher der Demagogen zu achten. Für Long wurde es zum Problem. Rudolf Heß, Hitlers Stellvertreter und Speichellecker, erteilte ihm den Verweis: »Umarme nie wieder einen Neger!« Das protokollierte die Mutter des jungen Sachsen in ihrem Tagebuch. Ungeachtet dessen schrieb er in der *Neuen Leipziger Zeitung* das Fazit: »Der Kampf der Farben ist beendet. Schwarz war der Beste, einwandfrei der Beste, mit neunzehn Zentimetern vor Weiß.«[28]

Owens, der die Offenheit des Leipzigers zu schätzen wusste, erinnerte sich:

> Es kostete ihn viel Mut, sich vor den Augen Hitlers mit mir anzufreunden. Man könnte alle Medaillen und Pokale, die ich habe, einschmelzen, und sie würden nicht für eine Schicht über die 24-Karat-Freundschaft, die ich in diesem Moment für Luz Long empfand, reichen. Hitler muss wahnsinnig geworden sein, als er uns umarmen sah.[29]

Der blonde Long ist mit einem blauen Auge davongekommen. Ganz im Gegensatz zu einem jüdischen Herrn namens Abraham Adolf Kaiser. Die im olympischen Friedensdorf Elstal herrschende Postzensur wurde dem Duisburger zum Verhängnis.

Ein Brief, den Abraham Kaiser an Jesse Owens geschickt hatte, landete auf dem Tisch der Gestapo. In dem Schreiben wurde Deutschland als »Land der Barbarenherrschaft und Schreckensdiktatur« charakterisiert. Kaiser erwähnte dabei die Existenz von zwei Millionen politischen Gefangenen und bezeichnete deutsche Richter als »willfährige Henkersknechte der Machthaber«.[30] Dann appellierte er an Owens, »die goldene Olympiamedaille dem Blutmenschen Adolf Hitler vor die Füße zu werfen und ostentativ abzureisen, um diesen Mördern und Barbaren für ihren Hochmutsdünkel eine Lektion zu geben«.[31] Obwohl Kaiser den Brief nicht mit seinem Namen, sondern mit »civis german« (ein deutscher Bürger) unterzeichnet hatte, geriet er ins Visier der Ermittler. Bei der Durchsuchung seiner Wohnung fand man den Briefdurchschlag. Kaiser wurde zu einer anderthalbjährigen Haftstrafe verdonnert. Infolge der Pogromnacht 1938 wurde er kurzzeitig im KZ Dachau inhaftiert. 1941 weigerte er sich, den Judenstern zu tragen. Daraufhin wurde er nach Riga deportiert und dort – laut seinem Stolperstein – ermordet.

Jesse Owens, 1936 (Quelle: Public Domain).

»Der Kampf der Farben ist beendet. Schwarz war der Beste, einwandfrei der Beste, mit neunzehn Zentimetern vor Weiß«, so Luz Long (links), der hier den vierfachen Sieger Jesse Owens auf seiner Ehrenrunde begleitet. August 1936, Berlin (Quelle: Public Domain).

Nach der Begegnung in Berlin haben sich Luz Long und Jesse Owens nie wiedergesehen. Für Owens und andere US-Leichtathleten war eine Europatournee anberaumt. Es ging zuerst nach London weiter, wo Owens, nicht nur im Trikot, sondern auch im Nadelstreifenanzug auftretend, frenetisch empfangen wurde. Die Mannschaft sollte weiter nach Schweden fahren, aber die Bedingungen empfand Owens als eine Zumutung. So brach er frühzeitig seine Teilnahme ab. Ohnehin wollte er seine in den USA gebliebene Ehefrau Minnie Ruth Solomon endlich wieder umhalsen. Avery Brundage als Präsident des US-Komitees betrachtete den Vorfall als Schmähung und konnte sich vor lauter Wut kaum bändigen. Brundage traf den Sprinter und Springer Owens an der Achillesferse, indem er ihm den Amateurstatus entzog und ihn somit von weiteren Meisterschaften und Olympischen Spielen ausschloss.

Das war ein böses Omen, das sich bewahrheitete. Nach der Rückkehr aus Nazideutschland wurde er in den USA erbarmungslos vom Schatten des Rassismus eingeholt. Bei der Siegesfeier im New Yorker Waldorf-Astoria-Hotel wurde der vierfache Goldmedaillengewinner und Ex-Liftboy gezwungen, den Warenaufzug zu nehmen. Sein Dasein fristete er anschließend mit untergeordneten Jobs als Tankwart und Spielplatz-Hausmeister. Wie ein Zirkustier rannte er auch gegen Pferde um Geld. Mit Owens wurde der Schwarze nicht nur reanimiert, sondern reanimalisiert. Ihn kränkte überdies die fehlende Anerkennung von Franklin D. Roosevelt. Aus dem Weißen Haus kam nicht einmal ein Glückwunschtelegramm. Stuart Owen Rankin, Enkel des Olympiasiegers und Leiter der Jesse-Owens-Stiftung, erklärt: »Mein Großvater hat gar nicht erwartet, dass Hitler ihn empfangen oder ihm gratulieren würde. Deshalb konnte Hitler ihn gar nicht beleidigen, sondern nur der Präsident der Vereinigten Staaten, der sich weigerte, ihm zu gratulieren. Das war eine Beleidigung, die meinen Großvater tief getroffen hat.«[32]

In Deutschland erzielte Luz Long nach den XI. Sommerspielen weitere Erfolge für den Leipziger SC und stellte dabei einen neuen Europarekord im Weitsprung auf: 7,90 Meter. Der sich fair verhaltende, fraternisierende Weitspringer war allerdings kein Widerstandskämpfer, sondern einer von zahlreichen deutschen Jungs, die sich zunehmend auf Abwegen befanden. Während seiner Studentenzeit trat Long der Sturmabteilung bei. Kurz nach seiner Promotion in Rechtswissenschaften wurde er zum 8.051.702. Mitglied der NSDAP. Ab 1941 diente er bei der Wehrmacht – zunächst als Sportlehrer. Doch zwei Jahre später befand er sich im heftig tobenden Kampfeinsatz auf Sizilien. Er war Obergefreiter in einer Flakeinheit. Als die Amerikaner landeten, traten seine Kameraden und er überstürzt den Rückzug an. Long, der ausgezeichnete Läufer, wurde am Oberschenkel stark verwundet und verblutete. US-Truppen beerdigten seine Leiche in Gela, 1961 wurde sie in die deutsche Kriegsgräberstätte Motta Sant'Anastasia umgebettet.

Als US-Präsident Dwight D. Eisenhower den finanziell strauchelnden Owens 1955 zum Botschafter des Sports machte und auf Weltreise schickte, ging es diesem wieder etwas besser. 1964 kehrte er nach Deutschland zurück, wo er zusammen mit Filmemacher Bud Greenspan und Luz Longs älterem Sohn Kai eine Dokumentation drehte. Das Werk wurde 1966 unter dem Titel *Jesse Owens returns to Berlin* uraufgeführt.

Zu dieser Zeit in den USA erzählte mir mein Vater ganz stolz von Jesse Owens, dem er ein paarmal begegnet war.[33] Kurz danach lernte ich den Mannschaftskollegen Ralph Metcalfe, inzwischen Mitglied des US-Kongresses, kennen. Erzählungen über deren Bravourstücke – teils aus erster Hand – ließen mich eine Gänsehaut bekommen. Ich konnte die nächsten Olympischen Spiele kaum erwarten. Und sie kamen. 1968 sah ich zu. Im Pantoffelkino, in meinen Converse Allstars. Vor unserem fabrikneuen Farbfernsehgerät, an dem ich Wochen zuvor die

Liveberichte über die Tötung von Dr. Martin Luther King und Robert Kennedy verfolgt hatte. Nun sollte es bei den Spielen der XIX. Olympiade in Mexico City etwas Ablenkung von all dem Trubel geben. Oder nicht?

Wie gebannt guckte ich in die Röhre, als der afroamerikanische Sprinter Tommie Smith mit 19,83 Sekunden einen neuen Weltrekord im 200-Meter-Lauf aufstellte und olympisches Gold gewann. Peter Norman aus Australien wurde Zweiter, der Schwarze John Carlos aus den USA kam auf den dritten Platz. Bei der Siegerehrung, als die US-amerikanische Nationalhymne gespielt wurde, senkten Carlos und Smith die Köpfe und erhoben jeweils eine Faust, die mit einem schwarzen Handschuh bekleidet war. Es war der ikonische Black-Power-Gruß.

Dabei trugen sie keine Schuhe, sondern nur dunkle Socken, was die Armut der Schwarzen zum Ausdruck bringen sollte. Es zeigte auch den langen Weg zur Gleichberechtigung, zu dem sie bereit waren. Smith hatte außerdem einen schwarzen Schal um den Hals, um Demut und zugleich Stolz zu zeigen. Zur Bronzemedaille trug Carlos Perlen für diejenigen, die gelyncht oder getötet wurden, für die niemand gebetet hatte, die aufgehängt oder auf See über Bord geworfen wurden. Als Weißer protestierte Peter Norman auch.[34] Denn Norman war ein Gegner der rassistischen Einwanderungspolitik seines Landes. Solidarisch trug er wie Smith und Carlos einen Anstecker der Schwarzen Menschenrechtsorganisation *Olympia Project for Human Rights*. Zudem war es Norman, der den beiden vorschlug, ihre Handschuhe untereinander zu teilen, nachdem Carlos sein Paar vergessen hatte.

Beim Mainstream-Publikum kamen diese Gesten nicht gut an. In Australien war man auf den Silbermedaillenträger Norman echt sauer.[35] Empörung wurde aber vor allem gegen die beiden Schwarzen laut. Die Buhrufe waren unüberhörbar. Das *Time Magazine* beschimpfte Smith und Carlos, zynisch auf den hehren olympischen Wahlspruch »schneller, höher, stärker« anspielend, als »zorniger, widerlicher, hässlicher« und ihre auf der Titelseite erscheinenden Bilder wirkten wie Fahndungsfotos.[36] In einer Pressekonferenz sagte Smith: »Wenn ich siege, bin ich Amerikaner, kein schwarzer Amerikaner. Aber wenn ich vermeintlich was Schlechtes mache, meinen sie, ich sei ein Neger. Wir sind schwarz und wir sind stolz darauf. Das schwarze Amerika versteht, was wir heute gemacht haben.«[37] Das von Smith angesprochene Dilemma kennen Generationen von schwarzen Sportler*innen, die die eine oder andere Erwartung ihrer »Fans« enttäuschen. Man denke beispielsweise an die Vorfälle in Verbindung mit der Fußball-Europameisterschaft der Männer 2021. Als im Finale gegen Italien die drei englischen Spieler Marcus Rashford, Jadon Sancho und Bukayo Saka, allesamt *People of Color,* beim Elfmeterschießen gegen Italien verschossen, wurden sie beim Heimspiel im Mutterland des Fußballs rassistisch bedroht und beschimpft, ihre Loyalität und Identität wurde infrage gestellt – obwohl sie bis dahin gemeinschaftlich zum Erfolg der Mannschaft beigetragen hatten.

Der umstrittene Black-Power-Gruß auf dem olympischen Siegerpodest in Mexico City, 1968 (Quelle: Public Domain).

Avery Brundage, seit 1952 IOC-Präsident, ließ die beiden Schwarzen wie Müll aus dem olympischen Dorf entfernen. Ausgerechnet der Amerikaner Brundage, der bei den Spielen 1936 in Berlin seine Olympia-Teilnehmenden sogar ermutigt hatte, den Hitler-Gruß zu zeigen. Warum er die amerikanische Boykottbewegung vor 1936 erfolgreich bekämpft hatte und dem NS-Regime gegenüber so devot aufgetreten war, hängt nicht lediglich mit diplomatischem Geschick zusammen. Sein privater Chicagoer Club hatte keine Juden als Mitglieder angenommen, dafür aber Nazi-Sympathisanten. Das war schon bekannt. Spätere Funde im Holocaust-Archiv des amerikanischen Simon-Wiesenthal-Zentrums lassen tiefer blicken. Tiefer in den Sumpf hinein. Die *New York Times* entdeckte im Archiv einen Briefwechsel, in dem der Baulöwe Brundage die Zusage der Nationalsozialisten für den Neubau der deutschen Botschaft in Washington erhielt. »Beglückt«, so meldete sich Reichssportführer Hans von Tschammer und Osten, »darf ich Ihnen mitteilen, dass mir sowohl der deutsche Außenminister als auch Generalbauinspekteur Speer erklärt haben, dass Sie [am Botschaftsneubau] teilnehmen werden.«[38] Der Zweite Weltkrieg machte Brundage diesbezüglich einen Strich durch die Rechnung. Aber einschließlich bis zu den vom Terror überschatteten XX. Sommerspielen in München verstand es der raffgierige Rassist, die Ringspiele für seine eigenen Zwecke zu nutzen. Brundage und Filz, die Kombination passte wie die Faust aufs Auge.

Was die Faust der Sprinter Smith und Carlos bei den Olympischen Sommerspielen 1968 betrifft, da hatte sich Jesse Owens zunächst skeptisch ablehnend geäußert. Owens war von Brundage im Vorfeld der gefürchteten Protestaktion instrumentalisiert worden, um mit Smith und Carlos zu reden und ihnen zu raten, quasi die Finger von der Faust zu lassen. »Die schwarze Faust ist ein bedeutungsloses Symbol«,[39] so Owens anfangs, »wenn Sie sie öffnen, haben Sie nichts als Finger – schwache, leere Finger. Die schwarze Faust hat nur dann Bedeutung, wenn Geld drin ist. Dort liegt die Macht.«

Owens wurde von Smith und Carlos kurzerhand und rekordverdächtig schnell weggeschickt, als wäre er kein Olympionike, sondern ein Onkel Tom im Dienst Brundages. Zunächst war Owens dadurch beleidigt. Eine Olympiade später revidierte er in seinem Buch *I have changed* freilich seine Meinung: »Mittlerweile wurde mir klar, dass Militanz im besten Sinne des Wortes die einzige Antwort war, wenn es um den Schwarzen ging, dass jeder Schwarze, der 1970 nicht militant war, entweder blind oder ein Feigling war.«[40]

Mit 66 Jahren starb *Buckeye Bullet* im Beisammensein seiner Familie 1980 in Tucson, Arizona. Lungenkrebs. Nach dem jähen, frühen Ende seiner Karriere auf der Piste hatte er mit dem Rauchen von Zigaretten und Zigarren angefangen. Das, was er erlebte hatte, bleibt – auch nach dem Erlöschen des olympischen Feuers anno 1936 – starker Tobak.

Heutzutage wird auf den Sportplätzen gekniet, um gegen Diskriminierung zu protestieren. Doch hilft die umstrittene Geste auch im Alltag jenseits der Stadionmauern? Wir, die vom Rassismus unmittelbar betroffen sind, befinden uns tagtäglich auf einem Parcours, der uns nicht nur physisch, sondern auch psychisch zermürbt. Sprengen wir hier die Ketten, sollen wir da über die Klinge springen. Die Ziellinie wird stets in weite Ferne gerückt, immer mehr Hindernisse werden aufgestellt. Und wer nicht mehr atmen kann, bleibt ohnehin auf der Strecke.

6. Wandeltreppe in die Wolken

Es war Wochenende. Wir standen extra früh auf. Bei mir war das völlig in Ordnung, da ich in meiner Kinderkoje eh nicht weiterschlafen konnte. Als ich die Decke zurückschlug, taumelten sie zu Boden. Ken und Barbie befanden sich nun auf dem Bettläufer, wo sie sich nach wie vor umhalsten. Eigentlich wusste ich nicht so recht, was die zwei miteinander anfangen sollten, außer sich zu küssen, und zwar möglichst in einer Art Tanzpose. Nun waren sie gleichsam horizontal. GI Joe lauerte heimlich hinter dem Gebüsch meiner zusammengerollten Ringelsocken, mit seinem Gewehr im Anschlag liegend. Er zielte zwar nicht mittels Waffe auf das blonde Liebespärchen, aber der Scharfschütze guckte wohl mit dem Interesse eines vernachlässigten Voyeurs zu. Wonder Woman behielt die drei und mich dazu von ihrem Hochsitz auf dem Dach des Bücherregals im Blick.

Geschwister hatte ich nicht. Das waren also alle meine Puppen: Ken, Barbie, GI Joe und Wonder Woman. Ich queeres Ding hatte noch nichts gegen die immer stärker zu spürenden Gebote der geschlechtlichen Binarität. Allerdings genoss ich die Gelegenheit, beliebig zwischen den Polen zu wechseln. Das Quartett der 12-Zoll-Figuren half mir dabei, entlang des Spektrums der Sexualität zu wandern oder zu flitzen, so zwischen Frausein und Mannestum. Natürlich waren die Puppen alles Weiße. Dafür konnten sie nichts, oder?

Immerhin kam ich auf die Füße. Die Gardinen bauschten sich von Geisterhand. Erwartungsvoll öffnete ich sie. Abends hatte es einen Nebel so dicht wie Erbsensuppe gegeben. Doch die Waschküche hatte sich inzwischen aufgelöst. Das Gefühl, es könne wahr werden, verlieh mir Auftrieb. Innerhalb einer guten Stunde befand ich mich schon in der U-Bahn. Nach zwei Umstiegen wurde Battery Park erreicht. Dort, am Zeh von Manhattan, enterte ich das Fährschiff. Mit einem kolonialen Dreispitz, einem Sternenbannerfähnchen, ein paar Erdnussbutter-Sandwiches in meiner kunterbunten Brotdose und schließlich meinen Eltern im Schlepptau.

Die Fahrt hinüber zu Bedloe's Island war viel kürzer als das Schlangestehen vor dem Sandsteinsockel. Aber vor zehn Uhr morgens waren wir dran und drin. In der Lobby gingen wir selbstbewusst am Fahrstuhl vorbei. Dieser hätte uns ohnehin nur bis zum zehnten Stockwerk gebracht. Wir nahmen also gleich die Spiraltreppe. Kletternd, keuchend, kletternd. Auf der ersten Aussichtsplattform wurden wir strahlend von einem Ranger, der einen breitkrempigen Kampagnenhut trug, in Empfang genommen. Er ließ sich gern als Smokey anreden. Das Plateau, auf dem wir uns zuerst einmal befanden, war lediglich das Podest. Kräfte tanken nur, vom Bergfest noch keine Rede. Smokey führte uns dann weiter aufwärts, nunmehr innerhalb des Körpers des kolossalischen Geschenks, das vom französischen Abolitionisten Édouard de Laboulaye angeregt und von dem aus dem elsässischen Colmar stammenden Bildhauer Frédéric-Auguste Bartholdi gebaut worden war.

Die Leibesvisitation entfaltete sich auf einem sich türmenden Eisenskelett, das kein Geringerer als Alexandre Gustave Eiffel entworfen hatte. Wir kletterten bis zur Krone empor. Weiter aufwärts ging es jedoch nicht. Die einst begehbare Fackel, 93 Meter hoch, war uns nicht zugänglich. Das war gewissermaßen der Gipfel. Auch heute ist der Abschnitt noch gesperrt. Diese ärgerliche Gegebenheit lässt sich auf einen verheerenden und doch weitgehend vergessenen Terrorangriff zurückführen. Aus einer Zeit, als es Al-Qaida, ISIS, die Taliban und wie sie alle heißen noch lange nicht gab.

Auf dem benachbarten Eiland, einer über einen Eisenbahndamm zugänglichen Insel namens Black Tom, hatten Saboteure im Jahr 1916 einen Sprengstoffanschlag auf ein Rüstungslager verübt. Rund 1.000 Tonnen Munition mitsamt 50 Tonnen TNT. Der seismologisch bis nach Philadelphia spürbare Urknall hatte einem Erdbeben mit einer Stärke von 5,5 auf der Richterskala entsprochen. Dreißigmal heftiger als beim Einsturz der beiden Türme des World Trade Centers am berüchtigten 11. September 2001. Infolge der Detonation auf Black Tom hatte man erstaunlicherweise allerdings nur sieben Tote beklagt. Aber der rechte Arm der Freiheitsstatue war dabei beschädigt worden.

Der pekuniäre Schaden in der gesamten Region, damals auf 20 Millionen Dollar taxiert, wäre auch aus heutiger Sicht nicht unerheblich. Mehr als 400 Millionen Euro. Und die Saboteure? Anarchisten etwa? Offenbar nicht, sondern mutmaßlich deutsche Agenten im Dienste des Kaisers. Der verdächtigte Hintermann der Attacke auf die damals mehr oder minder neutralen USA, Militärattaché Franz von Papen, wurde später übrigens Reichskanzler. Obwohl von Papen seine Teilnahme vehement bestritt, bestätigte eine deutsch-amerikanische Untersuchungskommission sogar im nicht minder erhitzten Klima des Jahres 1939 die Beteiligung Berlins an dem Angriff.

Demnach dürfte die gekrönte Fackelträgerin auch als Kriegsversehrte gelten. Ungeachtet dessen harrt sie weiterhin auf ihrem Posten aus. Als Wahrzeichen, als Wächterin, als Weltkulturerbe, als Weltwunder der Herzen. Jedoch auch als Wetterfahne. Bei starken Böen schaukelt sie zehn, sogar zwölf Zentimeter hin und her. Selbst auf politischer Ebene ist sie den Elementen ausgesetzt. Es ist eine nackte Tatsache: Sie hat schnell gelernt, ihren Mantel nach dem Wind zu hängen, um ihre Balance nicht zu verlieren. Bei Licht besehen steht sie allerdings nicht still. Nein, sie geht. Ihr rechtes Bein ist leicht angehoben, als würde sie einen Schritt nach vorn wagen. Zudem liegen zerbrochene

Fesseln um ihre Füße herum. Ein kaum beachtetes, wiewohl klar beabsichtigtes Detail.

Bartholdi war darauf bedacht, die Befreiung aus der Unterdrückung zu versinnbildlichen. Ursprünglich schwebte ihm sogar vor, die Dame solle eine zersprengte Kette in der Hand halten. Diese Idee wurde aber bald verworfen. Denn man befürchtete, dass die wortwörtliche Hervorhebung der Sklaverei gerade mal zwei Jahrzehnte nach dem Ende des Sezessionskriegs die Gefühle der besiegten Konföderierten unnötig verletzen könnte. Es entbehrt nicht einer gewissen Ironie, dass »enteignete« Sklavenbesitzer, die niemals rostige, schürfende Eisenteile an den Knöcheln spüren mussten, eine solche Achillesferse hatten. Damals gab es den Begriff *White Fragility* noch nicht, das Phänomen aber wohl. Wohl oder übel. Ohnehin war es für manche Kritiker der Statue offensichtlich eine Zumutung, dass es sich um ein eigentlich kupferfarbenes Weib handelte. Es hat gut 20 Jahre gedauert, bis sie durch Oxydation ihre unverkennbare Patina erlangte. Anfangs glänzte sie wie ein 1-Cent-Stück. Ein Zustand, der manche Pfennigfuchser aus der Presse toben ließ. »Kein wahrer Patriot kann bei der aktuellen Lage unserer Finanzen irgendwelche Ausgaben für bronzene Frauen gutheißen«, soll selbst die Redaktionsleitung der New York Times moniert haben.[1]

Hartnäckig hält sich übrigens das Gerücht, die Freiheitsstatue sei ursprünglich einer schwarzen Frau nachempfunden. Diese Behauptung ist eigentlich falsch. Während des Baus des Suezkanals in Ägypten in den 1850er Jahren hatte der gefragte Bartholdi freilich vorgeschlagen, eine weibliche Fellah beziehungsweise arabische Bäuerin zu Ehren Ägyptens darzustellen.[2] Allerdings ohne Erfolg. Kairo war die Idee scheinbar zu teuer gewesen. Dennoch war die anfängliche Vision einer kolossalen Göttin von Bartholdi weiterentwickelt worden, die er später teilweise auf sein Design der Freiheitsstatue übertragen hatte. An *Black*

Africa ist er diesbezüglich aber nicht evident näher herangekommen. Das ist auch das Urteil einer im Auftrag des National Park Service stattgefundenen, im Jahr 2000 veröffentlichten Untersuchung.[3]

So oder so wird *Lady Liberty* mehrheitlich als ausschließlich weiß gelesen. Von meiner Wenigkeit auch. Mit einer seltsamen Mischung aus Sehnsucht und Skepsis bin ich ihr im Laufe der Jahrzehnte weitere Male gewissermaßen zu Kopf gestiegen. Selbst und gerade als ich ihr in Uniform diente, wie andere Frauen und Männer meiner Familie. Es war stets schwindelerregend. Alles. Die Spiraltreppe, die Aussichtsplattformen. Auch die Dame selbst. Sie verkauft den *American Dream* als Realität. Was ist das denn, wenn kein Schwindel? Von ihrem Podest im Land der *Greencards* und *Greenbacks* aus vertickt sie Fantasien und Placebos. Ist sie Fluch und Segen zugleich? Den Flüchtenden gibt sie ihren Segen. Manchen zumindest.

Meine Vorfahren sind aber nicht mit den Dampfern gelandet, die Ellis Island anliefen. Nein, sie kamen nicht mal in der Holzklasse, sondern ein Deck tiefer, und sie waren in eisernen Ketten und auf allerengstem Raum zusammengepfercht. Fakt ist: Die ersten Schwarzen betraten bereits im August 1619 das nordamerikanische Festland, und zwar nach einer Odyssee an Bord der White Lion, einem englischen Freibeuter, der gemäß einem niederländischen Markenbrief unterwegs war. Point Comfort, so hieß die Landungsstelle. Der Name war an Zynismus kaum zu überbieten. Die aus Angola stammenden Menschen, meist aus den Königreichen Kongo und Ndongo, waren von den Portugiesen gekidnappt und später auf hoher See von den Engländern gekapert worden. Zu der Zeit war die ikonische Mayflower noch lange nicht in Plymouth Rock im heutigen Massachusetts eingetroffen. Das geschah erst im November 1620. Und die puritanischen, sich ach so selbst versorgenden Pilgerväter überlebten ihren ersten Winter in der Kolonie nur durch die Unterstützung der indigenen Bevölkerung. Und was war der Dank dafür? Sagen wir mal so: Nicht umsonst bereuen die Nachkommen der nahezu ausgelöschten Wampanoag die Hilfsbereitschaft ihrer Ahnen.[4] *Thanks, but no Thanksgivin!*

Jamestown in der britischen Kolonie Virginia, 1619. Die ersten Menschen aus Afrika, die in Nordamerika landeten, wurden von keiner Freiheitsstatue begrüßt (Quelle: Public Domain. Howard Pyle, Library of Congress).

Was haben wir in der Schule für einen Mist gelernt! Die Europäer hätten das Land entdeckt und den Wilden die Kultur beigebracht. Der Truthahn wurde zu einem geflügelten Wort, während man die dicken Eier des Kolumbus ausklammerte. Was waren die echten Gaben der Kolonisten? Wuchernde Syphilis und *White Supremacy.* Letztere Seuche verbreitete sich wohl rasanter. Legalisiert und lethalisiert, wurde die weiße Vorherrschaft zum bestimmenden Merkmal des amerikanischen politischen Systems.

Alexis de Tocqueville war davon überzeugt, das gesamte Schicksal Amerikas sei in dem ersten Puritaner zu sehen, der an der Küste des Landes aufgetaucht sei.[5] Da ist in der Tat was dran. Leider. Wie auch de Tocquevilles Wahrnehmung: »Man könnte den Neger freilassen«, aber er bliebe dem Europäer selbst dann fremd.[6] Das versklavte »Zwischenwesen zwischen Mensch und Tier« würde seine Unterdrücker sogar verehren.[7] Der französische Hofbeamte de Tocqueville und sein Kollege Gustave de Beaumont waren von der Regierung in Paris entsandt worden, um neue Gefängnisse in den Vereinigten Staaten zu untersuchen. Am Ende begutachteten die beiden ein Land mit wenig Erinnerungen und viel Leidenschaft, was das Geldmachen betrifft. Ein Land unter dem Gesichtspunkt der Freiheit, während die Sklaverei blühte. In de Tocquevilles Kopf galt die Idee der Gleichheit in den USA primär für freie, weiße, erwachsene Männer. Vollständige Staatsbürgerrechte gehörten ausschließlich Mitgliedern dieser Gruppe.

Malcolm X, der als Malcolm Little in Omaha, Nebraska, geborene Aktivist, wurde nicht müde zu betonen: »Ich bin kein Amerikaner. Ich bin einer der 22 Millionen Schwarzen, die Opfer des Amerikanismus sind. Einer der 22 Millionen Schwarzen, die Opfer der Demokratie sind.«[8]

Seit der Rede von Malcolm X 1963 in einer Kirche in Cleveland gibt es mittlerweile etwa 40 Millionen Afroamerikaner*innen, die Opfer der Demokratie sind. Eine Ironie, zumal Amerika keine Demokratie war, bis schwarze Amerikaner*innen es zu einer machten.[9] Aber wir wie auch die fünf Millionen heute verbliebenen Nachkömmlinge der indigenen Bevölkerung haben immer das Nachsehen gehabt. Ausgerechnet. Denn der afrofeindliche Rassismus und der antiindigene Hass manifestierten sich in Form von Versklavung respektive Enteignung und bildeten die Basis für die schlagartige Expansion der USA, wie Nikole Hannah-Jones vom *1619 Project* unbeirrt unterstreicht.[10]

Als das Land wuchs, wuchs auch der Bedarf an neuen Unterschichten aus aller Herren Länder. *Lady Liberty* lockte sie mit Aufstiegschancen. Es waren »die Armen, die geknechteten Massen«, denen sie zurief, die Heimatlosen, die vom Sturm Getriebenen, um das 1883 von Emma Lazarus gedichtete Sonett »The New Colossus«[11] zu zitieren. Seit 1903 ist jener Text in eine Bronzetafel am Fuß der Freiheitsstatue eingraviert. Myriaden von Menschen brachen alles hinter sich ab und nahmen Kurs auf den Leuchtturm vor der Küste von *goddamned Gotham City.*

Nach der Ankunft wurden sie häufig beschimpft, bespuckt, marginalisiert und molestiert, sosehr sie die Ärmel auch hochkrempelten. Aber viele von ihnen wurden nicht von struktureller, generationenübergreifender Diskriminierung unten gehalten. So schafften sie den Durchbruch. Andere durften wiederum mit dem Genickbruch rechnen.

Am Osterwochenende 1906 wurden drei unschuldige schwarze Männer in Springfield, Missouri, von einem Mob aus dem Bezirksgefängnis geholt. Wegen falscher Vorwürfe, sie hätten eine blonde Frau geschlagen, wurden sie gelyncht, von einer Nachbildung der Freiheitsstatue gehängt und angezündet. Von ihren Leichen blieb nur ein Haufen Asche übrig. Poetische Selbstjustiz. Bereits 20 Jahre zuvor ahnten einige schwarze Kritiker, was die Fackel im Griff der idealisierten weißen Frau anrichten könnte.

In der afroamerikanischen Zeitung *Cleveland Gazette* war 1886 diesbezüglich das folgende Editorial zu lesen, das gleichsam kein Blatt vor den Mund nahm:

> Werft die Bartholdi-Statue und die Fackel mit allem in den Ozean, bis die Freiheit dieses Landes derart ausgeprägt ist, dass es einem biederen und fleißigen Farbigen möglich ist, seinen Lebensunterhalt und den seiner Familie in anständiger Weise zu verdienen, ohne gekukluxt, womöglich ermordet zu werden.[12]

Tyler Stovall, Präsident der American Historical Association, erklärt dazu, als Amerika die Freiheitsstatue eingeweiht habe, sei eine rassistische Vision der Freiheit gefeiert worden: *White Freedom.*[13] Sein Kollege Eddie Glaude Jr., Professor und Leiter von Black Studies an der Princeton University, geht weiter und fordert einen Neubeginn. Mit Bezugnahme auf James Baldwin weist er darauf hin:

> Amerikas Ursünde ist nicht die Sklaverei. Amerikas Ursünde ist auch nicht der Genozid an den Ureinwohnern. Die Ursünde des Landes besteht vielmehr im Konzept des Weißseins selbst. Was [James] Baldwin uns sagen will, ist Folgendes: Wir erzählen uns diese Geschichten, um zu verschleiern, dass wir diese Gesellschaft auf dem Glauben aufgebaut haben, dass weiße Menschen mehr wert sein sollen als andere.[14]

O Freiheit, welche Verbrechen werden in deinem Namen begangen!
St. Louis Post-Dispatch vom 17. April 1906. S. 12 (Quelle: Public Domain).

Auch heute befinde ich mich im Schatten der Freiheitsstatue. Nicht etwa in Brooklyn, sondern in Berlin, wo ansonsten nur die Siegessäule alias die Goldelse am Großen Stern am Himmel kratzt. Ich denke immer wieder an *Lady Liberty.* Jährlich am

11. September sowieso. Aber auch in Anbetracht des 6. Januars. Bisweilen stelle ich mir vor, sie würde eine spitze weiße Kapuze tragen. Die Ikone also mit dem konischen Hut überstülpt und einem noch nicht lodernden Kreuz dazu. Gern sähe ich sie mit eindeutig dunklem Teint und einer üppigen Afrofrisur à la Angela Davis. Am Ende glaube ich, dass sie weder Rassistin noch Revolutionärin ist, sondern die Galionsfigur einer auf Grund gelaufenen Galeere. Das Prunkstück eines durch Profitgier und Pharisäertum geprägten Patriarchats, in dem Empathie schlussendlich ein nicht einzubürgerndes Fremdwort bleibt.

Kneife ich die Augen zusammen, meine ich, sie am Horizont der Hoffnungen zu erspähen. Wie damals. Diese Litfaßsäule unerfüllter Versprechungen.

Sie schenkt mir was,
Sie schuldet mir was,
Sie scheint,
Tag und Nacht,
Scheint sie mir,
Scheint sie mich,
Nicht zu sehen.

Wie viel Platz gibt es?
Für ein schwarzes Kind?
Entlang der rot-weiß-blauen Kulisse?
Mit den fünfzig Sternen?
Welch eine Konstellation.
Welche Konsternation.

Sie kann mich befreien
Sind das da noch Ketten?
Sie könnte mich befreien,
Könnte sie mich noch retten?[15]

7. Grenzen gesetzt

Im Land der unbegrenzten Möglichkeiten geboren, lernte ich ein Leben der unmöglichen Begrenzungen kennen. Haben und Sein? Eher Haben und Schein. Darum ging es offenbar. Das Jahr, in dem ich in den Vereinigten Staaten auf die Welt kam, ist dabei dasselbe Jahr, in dem der Westsektor meiner späteren Wahlheimat abgeriegelt wurde.

Jemand hatte die Absicht, wohl oder Ulbricht, eine Mauer zu bauen. Diese Absicht wurde auch auf Teufel komm raus umgesetzt. Eine 155 Kilometer lange Betonmauer schlängelte sich binnen Kurzem kreuz und quer durch die bereits viergeteilte Stadt an der Spree. Damit sich die Republikflucht gewissermaßen in Grenzen halten würde. Knapp zweieinhalb Monate später, just als ich frischgebacken im Kreißsaal heulte, gab es sogar einen Showdown in der Berliner Friedrichstraße. Kampfpanzer der Gattungen T-54 (UdSSR) und M48 (US) standen sich gegenüber. Ost versus West. Wenige Tage vor Halloween spielten sich wahre Horrorvorstellungen ab. Herbstlich willkommen im Kalten Krieg.

Selbst vor der Ergänzung der Mauer durch elektrifizierte Zaunanlagen herrschte Hochspannung – dabei stand auch meine Familie unter Strom. Ein 20 Jahre alter Cousin von mir schob Wache am Checkpoint Charlie in der Kochstraße. Ein weiterer Verwandter war auf der Rhein-Main Air Base stationiert. Deutschland war für uns sowieso sehr präsent. Während der Berliner Luftbrücke Ende der 1940er Jahre hatten meine Omas, meine Mutter und eine Tante Rosinen, Fruchtkonserven und Zucker gesammelt, um CARE-Pakete zusammenzustellen. Diese schwarzen Frauen, die selbst nicht viel besaßen, spendeten freiwillig an ihnen unbekannte Weiße in Deutschland und Österreich. Solidarität mit einem Schuss Statussymbolwirkung, wenn man so will, aber immerhin.

Mein Vater, Jahrgang 1917, sprach übrigens gutes, wiewohl nicht akzentfreies Deutsch, und zwar schon lange vor seiner Dienstzeit in der Air Force. Deutsch war seine erste und einzige Fremdsprache in der Schule gewesen. Die Frakturschrift konnte er auf Anhieb dechiffrieren. Dadurch animiert, fing ich in meiner Jugend an, die Werke der deutschsprachigen Bestsellerautoren zu lesen. Dazu zählten Johann Wolfgang von Goethe, Heinrich Heine, Friedrich Schiller und der Sohn von Alois Schicklgruber. Tja, das Land der Dichter und Denker war auch das Land der Richter und Henker.

Kaum wurde Deutschland vor sich selbst gerettet, nachdem Abermillionen Menschen zuerst elendig vernichtet worden waren, ging das Land auseinander. »Ein Land der Extreme«, stöhnte mein Vater kopfschüttelnd, »es erklärt sich immer wieder den Krieg und nimmt die ganze Welt mit.«

Mitgenommen hat mich jedenfalls eine gewisse Bilderfolge, die es auch heutzutage immer wieder schaffen kann, mir eine Gänsehaut zu bescheren und mich zu Tränen zu rühren. Es war der 15. August 1961, zwei Tage nach Baubeginn der Berliner Mauer. Peter Leibing schoss scharf – mit seiner Exakta-Kamera samt einem 200-mm-Teleobjektiv. Leibing, ein 20-jähriger Bildagenturvolontär, lauerte an der Ecke Bernauer/Ruppiner Straße, als Conrad Schumann, ein erst 19 Jahre alter Flüchtling aus Sachsen, den Sprung über den Stacheldraht wagte. Schumann war nicht irgendein Asylbewerber, sondern Grenzpolizist der DDR. Noch während er in der Luft war, ließ er seine sowjetische Maschinenpistole PPSch-41 fallen. Mitsamt seinem kegelförmigen Stahlhelm landete er im französischen Sektor. Unbehelligt gelangte er in einen herbeigeeilten Opel Blitz der Westberliner Polizei und somit in die Freiheit. Das Bild ging um die Welt, wie auch die simultan von Dieter Hoffmann aufgenommene 16-mm-Aufzeichnung im Auftrag des Senders Freies Berlin.

In den USA Mitte der 1960er Jahre bekamen meine schwarzen Schulkamerad*innen und ich die Aufnahmen nicht weniger als dreimal im Unterricht zu sehen. In den Fächern Geografie, Sozialkunde und Religion. Ja, Religion. Agitprop mit höchsten Ansprüchen. Denn es ginge um Gut und Böse, wie die Ordensschwestern uns erklärten. Wir guckten wie gebannt hin. Dieser *People's Policeman* in der Furcht einflößenden Uniform streckte seine Waffe und rannte um das nackte Leben. Wie könnte man ihm nicht die Daumen drücken? Als er es schaffte, klatschten wir dazu. Wir als *Black Kids.* Wir sind alle Menschen mit dem Bedürfnis, frei und hoffentlich auch friedliebend zu leben. Die greise Schwester Scholastica verpackte Schumanns Flucht in einen Bibelvers, und zwar aus dem alttestamentarischen Zweiten Buch Samuels: »Mit meinem Gott werde ich eine Mauer überspringen.«[1] Des Teufels Mauer, betonte sie mit erhobenem Zeigefinger. Der Kommunismus werde ohnehin in wenigen Jahren zerbröckeln, fügte sie hinzu, wenn auch ohne biblische Quellenangabe. Schwester Maria hingegen machte einen thematischen Bogen zu den Kriegsdienstverweigerern, die derzeit den Einsatz in Vietnam aus Gewissensgründen ablehnten. Einmal wurde sie bei einem Protest festgenommen, bei dem sie und zwei Laienmitarbeiterinnen ein in einem Militärmuseum ausgestelltes Flugzeug mit roter Farbe bewarfen. Dass sie sich eines Tages als Anhängerin der Befreiungstheologie nach Lateinamerika versetzen lassen würde, überraschte niemanden. Angeblich ist sie etliche Jahre später zurückgekehrt – und hinter den Mauern eines Klosters in Iowa verschwunden. Unsere einzige schwarze Nonne, Schwester Lucy, postulierte mit heiserer Stimme und nachdenklichem Blick: »Das Drama an der Berliner Mauer zeigt, dass das, was uns voneinander trennt, genau das ist, was uns miteinander verbinden könnte.«

Immerhin verspüre ich vermeintlich zeitlebens das Bedürfnis, Mauern zu durchbrechen. Als schwarze Queerfeministin ist es mir sowieso klar, dass es nicht anders geht. Mauern zu durchbrechen, ist übrigens Kopfsache. Frau geht mit dem Kopf gleichsam durch die Wand. Dafür braucht sie Aspiration – und Aspirin. Und gewisse statische Kenntnisse. Oder nicht? Außenmauern fungieren beispielsweise grundsätzlich als tragende Wände. Tragende Wände dürfen jedoch nicht ohne Weiteres eingerissen werden, da das Haus sonst zusammenstürzen könnte. Aber wer genau wird von tragenden Wänden getragen? Und wenn das Haus ein Gefängnis ist, in dem man eine lebenslängliche Strafe verbüßt? James Baldwin, der kein Blatt vor den Mund nahm, erklärte eindringlich und nicht ohne einen Anflug von Frustration:

> Freiheit kann niemandem gegeben werden; Freiheit ist etwas, das die Leute nehmen, und die Menschen sind so frei, wie sie sein möchten. Man braucht keine riesige Militärmaschinerie, um unfrei zu sein, wenn es einfacher ist, zu schlafen, wenn es einfacher ist, apathisch zu sein, wenn es einfacher ist, nicht frei sein zu wollen, und zu denken, etwas anderes sei wichtiger.[2]

Aktivismus oder Apathie? Das war auf jeden Fall die schwarz-weiße Frage, mit der John F. Kennedy konfrontiert wurde, was seinen Umgang mit der rassistischen Diskriminierung betraf. Auswärts erklärte er sich für einen Berliner. Am Rathaus Schöneberg, an der Seite von Willy Brandt, erläuterte er im Juni 1963 die *Three Essentials*. Dabei handelte es sich um das Recht der Westmächte auf Anwesenheit in ihren jeweiligen Sektoren, ihr Zugangsrecht nach Berlin und die Wahrung der Sicherheit und der Rechte der Bürger Westberlins. So weit, so gut. Als er sich in Berlin gewissermaßen einbürgerte, waren es fast zwei volle

Jahre seit dem Mauerbau. Aber zu Hause erwarteten auch viele eine Art 3-Punkte-Plan. Unmittelbar dazu zählten meine Eltern. Sie waren glühende JFK-Fans. Ohne viel Federlesens hatten sie ihr Kreuz bei dem katholischen, kultivierten, reichen, schönen und weltmännisch anmutenden Demokraten gemacht – wie 70 Prozent der afroamerikanischen Wählenden insgesamt es auch getan hatten. Als Dankeschön berief Kennedy etwa 50 schwarze Frauen und Männer in führende Positionen, beispielsweise als Botschafter*innen und Bundesrichter*innen. Zudem ernannte er den Afroamerikaner Andrew Hatcher zu seinem zweiten Pressesprecher. Aber war es nun zu viel, mit dem vollumfänglichen Quidproquo zu rechnen? Das kollektive Zünglein an der Waage wollte mitreden – über die Wahlkabine hinaus.

Berlin am 27. Oktober 1961, am Tag meiner Geburt: General Lucius D. Clay (r.), den Präsident John F. Kennedy als Sonderbeauftragten in die Stadt geschickt hat, vereidigt US-Soldaten. Wenige Kilometer entfernt stehen sich in der Friedrichstraße amerikanische und sowjetische Panzer am Checkpoint Charlie gegenüber. Während sich der Kalte Krieg erhitzte, lief der Kampf gegen rassistische Diskriminierung gleichsam auf Sparflamme. Bei der Verteidigung des Westsektors waren schwarze GIs an vorderster Front, diensteifrig und opferbereit. Dabei hegten sie Hoffnung auf mehr Bürgerrechte zu Hause in den Staaten (Quelle: Picture Alliance/dpa).

Berlin, September 1964. Dr. Martin Luther King während eines Überraschungsbesuchs an der sowjetischen Sektorengrenze in der Bernauer Straße. Werner Steltzer, Direktor des Berliner Informationszentrums, zeigt den Verlauf der Mauer. Der Baptistenprediger King sprach von der Stadt als »Symbol für die Spaltung der Menschen auf der Erde« und thematisierte die Bemühungen, »20 Millionen Schwarze aus der langen Nacht der Rassentrennung und Diskriminierung zu befreien«. Stunden zuvor in Kreuzberg lieferten sich DDR-Grenzer, Westberliner Schupos und US-Militärpolizisten einen Schusswechsel, als ein GI ein Seil über die Mauer warf und einem Flüchtling das Leben rettete. Die in einer Hauswand erkennbaren Einschusslöcher begutachtete King kopfschüttelnd. Amerikanische Behörden in Westberlin hatten ihm übrigens den Reisepass abgenommen, damit er nicht auf Ideen kommt. Mit seiner American-Express-Karte als Ausweis überquerte King dennoch Checkpoint Charlie und predigte in der Sophienkirche am Alexanderplatz auch vor Ostdeutschen (Quelle: alamy.com).

Eingedenk der Tatsache, dass Kennedys Vorsprung gegenüber dem Republikaner Richard Nixon knapp 118.550 von nahezu 69 Millionen abgegebenen Stimmen des Volkes betragen hat, ist klar, dass Schwarze ihn mit großem Einsatz mit über die Ziellinie getragen hatten. Bei US-Präsidentschaftswahlen sind es allerdings die im berühmt-berüchtigten *Electoral College* abgegebenen Stimmen, die schließlich entscheiden, wer ins Weiße Haus einzieht, ganz egal, wie das Abstimmen der Bevölkerung ausgeht. Die Zahl der Wahlleute bemisst sich an der Zahl der einem Staat zugemessenen Mitglieder des Kongresses, der sich aus dem Repräsentantenhaus und dem Senat zusammensetzt. Doch gerade die afroamerikanische Unterstützung, die Kennedy in mehreren Schlüsselstaaten des Nordens erhalten hatte, verschaffte ihm den ausschlaggebenden Vorsprung im Wahlleutekollegium. Im *Electoral College* erreichte er nämlich eine Mehrheit von 303 zu 219 Stimmen. Die dürftige Mehrheit, die seine Demokraten im Kongress bildeten, ließ ihn wiederum vorsichtig in Erscheinung treten, was die Problematik der Bürgerrechte anbelangte.

Vielen der Millennials und Gen-Z-Angehörigen, die während der acht Jahre langen Präsidentschaft von Barack Obama (2009–2017) aufgewachsen sind, fällt es sicherlich schwer, sich mit dem Gedanken zu tragen, dass ausgerechnet die Demokratische Partei sich in puncto Bürgerrechte früher – und auch lange – auf der falschen Seite der Geschichte befunden hatte. Doch dem ist so. Andrew Jackson, der 7. US-Präsident und Mitgründer der 1828 ins Leben gerufenen Demokratischen Partei, war zum Beispiel selbst ein Sklavenbesitzer und ein ausgesprochener Hasser der »Indianer«. Wie etliche Gründerväter des Landes zwei Generationen zuvor es auch waren. Ihm ging es also um die Fortsetzung, ja, die Ausweitung der Vormachtstellung der Europäischstämmigen in der neuen Nation.

Die Linien, die weiße Männer seit eh und je entlang der Landkarten der Welt ziehen, hinterlassen bei unzähligen Menschen ihre Spuren und besiegeln deren Schicksal. Vermessungsinstrumente sind häufig nichts als Waffen, mit denen bereits unterdrückte Völker verkauft, vertrieben und vernichtet werden. Bei der Mason-Dixon-Linie war es nicht anders. Die schicksalsträchtige Demarkationslinie, die im Wesentlichen in Ost-West-Richtung auf 39° 43' 20" nördlicher Breite verläuft, wurde von dem Astronomen Charles Mason und dem Geodäten Jeremiah Dixon vermessen. Der Zweck bestand darin, einen auf einer falschen Landkarte basierenden Eigentumsstreit zwischen den

Familien Penn aus Pennsylvania und Calvert aus Maryland beizulegen. Es ging um die Ehre, ums Geld, ums Land und somit um Menschenleben. Beziehungsweise um das Leben jener Menschen, die institutionell äußerst inhuman behandelt wurden. Pennsylvania hatte unter dem Gründer William Penn die Sklaverei erduldet, aber die neuen Wellen von Quäker*innen und deutschen Einwander*innen wandten sich dagegen. Maryland hingegen war nicht besonders auf Abolition bedacht.

Bereits 1638 hatte die Generalversammlung von Maryland die Versklavten von den gemeinsamen Rechten christlicher Freier und vertraglich gebundener Dienender ausgeschlossen. Meine afrikanischen Vorfahren, offiziell keine englischen Untertanen, galten demnach als Ausländer*innen in ebenjenem Land, das sie mit Blut, Schweiß und Tränen über Generationen hinweg aufbauten. Zwar gab es in den nordamerikanischen Kolonien Gerichte, die dazu tendierten, christlich getaufte schwarze Personen freizulassen. Doch Maryland beharrte auf dem Sklavenhandel und war aus wirtschaftlichen Gründen partout nicht daran interessiert, aus den »Primitiven« Proselyten zu machen. Unter Gouverneur Charles Calvert, 3. Baron Baltimore, beschloss die Versammlung ein Gesetz, das mit Pomp, drakonischer Diktion und ziemlicher Klarheit bestimmte:

> Sei es durch den Ehrenwerten Herrn, den Lord Proprietary, durch den Rat und die Zustimmung des Ober- und Unterhauses dieser gegenwärtigen Generalversammlung erlassen, dass alle Neger oder andere Sklaven, die sich bereits in der Provinz befinden, und alle Neger und andere Sklaven, die später importiert werden sollen in die Provinz, dient [sic] durante vita. Und alle Kinder, die von einer Negerin oder anderen Sklaven geboren werden, sollen für die Dauer ihres Lebens Sklaven sein wie ihre Väter.[6]

Noch Wünsche? Noch Fragen? Heutzutage in der Diaspora nennen wir einen solch unverschämten Anspruch einfach *Caucasity.*[7] Dieser Neologismus bildet sich aus *Caucasian* (»Kaukasier«) und *Audacity* (»Frechheit«). Dabei handelt es sich um eine exponentiell erhöhte Art der Impertinenz, die nur gewissen Weißen zugeschrieben wird. Es gilt nämlich denjenigen Weißen, die durch Worte und schließlich auch Taten den Eindruck erwecken, ihre Privilegienpaläste auf Kosten Nichtweißer auf- und ausbauen zu wollen. Dass die Planrollen für derartige Privilegienpaläste nicht lediglich in Villenvierteln, sondern auch in Wohnwagensiedlungen aufbewahrt werden, sei vorsorglich erwähnt. In erweiterter Hinsicht beschreibt der Begriff jene Weiße, die eventuell nicht betont oder gar nicht bewusst rassistisch agieren, sich aber trotzdem so verhalten, dass sie ihre durch ihr Weißsein entstandenen und existierenden Vorteile irgendwie nicht wahrnehmen. Mit einbegriffen sind wohltätige Weiße, die ihre Philanthropie als Rechtfertigung für ihren Privilegienerhalt nutzen, während sie mit ihrer Almosenverteilung herzlich wenig dazu beitragen, die Rechte der Benachteiligten zu stärken. Solche Weiße haben gut reden. Inwieweit es fair ist, ihnen *Caucasity* vorzuwerfen, ist eine berechtigte Frage. Eine, die gern im interkulturellen Kontext diskutiert werden sollte, aber dann bitte ohne ein weißes Vetorecht. *Caucasity* ist ohnehin ein Begriff, von dem eine schwarze Person höchstens dreimal am Tag Gebrauch macht. Beispielsweise beim Stehen in der Straßenbahn, beim Verlassen einer Amtsstube oder beim Hocken vor der Glotze während der Nachrichten.

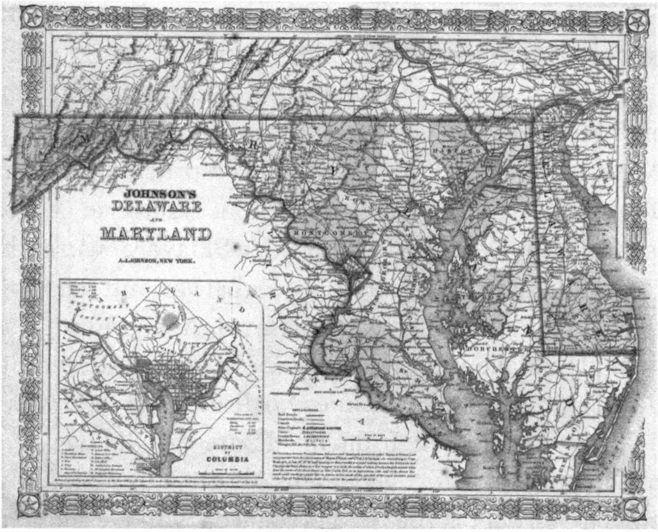

Diese Landkarte des berühmten Kartenverlags A. J. Johnson wurde 1864 veröffentlicht, und zwar inmitten des US-Bürgerkriegs. Sie zeigt den Distrikt von Columbia und enthält eine Absatznotation bezüglich der Vermessung der Grenze zwischen den Staaten Pennsylvania, Delaware und Maryland. Diese Trennungslinie, die Mason-Dixon-Linie, demarkierte die Grenze zwischen Sklaverei und Freiheit (Quelle: Public Domain. Alwin Jewett Johnson, 1827–1884).

Immerhin dürfte die *Caucasity* von Lord Calvert und seinen gleichgesinnten Kolonialisten – objektiv betrachtet – keineswegs geleugnet werden. Obwohl längst gut situiert, steckten sie ihre menschenverachtenden Claims auf dem Sklavenmarkt munter weiter ab. Indem sie sich erkühnt haben, über Jahrhunderte hinweg über die Versklavten zu disponieren, haben sie den Boden, den sie den indigenen Völkern gewaltsam gestohlen hatten, für den generationenübergreifenden Genozid an Afrikanischstämmigen bereitet. Dabei spielte die Mason-Dixon-Linie wieder eine Rolle. Die ursprünglich zwischen Pennsylvania und Maryland verlaufende Linie führte nach Westen zum Ohio River, entlang des Ohios bis zu seiner Mündung in den Mississippi River und schließlich weiter westlich entlang 36° 36' 00" nördlicher Breite.

Nach dem Amerikanischen Unabhängigkeitskrieg (1776–1783) erlangte sie eine noch höhere Signifikanz, während sie gleichzeitig eine sich vertiefende kulturelle Kluft markierte. Eine schäbige Abmachung ist dann zustande gekommen. Gemäß dem Missouri-Kompromiss von 1820 versprach die Union, ihre Bemühungen gegen die Ausbreitung der Sklaverei geografisch einzuschränken. Die obere Grenze der Sklaverei wurde bei 36° 36' 00" nördlicher Breite festgelegt. Dabei verläuft die Linie entlang der südlichen Grenze von Missouri. Aber Missouri wurde trotzdem als Sklavenstaat zugelassen. In allen anderen Staaten nördlich der Mason-Dixon-Linie wurde die Sklaverei wiederum für illegal erklärt. Südlich davon dürfte die Sklaverei jedoch dynamisch und ungestört gedeihen. Als die junge Nation weiter expandierte, forderten die Siedlerscharen, von Geschäftsleuten und Glücksrittern angespornt, dass die Bewohner der neuen Territorien selbst entscheiden sollten, ob sie Sklaverei betreiben möchten.

Es kam, wie es nur kommen kann, wenn im Namen Gottes die Raffgier romantisiert wird. *Manifest Destiny* – das Konzept der »offensichtlichen Bestimmung« – war das neue Schlagwort. Und alle Menschen, die bis zur Pazifikküste und bis zum Golf von Mexiko irgendwie im Weg standen, wurden wie Freiwild behandelt. Entweder erlegt oder eingehegt. Im Grunde genommen war das Recht eben das, eben alles, was dem Vormarsch der weißen Vorherrschaft diente.

Das bewies der Fall *Dred Scott v. Sandford,*[8] der von 1856 bis 1857 vom Obersten Gerichtshof der USA verhandelt wurde. Der Afroamerikaner Dred Scott versuchte, seine Freiheit einzuklagen, und zwar mit der wahrhaftigen Begründung, dass er zeitweise in sklavenfreien Jurisdiktionen, darunter im Bundesstaat Illinois und im Wisconsin-Territorium (heute Minnesota), gelebt hatte. Doch Scotts langwieriger Gang durch die Instanzen wurde nicht erfolgsgekrönt. Der Supreme Court entschied mit sieben zu zwei Stimmen gegen ihn. In einem Richterspruch, der heutzutage in der US-Jurisprudenz weitgehend als – gelinde gesagt – übles Schandurteil kritisiert wird, verneinte Chief Justice Roger B. Taney generell die Bürgerrechte der Schwarzen und ließ tief blicken, was die Ängste betraf, die ihn und die meisten seiner Richterkollegen bewegten. Indem er das Urteil verkündete, begründete er das Unheil:

> Es würde den Lebewesen der Negerrasse das Recht geben, nach Belieben jeden Bundesstaat zu betreten, die vollständige Meinungsfreiheit in der Öffentlichkeit und im Privaten in allen Themen auszuüben, zu denen seine [des Bundesstaates] eigenen Bürger sprechen könnten, öffentliche Versammlungen zu politischen Themen abzuhalten und Waffen zu besitzen und diese auch zu tragen.[9]

Somit stärkte der Oberste Gerichtshof die Ansprüche der Sklavenhalter. Dabei wurde der ohnehin problematische Missouri-Kompromiss für verfassungswidrig erklärt – und so sahen sich die Plantagenbesitzer und die Politiker der Südstaaten ermutigt, ihre Eroberungskampagnen voller Hoffnung und mit aller Härte wieder aufzunehmen. Infolgedessen verschärfte sich der Konflikt zwischen den Nordstaaten, die Lunte rochen, und den stolzen, sklavenhaltenden Südstaaten, die Morgenluft witterten.

In Springfield, der Hauptstadt von Illinois, geriet zu dieser Zeit ein Bauernsohn mit Schifferkrause ins Blickfeld der Öffentlichkeit. Es war Abraham Lincoln. Mehr als zwei Meter mit Hut. Mit seinem Zylinderhut. Diesen warf er gleichsam in den Ring, wie man in amerikanischen politischen Kreisen so schön sagt. In dem Bundesstaat im mittleren Westen, in dem die Sklaverei illegal war, gab es den Wahlkampfauftakt der Republikaner, zu denen Lincoln gehörte. Er kandidierte für den US-Senat.

Allerdings unterlag er Stephen A. Douglas, seinem demokratischen Konkurrenten. Eigentlich hatte Lincoln mehr Stimmen erhalten, aber aufgrund des Wahlrechts in Illinois wurden die Senatoren nicht direkt vom Volk, sondern vom Parlament des Staates gewählt. Douglas' Unterstützer hatten die Mehrheit. Dennoch blieb Lincolns am 16. Juni 1858 gehaltene Rede als Ermahnung in Erinnerung:

> Jedes Haus, das in sich uneins ist, wird nicht bestehen. Ich glaube, daß diese Regierung auf Dauer nicht überleben kann, indem sie halb für die Sklaverei ist und halb für die Freiheit. Ich erwarte nicht, daß die Union aufgelöst wird; ich erwarte nicht, daß das Haus einstürzt, aber ich erwarte, daß es aufhören wird, geteilt zu sein. Es wird entweder ganz das eine oder ganz das andere sein.[10]

»Das Sinnbild holte Lincoln aus der Bibel«, erklärte Thandiwe, eine schwarze Südafrikanerin nachdenklich. Sie zitierte aus dem Neuen Testament: »Wie kann der Satan den Satan austreiben? Wenn ein Reich in sich gespalten ist, kann es keinen Bestand haben.«[11]

»Stimmt«, nickte ich imponiert, »du kennst dich sehr gut damit aus. Mit der Geschichte der USA, mit der Bibel. Sag mal, hörst du mich?«

Thandiwe und ich hatten einander knapp eine Stunde zuvor kennengelernt. Zwei schwarze Gestalten in der Berliner Nacht. Spontan unterhielten wir uns über Gott und die Welt, soweit es in der am Brandenburger Tor versammelten Menschenmenge akustisch möglich war. Es war Anfang November 1989. Seit Günter Schabowskis schicksalhaftem Versprecher steppte der Bär. David Hasselhoffs Schlagercover »Looking for Freedom« kletterte auf Platz eins der Hitparade. Die Basstöne von Pink Floyds

»The Wall« pulsierten vor roher Kraft. Immer wieder stimmten Menschen auf den Straßen die Deutschlandhymne an. Leider auch mit der ersten Strophe. Versehentlich? Oder versöhnlich? Die Melodie zu »Auferstanden aus Ruinen« war immerhin nicht mehr zu hören.

So oder so befand sich Thandiwe inmitten einer Trümmerlandschaft. Die damals 28-Jährige bezeichnete sich in stark akzentuiertem, aber bedächtig gewähltem Deutsch als Austauschstudentin. Sie wohne an der Allee der Kosmonauten in Lichtenberg. Im Plattenbau halt, aber wie in einem Palast. Denn sie sei in bitterer Armut *in the Gugs* aufgewachsen, in dem vor Kapstadt gelegenen Township Gugulethu. Aber nun? Was tun? Ihr Gastland löste sich vor ihren bebrillten braunen Argusaugen auf. Ein großes Stück Geschichte schlug ihr wie ein losgelöster Mauerziegel auf den Kopf. Die Freiheit erwischte sie auf dem falschen Fuß und ging hautnah an ihr vorbei. Tantalusqualen befielen sie, während sie seelisch zwischen Trauma und Triumph oszillierte. Wäre es für sie Blasphemie gewesen, sich über den Untergang der DDR zu freuen? Was genau wäre zu feiern?

In Thandiwes Heimat saß Nelson Mandela noch hinter Gittern. Zwar nicht mehr auf Robben Island, sondern im Victor-Verster-Gefängnis. Aber das Apartheidregime währte fort und Thandiwe hatte das Land offenbar illegal verlassen. Sie besaß noch ihren alten, 1986 bereits abgelaufenen *Dompas* (»dummen Pass«), den alle Schwarzen in Südafrika früher stets bei sich tragen mussten. Wir standen an der Ostseite. Den Westen wollte sie nicht betreten. Noch nicht. Man könne sie festnehmen. Sie war, wie sie mir erst drei Jahrzehnte später verraten würde, eine Angehörige der Organisation *Umkhonto we Sizwe*. Ebenjener »Speer der Nation« war der militärische Flügel des ANC. Noch wenige Wochen vor dem Mauerfall hatte sie eine Art Fortbildung für junge Kader in Teterow absolviert. Die »materielle Solidarität« würde nunmehr ausbleiben. Der »antikapitalistische

Schutzwall« zerbröckelte und landete Stück für Stück in westlichen Souvenirläden.

Wir zwei waren seltsame Zaungäste am Brandenburger Tor. Ich, Ami. Sie, Armes. Beide *Black* – und doch aus zwei unterschiedlichen Welten. Wir grübelten, wir philosophierten und wir schauten verwundert zu, während weiße Unterdrückte gegen ihre weißen Unterdrücker aufbegehrten.

8. Schmückendes Beiwerk

Im Auftrag der Neuen Nationalgalerie Berlin wurde meine Wenigkeit darum gebeten, ein gewisses, gut 100 Jahre altes Gemälde von meinem Blickwinkel aus zu kommentieren. Gewissermaßen im Rahmen postkolonialer Perspektiven. Genauer genommen handelt es sich um das Sichtbarmachen kolonialer Kontinuitäten, was die Rezeption von Kunstwerken und Objekten außereuropäischer Kulturen anbelangt. So ist der unten stehende Aufsatz entstanden. Jener Text bildet einen Teil des in der Neuen Nationalgalerie befindlichen Ausstellungskapitels »Experiment Expressionismus« und kann ebenda von Besuchenden als Audiobeitrag im Vermittlungsraum abgerufen werden:

> Kunterbuntes Zwielicht. Blendende Aussichten, verblendende Ansätze. Die Goldenen Zwanziger in Grellgelb. Ein Aufflackern zwischen dem Anfang der Weimarer Republik und der zweiten Auflage eines apokalyptischen Weltkriegs. Eine Treppe führt hinauf, bis in die Hölle empor. Witzfiguren in Wallung, Schnitzfiguren im Spalier. Nacktheit im Nachtleben, vergnügter Voyeurismus im Foyer. Ein Künstler lädt ein und wartet mit einer breiten Palette an Farbigen auf. Eine Völkerschau entblößter Mädchen findet statt. Ebony-Exotinnen im Ebenholz, Trophäen aus den Tropen. Primitiv, promiskuös. Wesenszüge der weißen Vorherrschaft, Souvenirs aus dem schwarzen Kontinent.

Ernst Ludwig Kirchner ist der Gastgeber. Der hedonistische Eremit gewährt uns gnädigerweise einen Tag der offenen Tür, und zwar erst nach Abenddämmerung. Es ist eine Art Home-Story. Mit seinem expressionistischen Ölgemälde *Atelierecke*[1] anno 1920 beschert er uns einen intimen Blick in seine Werkstätte. Diese ist die Werkstätte eines meisterhaften Malers und eines mehrjährigen Morphiumsüchtigen. Das Atelier fungiert vielmehr als Zufluchtsstätte eines narzisstischen Nomaden, der 1880 in Augsburg das Licht der Welt erblickt hatte. Bei der auf Leinwand gebrachten Leidenschaft wähnt man sich zunächst auf einer Soiree in irgendeiner Spree-Athener Jugendstilvilla. Aber dieses babylonische Gefilde entfaltet sich nicht etwa in Berlin, sondern im Bauernhaus In den Lärchen auf der Schweizer Längmatte. Das liegt in Frauenkirch bei Davos.

Davos? Jawohl. Da, wo es teuer wird. Da, wo heute, ein Jahrhundert später, das *WEF* tagt, um den Kapitalismus vor der Welt zu retten. Ausgerechnet hier verbrachte Kirchner alias Louis de Marsalle seine letzten Jahre. Der gelernte Architekt und Mitgründer der renommierten Dresdner Künstlergruppe *Brücke* hatte mittlerweile alle Brücken hinter sich abgerissen. Zudem waren seine Werke von den Nationalsozialisten als »entartet« gebrandmarkt worden. Das war das Kainsmal, das die Menschenmörder den als bedrohlich empfundenen Vertretenden der modernen Kunst aufdrückten. Die propagandistische Diffamierung war, kulturell betrachtet, ein Ritterschlag. Wiederum war diese Verunglimpfung auch eine dosierte Todesspritze für Kirchner, der tendenziell am Hungertuch nagte. Ein

Nervenzusammenbruch als Soldat im Ersten Weltkrieg hat ihm das Leben gerettet. Aber 1938 feuerte er mittels einer Browning vom Kaliber 7.65 zwei Schüsse ins eigene Herz ab.

Ernst Ludwig Kirchners *Atelierecke* (1919/1920). Sexualfantasie? Sozialkommentar? Stilbruch? Stillleben? Alles davon. Das Werk ist nicht nur sehenswert, sondern genial. Aber Genialität allein garantiert wiederum keine Gerechtigkeit. Im Mittelpunkt stehen hier die Objektifizierung und die Vereinnahmung nicht weißer Körper, die im Rahmen asymmetrischer Machtverhältnisse ihr Dasein fristen. Avantgardistische Kunstschaffende und jene Schöpfenden, die sich dafür halten, sind nicht davor gefeit, misogyne beziehungsweise rassistische Diskriminierungsformen zu projizieren und zu reproduzieren (Quelle: Staatliche Museen zu Berlin, Nationalgalerie / André van LinnPublic Domain Mark 1.0).

Wenn ich durch das 126 mal 121 Zentimeter große Fenster ins Atelier schaue, betrachte ich den tragischen, talentierten Künstler zweifelsohne als Opfer. Aber nicht nur. Denn Kirchner war auch Teil des Systems. Des Systems, das die Tugenden von Knigge tradierte und gleichzeitig an das Gute im Kolonialismus glaubte. Die Clique verurteilte Religion als Opium fürs Volk, kokettierte aber mit Kokain und mit dem Kapitalismus selbst. Man muss ziemlich privilegiert sein, um sich freiwillig ein Leben am Rande der Gesellschaft leisten zu können. Es regierte der Rausch der Romantik, es gab das Gift der Globalisierten, als der Begriff noch lange nicht gang und gäbe war. Im Vaterland verwurzelt, nach der Fata Morgana der Freiheit in die Welt hinaus strebend. Der Kolonialist als Kosmopolit. Denn es war en vogue. Man nannte sich – mit mehr Sehnsucht als Selbstreflexion – die Avantgarde. Fertig. Das war so leicht wie heutzutage das Setzen des Hashtags #BLM, um dem Cyber-Universum zu signalisieren, dass man ja gegen den Rassismus sei.

Kirchner, der von seinen »Negerplastiken« schwärmte, hat sich sicherlich nicht als rassistisch betrachtet. Aber seine Werke sprechen für sich. Es sind die Passionsspiele eines avantgardistischen Agnostikers, der den Mantel seiner preußisch-protestantischen Erziehung doch nicht ganz ablegen kann. Dafür lässt er schwarze Frauen seine Aktfantasien bevölkern, teils von Kuhköpfen begleitet. Dabei müsste man Kirchner nicht des Kunstraubs bezichtigen. Nein, der erklärte Afrikaliebhaber mit einem Faible für Kunst aus Kamerun hat zahlreiche Figuren in eifriger Eigenregie geschnitzt. Doch es geht nicht lediglich um die physische Provenienz der Werke. Indem er seine Menagerie als Menschenzoo entstehen lässt, begeht er einen Beutezug, bei dem er sich selbst sowie seine Brüder im Geiste bloßstellt. Frauen werden ebenso beliebig wie besessen auf die Leinwand geholt. Exotisiert, objektifiziert, sexualisiert, als schmückendes Beiwerk einer Collage à la Copy-and-Paste. Aber sehen wir auch uns selbst, wenn wir hinschauen?

Kirchner hält uns Voyeur*innen – ob als Opfer oder Täter*innen – posthum einen Spiegel vor. Ob wir es mögen oder nicht. *Atelierecke* ist auf jeden Fall authentisch. Und nolens volens aktueller denn je.

Man denke an Georg Herolds *Ziegelneger*[2] anno 1981, der dem Frankfurter Städel 2020 einen Shitstorm bescherte.[3] Auf dem 90 mal 130 Zentimeter großen Bild wird ein Schwarzer mit einem Backstein beworfen. Der antirassistische Ansatz des Gemäldes, obwohl nicht ganz explizit etikettiert, ist unschwer zu erkennen. Hätte Herold vielleicht einen anderen Titel wählen sollen? Darf die Salonunfähigkeit der Betitelung wirklich dazu führen, dass die schiere Ausstellung des Werks ohne Rücksicht auf den Inhalt und dessen Aussage infrage gestellt und das Bild sogar abgehängt wird? Meines Erachtens nicht. Eine hörens-, vielmehr sehenswerte Botschaft wohnt dem *Ziegelneger* inne. Der gepeinigte Schwarze ist kein schmückendes Beiwerk, kein vom Maler objektifiziertes Wesen, sondern ein vom Maler wahrgenommenes Opfer. Bilder sollen ohnehin provozieren. Und das, was sie projizieren, soll zum Diskurs führen. Der Begleittext zum Bild räumt sowieso ein: »Titel und Werk bleiben eine Zumutung, auch wenn wir dem Künstler keinen Rassismus unterstellen.«[4] Ebenfalls heißt es in jenem Disclaimer, der zum konstruktiven Dialog zu führen versucht: »Der Titel ist offenkundig rassistisch.«[5] Besser werden, das kann man immer. Es darf aber nicht passieren, dass das Perfekte zum Feind des Guten wird.

Wesentlich problematischer als der Ton der Diskursbemühungen mancher Museen in puncto Rassismus ist die Weigerungshaltung, die beispielsweise dem Humboldt Forum vorgeworfen wird. Stichwort: Benin-Bronzen.

Dabei handelt es sich um Myriaden von Metalltafeln und Skulpturen, die ab dem 16. Jahrhundert den Palast des Königreichs Benin schmückten. Dem Königreich Benin, das sich im heutigen Südwesten Nigerias befand, war es lange gelungen, unabhängig zu bleiben. Aber der europäische Wettlauf um Afrika intensivierte sich gegen Ende des 19. Jahrhunderts. 1884 versuchte das deutsche Handelshaus G. L. Gaiser, das Mahinland an der Bucht von Benin zu kolonisieren, zog sich jedoch bald wieder zurück. Doch nach dem Abschluss der in Berlin veranstalteten Westafrika-Konferenz 1885 führte Großbritannien konsequente Kolonialkriege gegen Benin – unter dem Vorwand, den in Benin stattfindenden Sklavenhandel beenden zu wollen. Die Stadt Lagos fiel an London. Dem regierenden Oba Ovonramwen, der nicht lediglich ein König war, sondern auch als oberste rechtliche und religiöse Instanz galt, wurde ein Freihandelsvertrag mit den Briten aufgezwungen. Oba Ovonramwen fühlte sich über den Tisch gezogen und entschied sich, doch Zölle zu erheben. Die Briten waren nicht amüsiert, sie waren außer sich, und zwar voller Vorfreude. Denn die Sturheit Ovonramwens bescherte ihnen einen willkommenen Anlass.

Ende 1896 bat der britische Generalkonsul – wie man so tut – um die Erlaubnis, Benin City zu erobern, den Oba abzusetzen und ihn durch einen von den Briten auserkorenen Rat der »Eingeborenen« zu ersetzen. Der diensteifrige Diplomat, ein gewisser James Robert Phillips, gab sich davon überzeugt, dass die Kosten einer solchen Unternehmung durch das im Palast vermutete Elfenbein ersetzt würden, von dem er behauptete, dass es im Palast des Oba vorhanden sei.[6] Ohne auf die Zusage des Außenministers Lord Robert Gascoyne-Cecil Salisbury zu warten, legte Phillips mit einer Kompanie von rund 225 bewaffneten Männern los, viele von ihnen waren Schwarzafrikaner, die als Gepäckträger oder als Mitglieder eines Trommel- und Pfeifenkorps getarnt waren. Phillips und sein Trupp wurden entdeckt. Sie hatten nur Pistolen, von denen sich viele in den verschlossenen Gepäckstücken befanden. Sein Trupp wurde regelrecht aufgerieben.

Eine Strafexpedition wurde nach Benin entsandt: 1.200 Royal Marines, Seemänner und Schutztruppen vom Niger Coast Proctectorate kamen mit zwei Kampfkreuzern und etlichen

Kanonenbooten, nach Rache und Reichtum lechzend. Drei schwer bewaffnete Kolonnen – Sapoba, Gwato und Main – gingen an Land. Bei der Invasion, die im Februar 1897 stattfand, wurde der Palast gestürmt, geplündert und in Brand gesteckt. Die Kolonnen Sapoba und Main kämpften sich nach anderthalb Wochen bis nach Benin City durch. Die Kolonne Gwato folgte – und entdeckte enthauptete Zivilist*innen. Höchstens acht Briten kamen ums Leben, mehr als 200 beninische Bürger*innen wurden ermordet. Elspeth Huxley, die 1954 den Vorfall vor Ort recherchierte, schilderte entsetzt:

> [...] horrend, einen Bericht über das Massaker von Benin von 1897 und dessen Fortführung direkt von einem Teilnehmer zu hören. Es ist eine Geschichte, die ununterbrochen die Kraft besitzt, zu verblüffen und zu erschrecken und uns daran zu gemahnen, dass die Briten durchaus andere Motive hatten, nach Afrika vorzudringen, als die Absicht, die Eingeborenen nur auszubeuten und sich selbst zu verherrlichen. Hier zum Beispiel einige Auszüge aus dem Tagebuch eines Chirurgen, der an der Expedition teilnahm: »Während wir uns Benin City näherten, kamen wir an zahlreichen Menschenopfern vorbei, lebende Sklavinnen wurden geknebelt und auf dem Rücken an den Boden gefesselt, die Bauchdecke wurde in Form eines Kreuzes aufgeschnitten und der unverletzte Darm hing heraus. Auf diese Weise starben die armen Frauen in der heißen Sonne. Männer, Sklaven, mit am Rücken gefesselten und zusammengezurrten Füßen, ebenfalls geknebelt, lagen herum. Es lagen geopferte Menschen auf dem Weg und im Busch – selbst auf dem Hof des Königs war ihr Anblick furchtbar. Und der Gestank. Überall lagen

> tote und verstümmelte Körper – bei Gott! Möge ich solche Sehenswürdigkeiten nie wieder sehen!«[7]

Es ist nicht auszuschließen, dass einige der Menschenopfer aus Verzweiflung von anderen Bewohnern der Stadt getötet wurden, um die Götter zu besänftigen. Doch das erklärt nicht das apokalyptische Ausmaß des Massakers, bei dem die Spuren industrieller Waffen zu erkennen waren. Der britische Historiker Dan Hicks charakterisiert die Vorgehensweise der Strafexpedition als *Democide* (»Demozid«),[8] eine Bezeichnung, die vom amerikanischen Politikwissenschaftler Rudolph Joseph Rummel geprägt wurde. Hicks begründete den gravierenden Vorwurf:

> Massaker in Städten und Dörfern aus der Luft und somit an Frauen und Kindern im ganzen Königreich Benin, die die Erde mit Raketen, Feuer und Minen versengen. Zu den Kriegsverbrechen gehörte namentlich der Umfang der Tötung und Bombardierung ziviler Ziele.[9]

Zwischen 3.000 und 5.000 königliche Schätze wurden erbeutet und vorwiegend in Londoner Auktionshäusern versteigert. Viele Stücke gelangten dabei auch nach Deutschland. Museen und private Sammler hatten Blut geleckt. In Berlin verfügte der gebürtige Österreicher Felix von Luschan, Leiter der Sektion Afrika und Ozeanien im Königlichen Museum für Völkerkunde, über die mit Abstand größte deutsche Sammlung, wohl wissend, dass es sich um gestohlene Güter handelte. Mindestens 50 Deutsche waren an der als *Kommando Maschmann* betitelten Strafexpedition nach Benin beteiligt. Doch damit nicht genug: Die Artillerie, mit der Gebäude in Benin gezielt angegriffen und in Schutt und Asche gelegt wurden, stammte teils aus deutscher Produktion.

Britische Soldaten zeigen sich neben den erbeuteten Kunstwerken nach dem Massaker am 8. Februar 1897 in Benin (Quelle: alamy.com).

Schon in Anbetracht dieser historisch nicht zu leugnenden Hintergründe müsste eine digitalisierte und angeblich modern geführte Institution wie das Humboldt Forum, das Aberhunderte Benin-Bronzen disponiert, ein Interesse daran haben, jene historischen Gegenstände bedingungslos und unverzüglich zurückzugeben. Das fordert die Regierung von Nigeria mit verständlicher Indignation. Die Stiftung Preußischer Kulturbesitz, zu der das Humboldt Forum beziehungsweise das Ethnologische Museum gehört, betont wohl, es ginge um »die Wiedergutmachung von historischem Unrecht und gleichzeitig die Basis für einen gemeinsamen Weg in die Zukunft«.[10] Laut Stiftung seien heute rund 530 beninische Kunstschätze in der hiesigen Sammlung, davon solle noch etwa die Hälfte im Ethnologischen Museum im Humboldt Forum ausgestellt werden.[11]

Lange hat sich Berlin gedrückt, sich der Frage der Rückgabe eindeutig und verbindlich zu stellen.[12] Bundesweit werden rund 1.100 Benin-Bronzen in Museen vermutet. Zu ihnen zählen das Museum am Rothenbaum in Hamburg, das Rautenstrauch-

Joest-Museum in Köln, die Völkerkundemuseen in Dresden und Leipzig, das Linden-Museum in Stuttgart und auch das Völkerkundemuseum in München.

Was würde Jesus tun? Das Jesus College im britischen Cambridge gab auf Geheiß protestierender Student*innen ein aus dem Palast in Benin erbeutetes bronzenes Hähnchen zurück. Nigerias National Commission for Museums and Monuments nahm das geschätzte Kulturgut am 27. Oktober 2021 entgegen. Am nächsten Tag stimmte die Universität von Aberdeen in Schottland der Rückführung einer bronzenen Oba-Figur zu.

Parallel laufend heißt es seitens der Stiftung Preußischer Kulturbesitz, es stecke »eine ziemliche Dynamik« in den Verhandlungen bezüglich der Rückführung.[13] Das hat man schon mal gehört. Absichtserklärungen und Ausreden machen seit Jahren die Runde. »Wir erwarten im Dezember [2021] noch einen Gegenbesuch, das ist eine sehr dichte Taktung und wird immer konkreter«, beteuert Stiftungsleiter Hermann Parzinger.[14] Wiederum sei wegen der komplizierten Lage in Deutschland auch zu berücksichtigen: »Die jeweiligen Museen und deren Träger, Länder oder Kommunen, entscheiden natürlich selbst über ihre Sammlungen.«[15]

Eine Großankündigung mit Kleingedrucktem reicht nicht. Das ist klar. Niemand, der heute in den Sammlungen, Stiftungen und Museen tätig ist, war an dem rassistischen Raubmord beteiligt. Aber alle Menschen, die in solchen Institutionen heute Verantwortung tragen, müssen verantwortungsvoll handeln. Allzu lange hat man sich mit blutiger Beutekunst geschmückt. Kein Wunder, dass man noch daran klebt. Wer über Kulturgüter verfügt, die durch koloniale Beutezüge den rechtmäßigen Eigentümern entzogen wurden, darf nicht hadern, geschweige denn hoch pokern. Das zu tun, wäre der Inbegriff von weißem Privileg. Und das weiße Privileg ist genau das, was uns, uns alle hierhergebracht hat – in diese Ära, die wir allzu voreilig als Postkolonialismus bezeichnen.

9. Sojourner Truth und die Wahrheit über schwarzen Feminismus

»Bin ich etwa keine Frau?«, fragte Sojourner Truth indigniert. »Sehen Sie mich an! Sehen Sie sich meinen Arm an! Ich habe gepflügt, gepflanzt und die Ernte eingebracht – und kein Mann hat mir gesagt, was zu tun war! Bin ich etwa keine Frau?«[1]

Mit der Wahrnehmung der Vielfalt geht der Spatenstich vonstatten. Die Würdigung der Vielfalt fängt aber mit dem Säen an. Säen wir richtig? Und sehen wir wirklich, worum es geht? Die Frauenbewegung kann nur dann ernsthaft auf grundlegende, nachhaltige Fortschritte hoffen, wenn wir den Boden unter unseren Füßen auf inklusive Weise pflegen und pflügen.

In diesem Sinne obliegt es uns als Verfechter*innen der Frauenrechte, dafür Sorge zu tragen, dass eine Vorkämpferin wie die Afroamerikanerin Sojourner Truth (1797–1883) nicht allein auf weiter Flur gelassen wird.[2] Zum einen ist es eine Frage des Respekts, wie Aretha Franklin (1942–2018) es uns Buchstabe für Buchstabe klangvoll beibringen würde. Würde, jawohl. Würde sich der moderne Feminismus mal die Zeit dafür nehmen, ein Stück weit in die Fußstapfen von Schwester Sojourner zu treten, wären die richtungsweisenden Errungenschaften dieser Frau auf eine anschaulich lehrreiche Weise erkennbar. Es geht um den schwarzen Feminismus.[3]

Wie ihre ebenfalls schwarzen Zeitgenossinnen Harriet Tubman[4] und Ida B. Wells sprengte die in der Sklaverei geborene Truth ihre Ketten, ohne ihren Brüdern und Schwestern den Rücken zu kehren. Harriet Tubman, die furchtlose Schaffnerin der Fluchtorganisation *Underground Railroad,* ist wohl über den *Black History Month* hinaus bekannt. Ida B. Wells[5] hingegen ist vielen außerhalb der schwarzen Community leider noch nicht geläufig, doch diese Journalistin (bahnbrechende Berichte über rassistische Lynchings) und Aktivistin (Frauenwahlrechte) verdient Anerkennung. Wie auch Sojourner Truth.

Mit ihrer damals viel beachteten Rede *»Ain't I a woman?«* aus dem Jahr 1851 sprach Truth – nomen est omen – die Wahrheit. Indem sie die obige Frage stellte, gab sie auch die Antwort. Das weibliche Wesen, das gleichsam das Feld bestellt hat, ist wohl eine Frau. Ihre dunklere Hautfarbe und die Schwielen an ihren Händen beeinträchtigten keineswegs ihr Frausein. Sie hoben es sogar umso einprägsamer hervor und bestätigten noch dazu, dass wir Frauen hart im Nehmen sind. Zwar zwangsläufig, dafür sind wir aber zielgerichtet und zuverlässig. Truth beweist, dass es den schwarzen Feminismus also schon sechs Jahrzehnte vor dem Schwarzen Freitag gab, der als Urknall der lila-weißen Suffragettenbewegung gilt. Den Vortrag hielt Truth auf dem Frauenkongress in Akron, Ohio, übrigens unweit der Stadt Canton, des Geburtsorts der Anwältin und Aktivistin Kimberlé Crenshaw[6] (* 1959), die Ende der 1980er Jahre den Begriff *Intersectionality* prägte. Dieses Konzept wurde auch literarisch aufgegriffen, unter anderem von Audre Lorde[7] (1934–1992) und bell hooks[8] (1952–2021). Und mit der Artikulation der Intersektionalität haben wir einen wichtigen Anlass dafür, Diskriminierung auf etlichen Ebenen zu identifizieren. Sowohl individuell als auch institutionell.

Routinemäßig werden Frauen nach Gender, Herkunft, Glaubensrichtung, Sozialklasse und Altersgruppe benachteiligt, um nur einige Kategorien zu nennen. Oft genug werden vor allem weibliche Opfer der mehrfachen Diskriminierung kaum wahrgenommen, weil sie eh zu weit weg sind vom Tisch – auch wenn sie an vorderster Front stehen. Marsha P. Johnson (1945–1992), die schwarze Trans*-Frau, die 1969 in Greenwich Village den ersten Stein von Stonewall warf und somit die Initialzündung für die moderne *Gay-Rights*-Bewegung gab, war leider auch eine verkannte Feministin.[9] In ihren Pumps ging Marsha auf die Barrikaden, als intersektionale Bündnisse immer noch in den Kinderschuhen steckten. Loyal an ihrer Seite war Sylvia Rivera (1951–2002), eine Trans*-Frau puerto-ricanisch-venezolanischer Herkunft. Gemeinsam gründeten sie die nicht geschlechterkonforme Straßenaktivist*innenorganisation STAR. Allerdings mussten sie andauernd Anfeindungen seitens radikaler, trans-exkludierender »Feministinnen« wegstecken. Als *Women of Color* durften Marsha und Sylvia nicht mit Bonuspunkten rechnen, auch nicht von der weiß dominierten Queer-Community. Selbst die schwarze Bürgerrechtsbewegung gewährte diesen Frauen keinen ausreichenden *Safe Space*. Angesichts der Tatsache, dass viele schwarze Bürgerrechtler – ob an der Spitze oder an der Basis – baptistisch geprägt und somit wertkonservativ waren, wurden Marsha und Sylvia von der Kanzel aus abgekanzelt. Ein Jahrhundert zuvor hatte Sojourner Truth gegen solche Scheinheiligkeit und solch fehlende Solidarität gepredigt. Auch heute dürfen ihre Anregungen nicht verhallen.

Die Breite der Benachteiligungen, die wir intersektional betroffenen Frauen erleben, beschert uns allen wiederum die Möglichkeit, Gemeinsamkeiten zu finden und gemeinsame Strategien zu entwickeln, um patriarchalische Herrschaftsstrukturen effektiver zu bekämpfen, aber auch um einander Beistand zu leisten, wenn es »nur« darum geht, die lästigen Mikroaggressionen des Alltags abzuwehren.

Sojourner Truth ist nicht nur eine Heldin der *Black Women*. Sie ist ein Vorbild für Frauen jeglicher Couleur. Für die Ghettoisierung der Geschichte sind wir *Black Women* nicht verantwortlich. Wir suchen Anschluss und bieten Ansätze. Schwarzer Feminismus ist kein Alice-Schwarzer-Feminismus, sondern grundsätzlich inklusiv und zukunftsorientiert. Gemeinsam müssen wir die Ärmel hochkrempeln, zusammen greifen wir einander unter die

Arme. So können wir den Garten kultivieren und bunter machen, während der Feminismus stets tiefere Wurzeln schlägt.

Sojourner Truth mit Foto ihres Enkels James Caldwell, Mitglied des 54. Massachusetts Infantry Regiments der Union Army, auf ihrem Schoß; etwa 1863 aufgenommen (Quelle: blogs.loc.gov).

10. Die verlorene Sache

Langhaarige Rebellen der 1960er Jahre. *»Gimme a head with hair,/Long beautiful hair,/Shining, gleaming …«,* so der Refrain aus dem Titelsong des gleichnamigen Musicals *Hair*. Man denkt sofort an Blumenkinder, Hippies, die Gegenkultur, die Friedensbewegung, Proteste gegen den Vietnamkrieg. Das Festival *Monterey Pop* im Sommer der Liebe, 1967. *Make love, not war.* Hass sollte nicht mehr walten. *No hate.* Gern Haight-Ashbury, das prickelnd progressive Viertel von San Francisco. 1968er, Acid-Heads, Aktivismus. Beatniks in Greenwich Village. Das klingt nach Aufbegehren und Aufbruch. Nach jungen Menschen, die den Weg in eine offene Welt und in eine abgesicherte Zukunft bahnen möchten.

Von der Romantik der Revolution war ein gewisses Fräulein auch ganz begeistert. Ein Fräulein mit Alabasterhaut und einem Hauch von Standesdünkel. Ein Fräulein namens Louisa McCord. Eine höhere Tochter in den Niederungen einer sonderlichen Sittenwelt. Louisa, die in den 60er Jahren die quicklebendige Volljährigkeit erreichte, schreibt rückblickend:

> Ich kann nie vergessen, wie diese Männer auf einer improvisierten Plattform standen, mit dem wilden Licht der Freudenfeuer auf ihren Gesichtern und in ihren Haaren, welche die Männer damals ja länger trugen, die von ihren Gesichtern durch den Wind weggeblasen wurden, oder wahrhaftig dank der Energie ihrer eigenen Bewegungen. […] So ein Licht in ihren Augen! So viel Hoffnung und so viel Mut.[1]

Die Reminiszenzen rufen Woodstock ins Gedächtnis. Drei Tage, die eine ganze Generation nachhaltig prägten. Drei Tage Musik und Kunst, die 1969 in Bethel in Upstate New York über die Bühne gingen. Drei Tage auf der 600 Hektar großen Molkerei von Max Yasgur. Oder nicht? Louisa war wohl ein Kind der 60er Jahre. Allerdings im 19. Jahrhundert. Sie war 1842 geboren worden. Songs wie »The Bonnie Blue Flag« kannte sie. »My Generation« aber nicht. The Who? Wer ist das? Joe Cocker hätte ihr womöglich auch nicht gefallen. »Let's Go Get Stoned« – was für ein Titel ist das denn? Jimi Hendrix und sein »Star-Spangled Banner« – die Hymne der verdammten Yankees – wären ihr nicht minder zuwider gewesen. Ein Neger, der ein elektrifiziertes Banjo spielt und so herumläuft, als wäre er frei?

Die junge Frau würde ohnehin niemals von der Farm Max Yasgurs erfahren. Dabei wuchs Louisa auch auf dem Land auf. Aber nicht im Bundesstaat New York, sondern im Süden. In Saint Matthews nahe Fort Motte in Calhoun County, und zwar in South Carolina. Noch genauer genommen auf der damals 1.110 Hektar großen Lang-Syne-Plantage. Ebenda genoss sie als werdende *Southern belle* ein Leben in Saus und Braus.[2] Ähnlich wie Scarlett O'Hara anfangs in Margaret Mitchells Südstaatenschinken *Vom Winde verweht*[3] und in dem gleichnamigen Film.[4] Aber eben in echt. Louisa McCord ist also keine fiktive Figur aus dem Gefilde der im Roman und im Kinostreifen dargestellten *Tara Plantation.*

Die weitläufige Lang-Syne-Plantage hatte Louisas Mutter Louisa Susannah Cheves McCord (1810–1879) von ihrer Großtante im Alter von 20 Jahren bekommen. Zum Erbe gehörten sogar 50 Versklavte. Bald danach gab es nicht weniger als 200 Schwarze, die unfreiwillig auf dem großen Anwesen hantierten. Meist beim Baumwollpflücken, aber auch bei der Kartoffelernte und im Haushalt. Unter anderem waren es Mitglieder der Gullah, einer ethnischen afroamerikanischen Gemeinschaft, deren Vorfahren aus Bunce Island in Sierra Leone stammten. Die literarischen Werke der Schriftstellerin Julia Mood Peterkin (1880–1961), einer späteren Bewohnerin derselben Plantage, gaben den Gullah eine Stimme, die über die Region hinaus bekannt wurde.[5] Der Vater der ehemaligen First Lady Michelle Obama war übrigens ein Gullah.

Ungeachtet dessen war Mama Louisa Susannah eine distinguierte Person. Die früh verwitwete Salonlöwin reüssierte als Dichterin und trat dabei als selbst ernannte Suffragette auf. In letzterer Hinsicht betonte sie in ihren Essays: »Die Frau wurde für die Pflicht geschaffen, nicht für den Ruhm.«[6] Überdies müsse die Frau den Mann erziehen, indem sie ihm helfe, nicht indem sie ihm Konkurrenz mache.[7]

Mama Louisa Susannah, die 13 Blutsgeschwister hatte, kam aus einer Kaste, die von Großgrundbesitzern, Anwälten, Bankiers und Politikern bevölkert war. Europäische Tutoren und Reisen über den Atlantik zählten zu den Annehmlichkeiten, die den Familienmitgliedern zuteilwurden. Die mit der Feder der privilegierten Dame kommunizierten Ansichten waren dennoch Ausdruck der Weltanschauung, die im alten Süden quer durch alle Schichten der weißen Gesellschaft verbreitet war. Das gilt auch für ihre nicht minder dezidierte Meinung in puncto Sklaverei – eine Meinung, die sie in ihrer vernichtenden Rezension des Romans *Onkel Toms Hütte* zu erkennen gab:

> [Die Sklaverei] ist nicht »ein Leid und ein Unrecht, das man lindern muss«. Wir verkünden es im Gegenteil als eine gottgleiche Dispensation, eine von der Vorsehung ausgehende Fürsorge für die Schwachen und eine Zuflucht für die Besitzlosen. [...] *Untauglich für jeden Fortschritt, solange er sich selbst überlassen ist, ist der Neger bisher nur als Schandfleck der Schöpfung erschienen, und schon drohen ihm die*

> *stärkeren Rassen, auch in seinem eigenen Lande, mit der Ausrottung.* Die Zivilisation muss sich ausbreiten. [...] Der arme Neger, erstaunt über den Strom des Fortschritts, der, über die Welt reißend, nun bedrohlich ist. [...] *Sklaverei, sogar in seinem eigenen Land, ist sein Schicksal und seine Zuflucht vor dem Aussterben.*[8]

In diesem Umfeld ist Tochter Louisa groß geworden. Die euphorische Zuneigung, die Louisa bekundete, was die langhaarigen Männer anbelangte, bezog sich auf die Rebellen der Ära. Diese Männer rebellierten wohlbemerkt nicht gegen die feudalistisch geprägte Aristokratie ihres geliebten Südens, sondern gegen die Einmischung der Nordstaaten in die Sklavereifrage. Eine schultertiefe Mähne zu haben, galt Mitte des 19. Jahrhunderts in den Südstaaten als Synonym für Maskulinität, Ehre und nicht zuletzt Heimattreue. Besonders populär war die Langhaarfrisur in Elitekreisen. Konföderierte Kavaliere waren die Rockstars von damals – und sie ließen die Herzen von Dixieland-Debütantinnen wie Louisa höherschlagen.

Es waren Gentlemen und Gewalttäter. Feine Herren und, wie die Yankees sie brandmarkten, »Feuerschlucker«. Kerle wie Roger Atkinson Pryor (1828–1919), ein US-Kongressabgeordneter, Diplomat und Zeitungsredakteur aus Virginia. Pryor war ein glühender, jederzeit zum Duellieren bereiter Verfechter der Sezession, der mit Anfang 30 danach trachtete, den Norden mittels Wort- und Waffengewalt aus Dixie zu vertreiben. Allerdings waren nicht alle langhaarigen Militanten so jung. Der dicht bemähnte Freimaurer Albert Pike, 1809 in Boston geboren, war Mitte 50, als er eine Position als Brigadegeneral in der Armee der Konföderation annahm. Edmund Ruffin III., Jahrgang 1794, war 67, als er mit silbrigem Schopf und Pferdeschwanz einen der ersten Schüsse des Krieges abfeuerte.

Rassismus tötet auch Rassisten: Edmund Ruffin III., renommierter Agrarwissenschaftler, war tief in der Sezessionsideologie verwurzelt. Der Mann mit üppiger Mähne besaß 125 Versklavte und fast so viele Waffen dazu. 1859 jauchzte er während der Hinrichtung des Abolitionisten John Brown. Den Angriffskrieg gegen den Norden entfachte Ruffin mit 67. Als Dixie 1865 jedoch um ihn herum zusammenbrach, waren seine Frau und acht seiner elf Kinder schon verstorben. Der »Feuerschlucker« hüllte sich in eine Flagge der Konföderation, steckte sich die Gewehrmündung ins Maul und betätigte mit einem gegabelten Stock den Abzug Er hinterließ ein Schreiben, in dem er seinen »uneingeschränkten Hass auf die [...] perfide, bösartige und abscheuliche Yankee-Rasse« verkündete (Quelle: Public Domain).[9]

Als am 12. April 1861 die Armee der Konföderation die Festung Fort Sumter in South Carolina beschoss, hatte Abraham Lincoln wohl ein Wörtchen mitzureden. Aber welches Wörtchen würde den richtigen Ton treffen? Lincoln, der inzwischen zwei gescheiterte Versuche überlebt hatte, einen Sitz im US-Senat zu erlangen, befand sich nun am Schalthebel der Macht. Der Republikaner aus Illinois residierte als 16. Präsident der Vereinigten Staaten in Washington, D.C. Allerdings wanderte er auf einem schmalen Grat, der so scharfkantig war wie die Mason-Dixon-Linie selbst. Anfangs beteuerte er, sein oberstes Ziel in dem vom Süden entfachten Sezessionskrieg sei die Rettung der Union und nicht etwa die Zerstörung der Sklaverei. Könne er die Union retten, ohne auch nur einen Sklaven zu befreien, werde er es so tun. Und könne er die Union retten, indem er alle Sklaven befreie, würde er das tun.[10]

»Vom rein abolitionistischen Standpunkt aus gesehen, war Mr. Lincoln träge, kalt, schwerfällig und gleichgültig«,[11] kritisierte der Schriftsteller Frederick Douglass, ein ehemaliger Versklavter und einer der bedeutendsten Afroamerikaner des 19. Jahrhunderts, »aber gemessen an der Stimmung seines Landes, einer Stimmung, die er als Staatsmann zu berücksichtigen hatte, war er [Lincoln] flink, feurig, radikal und dezidiert.«[12]

Schnell musste die Armee massiv ausgebaut werden, da Lincoln beim Kriegsausbruch über knapp 16.000 reguläre Soldaten verfügte, von denen sich die meisten weit weg, westlich des Mississippi-Stroms befanden. Douglass, der die Gunst der Stunde zu nutzen wusste, warb schwarze Soldaten für die Union an. »Einmal den Schwarzen die Messingbuchstaben der US auf sich setzen«,[13] forderte er, und zwar nicht, ohne eine Gegenleistung anzuvisieren: »Lass ihn einen Adler auf seinem Kopf und eine Muskete auf seiner Schulter und Kugeln in seiner Tasche haben, und es gibt keine Macht auf der Erde oder unter der Erde, die streitig machen kann, dass er das Recht auf Staatsbürgerschaft erworben hat.«[14] Man hörte dem Aktivisten zu. Schlussendlich leisteten mehr als 180.000 Schwarze im Kampf gegen die Südstaaten Dienst an der Waffe, rund 7.000 sogar als Offiziere. Aber sie und die Unionsarmee, die sie zu zehn Prozent ausmachten, hatten einen beschwerlichen Weg vor sich.

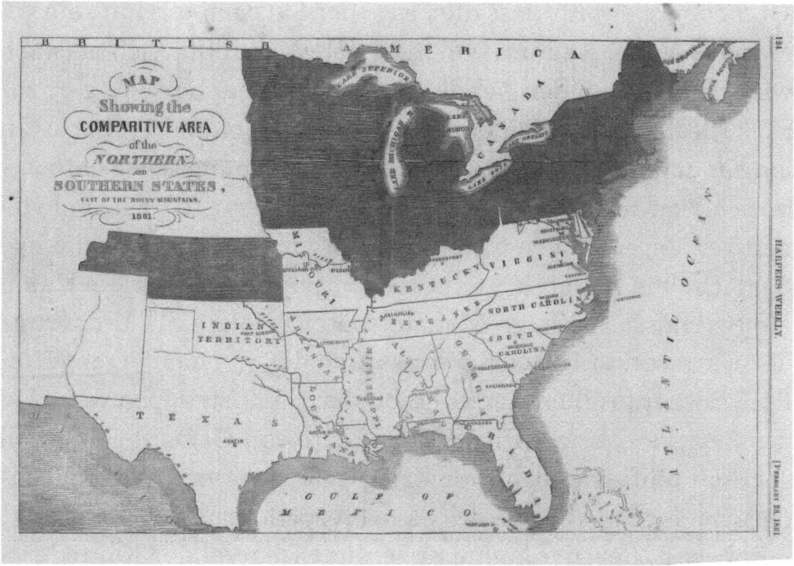

Originalkarte der Konföderierten Staaten von 1861, *Harper's Weekly*, 23. Februar 1861. Die Unionsstaaten sind dunkel gefärbt. Die Konföderierten Staaten sind weiß und umfassen Texas, Indian Territory (Oklahoma), Missouri, Arkansas, Louisiana, Mississippi, Tennessee, Kentucky, Virginia, Maryland, Delaware, North Carolina, South Carolina, Georgia und Florida (Quelle: Public Domain).

Knapp drei Monate nach Kriegsausbruch errang der Süden einen psychologisch wichtigen Sieg in der ersten Schlacht am Bull Run. Mit Artilleriegranaten und dem markerschütternden »*Rebel Yell*«-Schlachtruf wurden die zahlenmäßig überlegenen Unionstruppen in die Flucht geschlagen. Die Konföderation sehnte sich nun mehr denn je zuvor nach der diplomatischen Anerkennung ihrer Unabhängigkeit, vor allem durch Frankreich und Großbritannien. Der Konföderationspräsident Jefferson Davis hoffte sogar auf die bewaffnete Intervention beider europäischer Großmächte zugunsten des Südens. Denn die Textilindustrien der beiden offiziell neutralen Länder waren von Baumwollimporten aus den Südstaaten abhängig.

Lincoln erkannte, dass die Frage der Sklavenbefreiung ein geeignetes Mittel war, um den Süden sowohl militärisch als auch wirtschaftlich an der Achillesferse zu treffen. So schlug er zurück. Seehäfen des Südens wurden blockiert und erobert. Ein lang anhaltender, nervenzehrender Zermürbungskrieg entfaltete sich, von Scharfschützen und Schmugglern geprägt und von heftigen Begegnungen nur sporadisch unterbrochen. Die heftige Schlacht von Shiloh in Tennessee entpuppte sich für die Union als Pyrrhussieg. Einige Monate später erfolgte die Eroberung der Garnison in Harpers Ferry durch die Südstaatler, eine Aktion, die zur größten Kapitulation der Unionstruppen während des Sezessionskriegs führte. Die Beute von General Stonewall Jackson umfasste nicht nur Kriegsgefangene und Waffen, sondern auch rund 500 aus der Sklaverei geflohene Schwarze.

Robert E. Lee, der kommandierende General der Konföderationsarmee, erließ den Sonderbefehl 191, mit dem er sein Heer in vier Gruppen aufteilte. Diese handschriftlich festgehaltene Schlachtstrategie umfasste zehn Bulletpoints (wie man heute sagen würde), und zwar mit expliziter Erwähnung der betroffenen Ortschaften und Vorkehrungen. Eine Kopie davon fand auf achtlose Weise Verwendung als Packpapier, das um drei Zigarren gewickelt war. Die Zigarren steckten in einem Briefumschlag, der einfach so im Gras lag, als ein Korporal der Union zufällig darauf stieß. Eine falsche Fährte? Eine Finte? Nein, nein! Die Authentizität der Entdeckung wurde bestätigt, was nicht ohne Folgen blieb.

Der 17. September 1862 fing in der Nähe von Sharpsburg in Maryland sehr ruhig an. Doch ebendort wurde ein winziges Gotteshaus, das Angehörige einer aus Deutschland stammenden, pazifistischen Sekte errichtet hatten, zum Dreh- und Angelpunkt des bislang blutigsten Gefechts auf amerikanischem Boden. Es war die Dunker Church entlang des Antietam Creeks, eines Nebenflusses des Potomac. Trotz des starken Bodennebels hob sich das kirchliche Gebäude von der Umgebung ab und signalisierte die designierte Marschrichtung. Die blütenweißen Backsteinwände würden binnen Kurzem einen blutroten Anstrich erhalten. Um halb sechs morgens eröffneten herangerückte Unionstruppen das Feuer auf die überraschten, noch schlafenden Südstaatler.

Angriffe und Gegenangriffe folgten dicht aufeinander. Die Gewehrsalven und das Kanonengeheul wurden stets furioser. Bald weitete sich das gewaltige Treffen auf ein Maisfeld aus, das an diesem frühen Vormittag den Besitzer fünfzehnmal wechselte. Acht Stunden tobte das Gemetzel, das schlussendlich die Truppen des Nordens gewannen. Am Ende verzeichnete die Schlacht am Antietam, die verlustreichste Eintagesschlacht des gesamten Sezessionskriegs, nicht weniger als 3.600 Tote und 23.000 Verwundete. Mehr Tote als die Zahl der Amerikaner, die am D-Day 1944 bei der Landung in der Normandie starben.

Der Name Dunker Church hat übrigens nicht nur eine phonetische Ähnlichkeit mit Dünkirchen. Der siegende Unionsgeneral McClellan nahm die Gelegenheit, General Lee und seine restlichen fliehenden Konföderierten über den Potomac zu verfolgen, überhaupt nicht wahr. Vorsicht? Oder Versäumnis? Es gab dabei keinen Haltebefehl, aber es erinnert an den Vorfall 1940, als die Wehrmacht den eingekreisten britischen und französischen Truppen erstaunerlicherweise und zum Glück die Chance bescherte, sich nach Dünkirchen fortzubewegen, um sich dann über den Seeweg zu retten. Präsident Lincoln war immerhin wütend, dass General McClellan die überlebenden Rebellen entkommen ließ. McClellan wurde gefeuert. Lincoln wiederum war angefeuert. Mit Antietam konnte er den rastlos gewordenen Bürgern der Nordstaaten endlich einen bedeutenden Sieg gegen die Konföderation vorweisen. Dieser gab dem Weißen Haus den Schwung, um einen großen Schritt an der politischen Front zu wagen.

Infolgedessen bekundete Lincoln in der Emanzipationsproklamation die Abschaffung der Sklaverei. Die Verordnung trat am Neujahrstag 1863 in Kraft. Am 19. November desselben Jahres wartete er, der Bauernsohn mit der schrillen Stimme, mit einer rhetorischen Hochleistung auf. Jene Rede hielt er bei der Einweihung eines Militärfriedhofs der Union in Gettysburg, Pennsylvania, wo eine Dreitagesschlacht Monate zuvor 5.700 Tote hinterlassen hatte. Die Rede dauerte nur knapp zweieinhalb Minuten, aber sie hatte es in sich:

> Es ist vielmehr an uns, der großen Aufgabe geweiht zu werden, die noch vor uns liegt – auf dass uns die edlen Toten mit wachsender Hingabe für die Sache erfüllen mögen, der sie das höchste Maß an Hingabe erwiesen haben – auf dass wir hier feierlich beschließen, dass diese Toten nicht vergebens gestorben sein sollen – dass diese Nation, unter Gott, eine Wiedergeburt der Freiheit erleben soll – und dass die Regierung des Volkes, durch das Volk und für das Volk, nicht von der Erde verschwinden möge.[15]

Aufgrund dieser mit Pathos und Prägnanz vorgetragenen Oration wird Lincoln, dem gemäßigten Abolitionisten, dem zunächst zaudernden Gegner der Sklaverei, im Überschwang der Gefühle zugeschrieben, eine Wiedergeburt der Nation ausgerufen zu haben. Cui honorem, honorem. Ehre, wem Ehre gebührt. In der Tat bezweckte er mittlerweile, eine »perfektere Union« zu schaffen, in Anlehnung an die Präambel der Verfassung von 1787.[16] Aber wie steigert man »perfekt«? Eine akademische Frage. Denn die Union war sowieso alles andere als perfekt. Bei gewissen Immobiliendeals hatte sie den »Indianern« das Fell mehrmals über die Ohren gezogen. Auch während des jetzt herrschenden Kriegs wurden katholische Einwandernde vor allem aus Irland, aber auch Deutschland, in dem prädominant protestantischen Land systematisch schäbig behandelt. Die betont xenophobe *Know Nothing Party* (»Nichtswisserpartei«) war 1849 in New York City gegründet worden. Ihre Mitglieder unterstützten Lincolns Wahlkampf 1860 und gingen sogar eine Art Koalition mit seinen Republikanern ein.

Lincolns führender General, der Zigarre rauchende Saufbold und Präsident in spe Ulysses S. Grant, war überdies ein unbelehrbarer Antisemit. Vorurteile gegen Schwarze verpönte Grant eigentlich. Denn Neger verdienten eine Chance, hart zu arbeiten, um endlich etwas aus sich selbst machen zu können. So forderte Grant seine Divisionskommandeure auf, entflohene und befreite Versklavte gezielt anzuwerben.[17] Überdies ordnete er an, weiße Soldaten vor ein Kriegsgericht zu stellen, wenn sie schwarze Soldaten missbrauchen. Bei Juden hingegen hörte seine großzügige Toleranz auf. Gemäß seiner Verordnung Nummer 11 waren 1862 alle Juden dazu gezwungen worden, die Staaten Kentucky, Mississippi und Tennessee binnen 24 Stunden zu verlassen, da sie vom Charakter her geneigt gewesen seien, sich am Schmuggel mit der Konföderiertenarmee zu beteiligen. Grant verbannte Juden auch aus seiner Truppe, weil er ihnen grundsätzlich Geldgier und Heimtücke unterstellte.[18] Angesichts solcher Dolchstoßlegenden war die angestrebte Wiedergeburt der Nation geradezu dafür prädestiniert, durch einen Kaiserschnitt eingeleitet zu werden, und zwar mittels eines Bajonetts.

Gottverlassene Verfechter der Sklaverei. Die Kadaver der Konföderierte liegen auf dem Vorhof der Dunker Church, Hort der Pazifisten, tot herum. Als sich der Nebel am 17. September 1862 am Antietam in Sharpsburg, Maryland, schlagartig lichtete, zogen die Soldaten der Südstaaten den Kürzeren. Die meisten der Rebellen waren viel zu arm, um einen Versklavten zu besitzen, aber sie waren von der fanatisch rassistischen Aristokratie verheizt worden. Weiße Männer in grauen Uniformen und Scharlachpfützen (Quelle: Public Domain. Alexander Gardner, 1821–1882, Library of Congress)..

Die freigelegten Wurzeln von *White Grievance:* Weitere gefallene Soldaten der Konföderation übersäen die Landschaft. Nachdem sich die Schlacht von Antietam austobte, kommentierte General Hooker, Kommandeur des I. Korps der Union, entsetzt: »Auch der letzte Stängel Mais im nördlichen und größten Teil des Feldes war säuberlich wie mit einem Messer abgeschnitten und die Gefallenen lagen ebenda in Reih und Glied, in denen sie ein paar Augenblicke zuvor noch in Gefechtsgliederung gestanden hatten. Niemals zuvor hat mich das Schicksal zum Zeugen eines solch blutigen, trostlosen Schlachtfelds gemacht.«[19] Obwohl der Krieg noch drei weitere Jahre andauerte, zerstörte Antietam nachhaltig das militärische Momentum der Südstaaten.[20] Präsident Abraham Lincoln proklamierte demzufolge die Befreiung der Versklavten. Die *White Supremacists* übernahmen die Opferrolle und suchten Zuflucht in der *Lost Cause* (Quelle: Public Domain. Alexander Gardner, 1821–1882, Library of Congress).

Wennschon, dennschon. 1839 als Versklavter geboren, arbeitete Robert Smalls seit seinem zwölften Lebensjahr im Hafen von Charleston. Als der Sezessionskrieg begann, wurde er in die Marine der Konföderierten Staaten versetzt. Im Mai 1862 gelang ihm eine sensationelle Flucht. Er kaperte das konföderierte Fracht- und Kanonenboot CSS Planter. Die drei Offiziere waren an Land gegangen, um die Nacht dort zu verbringen, während Smalls und die schwarze Besatzung an Bord blieben. Smalls navigierte das erbeutete Dampfschiff, das mit Munitionsnachschub beladen war, bis ins Gewässer der Union. Für das Bravourstück wurde er im Weißen Haus von Abraham Lincoln empfangen und in der Presse gefeiert. Er erhielt eine Belohnung in Höhe von 1.500 US-Dollar (heute etwa 40.000 US-Dollar) und kommandierte als erster Schwarzer etliche Schiffe der U.S. Navy. Nach dem Krieg gründete er die Republican Party of South Carolina und zwischen 1875 und 1887 saß er als Abgeordneter im US-Kongress. Von 1897 bis 1913 diente er als Chef der Zollbehörde in Beaufort (Quelle: Public Domain. Mathew Brady, 1822–1896, und Levin Handy, 1855–1932; restauriert von Adam Cuerden; Library of Congress, Prints & Photographs Division).

Für die damalige Zeit forderte der Krieg einen enorm hohen Blutzoll. Der vier Jahre dauernde Konflikt war der erste weltweit, der von einer koordiniert industriellen Kriegsführung geprägt wurde. Neben Handgranaten, Haubitzen und Heißluftballons setzte man die Eisenbahn, den Telegrafen, gepanzerte Schiffe und die ersten U-Boote ein. Ein Land zerfetzte sich. Bis zu 750.000 Soldaten kamen dabei ums Leben,[21] nicht wenige davon in überfüllten Gefangenenlagern wie Andersonville in Georgia und Camp Douglas in Chicago.

Das prominenteste Todesopfer war Abraham Lincoln selbst. Am Karfreitag 1865 im Ford's Theatre in Washington, und zwar während der Abendaufführung der Komödie Our American Cousin, hoffte Lincoln, den Krieg hinter sich zu bringen. Wenige Tage zuvor hatte die stärkste Armee der Konföderation, General Lees Nord-Virginia-Armee, in Appomattox kapituliert. Andere Einheiten des Südens kämpften weiterhin. Schüsse fielen also noch. Auch im Ford's Theatre. Lincoln wurde mit einer Derringer-Vorderladerpistole in den Kopf geschossen. Der Attentäter, der Schauspieler und Südstaatenfanatiker John Wilkes Booth, sprang dann von der Loge aus auf die Bühne und schrie: »Sic semper tyrannis!« Jenen Satz hatte Brutus beim Mord an Caesar anno dazumal in der römischen Antike über die Lippen gebracht. So möge es den Tyrannen immer gehen. Und so betrachteten viele Südstaatler Lincoln. Der Mann, der der Sklaverei den Kampf angesagt hatte, sei ein Tyrann. Gewesen. Lincoln starb am Morgen nach seiner Verwundung mit 56 Jahren.

Booth, der unmittelbar vor dem Attentat noch kurz ein Bordell besucht und den Prostituierten von seinen Plänen erzählt hatte, konnte in Virginia ausfindig gemacht werden. Beim Schusswechsel mit der Polizei wurde er getötet. Vier Mitverschwörende, darunter eine Frau, wurden von einem Militärtribunal verurteilt und öffentlich erhängt.

Die Schlinge um den Hals der Konföderation wurde stets enger. Es war, als säße den Südstaatlern ein Kloß im Rachen. Im Magen hatten sie allerdings so gut wie gar nichts. Wohl vor Lincolns Ermordung hatte es den Brotaufstand in Richmond gegeben. Bei jenen Unruhen in der Hauptstadt Virginias waren

5.000 Protestierende, meist verarmte Frauen auf der Suche nach Lebensmitteln, gewaltsam in Geschäfte eingedrungen.[22] Kein Einzelfall. Andere dramatische Beispiele der Unzufriedenheit und des Leidens gab es aus Georgia und North Carolina. South Carolina auch.

Mama Louisa Susannah Cheves McCord, Matrone der Lang-Syne-Plantage, verweilte nicht mehr auf dem Land. Bei Kriegsausbruch hatte sie das Anwesen verlassen und die gesamten Nutztiere bereitwillig an die Konföderation verschenkt. In die südkarolinische Hauptstadt Columbia umgezogen, arbeitete die tüchtige Frau mittlerweile als Pflegedirektorin des Universitätskrankenhauses, wo sie als eine Art Florence Nightingale in Erscheinung trat.[23] Als die Front immer näher rückte, fungierte das Gebäude als Feldlazarett, vollgestopft mit heulenden Jungs, die in durchlöcherten grauen Uniformen eingeliefert wurden. Für Mama Louisas Sohn Langdon, einen Hauptmann, ist allerdings jede Hilfe zu spät gekommen, er ist auf dem Schlachtfeld bei Manassas geblieben. Sie wohnte in einer Stadtvilla, und zwar mit ihrer Tochter Louisa, die konstant um die Rückkehr ihres Gatten, des Majors Augustine Thomas Smythe,[24] bangte.

Dann kam General William Tecumseh Sherman hoch zu Ross. Auf seinem Marsch zum Meer hinterließen er und seine Unionstruppen eine Schneise der Verwüstung. In ihren Memoiren schildert Tochter Louisa die Plünderungen und die Raubüberfälle, die sie und ihre Mutter beobachteten. Sie schreibt von Soldaten, die mit Baumwolle Feuer legten. Plötzlich war ihre Stadtvilla an der Reihe. Unionsgeneral Oliver Otis Howard – übrigens der weiße Namensgeber der historisch afroamerikanischen Howard University in Washington – übernahm das Haus der beiden Frauen als sein Hauptquartier. Mama Louisa fragte General Howard indigniert, wie er und seine Truppen damit zurechtkämen, »wehrlose Frauen und Kinder in ihren Betten zu beschießen«.[25] Die Tochter berichtet:

> [General Howard] versuchte, den Beschuss zu entschuldigen, mit einigen Plattitüden über die traurigen Notwendigkeiten des Kriegs und wie er über seine eigenen Kinder dachte, die in ihren kleinen Betten liegen würden. Mama wollte wissen, ob diese Methoden der Kriegsführung nur Vergeltung seien. Er erzählte daraufhin von einem vielversprechenden jungen Mann in der Nähe von Savannah, der von einem U-Boot-Torpedo in die Luft gesprengt wurde. Leise artikulierte sie ihre Trauer über das Leiden eines jeden. Aber sie beharrte. Ob es eine neue Idee sei, Frauen und Kinder für die Wunden und den Tod von Soldaten zu sühnen? Der General hatte keine Antwort.[26]

Ein anderer Unionsgeneral hatte eine Lösung, vielmehr die Erlösung. Vom Balkon der Ashton-Villa auf der texanischen Insel Galveston erließ Generalmajor Gordon Granger den Generalbefehl Nummer 3. So erfuhren die letzten Versklavten von ihrer Befreiung. Es geschah am 19. Juni 1865 – ein Datum, das in der afroamerikanischen Community als *Juneteenth* beziehungsweise *Black Independence Day* gefeiert wird. Seit 2020 als Bundesfeiertag.[27] Hier ein Disclaimer: Obwohl die Emanzipationsproklamation ein Ende der Sklaverei in den Konföderierten Staaten erklärte, beendete sie nicht die Sklaverei in jenen Grenzstaaten, die in der Union verblieben waren. Für eine kurze Zeit nach dem Fall der Konföderation war die Sklaverei in zwei der Grenzstaaten der Union – Delaware und Kentucky – also weiterhin legal. Erst als der 13. Zusatzartikel zur US-Verfassung am 18. Dezember 1865 in Kraft trat, wurde die Geißel der Menschheit endgültig und überall in den Vereinigten Staaten gesetzlich abgeschafft:

> Weder Sklaverei noch Zwangsdienstbarkeit darf, außer als Strafe für ein Verbrechen, dessen die betreffende Person in einem ordentlichen Verfahren für schuldig befunden worden ist, in den Vereinigten Staaten oder in irgendeinem Gebiet unter ihrer Gesetzeshoheit bestehen.[28]

Doch die Grabenkämpfe währten fort. Die Südstaaten sahen sich als Opfer, auch und gerade deshalb, weil der Norden die *Reconstruction* nach eigenen Vorstellungen konsequent durchsetzte. General Sherman hatte Dixie in Schutt und Asche gelegt. Nun stürzte sich eine bunte Besatzungsmacht auf die Ruinen. Tausende Bürger aus dem Norden, darunter Missionare, Maurer, Lehrer und Konjunkturritter, trafen im Süden ein, um am Wiederaufbau mitzuwirken. Von einer Wiederherstellung des ursprünglichen Umstands war freilich keine Rede. Viele Plantagenbesitzer hatten Hab und Gut verloren, zu denen schwarze Männer, schwarze Frauen und schwarze Kinder gezählt hatten.

Die Südstaatler mussten unter Eid schwören, dass sie zukünftig zur Union stehen würden, um den Luxus der Lebensmittelrationen zu genießen. Mama Louisa Susannah konnte sich nicht dazu durchringen, sie wanderte zuerst nach Kanada aus. Tochter Louisa McCord Smythe verzichtete ebenfalls verbittert darauf, sich mit einem Treueschwur den Nordstaaten zu unterwerfen. Die Aufgabe überließ sie ihrem heimgekehrten Gemahl Augustine, der eines Tages als Anwalt arbeiten und somit kein Berufsverbot riskieren wollte.

Zahlreiche Rebellen, die schon vor dem Krieg in Armut gelebt hatten, damals als Landarbeiter, kehrten als Landser von der Front zurück nach Hause, auf Krücken hinkend. Und sie mussten tatenlos mitansehen, wie mittlerweile besser genährte Afroamerikaner*innen vor ihnen in der Schlange standen. Neger ohne Fesseln, Neger ohne Furcht. Neger sogar mit Ansprüchen auf einen eigenen Acker. Wer nicht das fragwürdige Vergnügen genossen hatte, ein *White Supremacist* zu sein, kann sich diese Demütigung kaum vorstellen. Aus Sicht der besiegten Konföderierten ist es, als ob der Teufel sich auf den Thron Gottes gesetzt hätte.

Der Eid als Armutszeugnis? So ergeht es den Verlierenden. Eine junge Mutter in den Südstaaten schwört der verhassten Union Loyalität. Während sie eine schützende Hand auf den Kopf ihres Kindes hält, legt sie einen Treueeid ab. Sonst bekommt sie keine Lebensmittelrationen. Der Unionssoldat, gleichsam Feind und Helfer, kippt seine Mütze. Unterdessen schaut ein schwarzer Knabe, just aus der Sklaverei befreit, konfus, wenn auch konzentriert zu. *Taking the Oath and Drawing Rations*, eine populäre Skulptur des eigentlich als Abolitionist geltenden Künstlers John Rogers, fängt eine wahre Szene aus Charleston in South Carolina anno 1865 ein (Quelle: Public Domain).

Wer Wind sät, wird vom Winde verweht. Wenige weiße Südstaatler schienen aber bereit, über ihre Komplizenschaft zu reflektieren. Sie trauerten der Konföderation lieber kritiklos treu nach. Im Angesicht dessen entstand die *Lost Cause*.[29] Jene Bezeichnung wurde 1866 durch Edward Pollard in seinem gleichnamigen Buch geprägt. Die verlorene Sache. Eine von Pollard vertretene, geschichtsrevisionistische Ideologie, die das Verhalten der abtrünnigen Südstaaten während des Sezessionskriegs als heldenhaft und ritterlich feiert. Die Sklaverei sei ohnehin gerecht gewesen, weil sie für den wirtschaftlichen Wohlstand gesorgt habe.

Als Mama Louisa Susannah doch nach South Carolina zurückkehrte und sogar den Eid ablegte, hatte sie inzwischen nichts dazugelernt. Sie ließ sich gern zur Vorsitzenden der Konföderierten Ehrenmalvereinigung wählen. Unter ihrer Regie wurde 1879 die Errichtung des ersten Denkmals der Konföderation in South Carolina eingeleitet. Bei der Enthüllungszeremonie tendierte sie nicht dazu, das Schicksal der Afroamerikaner zu thematisieren. Und irgendwie erwähnte sie nicht, dass der Virginia-Gouverneur John Letcher während des Brotaufstands von Richmond 1863 damit gedroht hatte, seine Ordnungskräfte auf die randalierenden weißen Frauen schießen zu lassen.[30] Hat sie, die ältere Louisa, die selektive, vielmehr selektierende Humanistin, es etwa vergessen? Demagogie funktioniert wohl am besten, wenn man einen Bogen um die lästigen Hürden der Wahrheit macht.

Bis heute beeinflusst diese verharmlosende Mythologie die Debatte nicht nur über den Rassismus, sondern auch über die Geschlechterrollen und die religiöse Identität in den Vereinigten Staaten.

11. Auf ein Wort

Diversity ist nicht einfach, sondern mehrfach schön. Kein Irrgarten, sondern ein Wir-Garten. »Wir zusammen«, so lautet meine Devise als »Diva in Diversity«. Im Rahmen meiner Arbeit als Verfechterin der Vielfalt verwende ich gern die Metapher eines Gartens. Wenn es speziell um das Reizthema Integration in Deutschland geht, würze ich meine Interviews, Keynotes und Workshops mit der kampfesfreudigen Ankündigung: »Wir müssen diesen brachliegenden Kartoffelacker in ein kunterbuntes Gefilde verwandeln.« Herbe, aber herzlich gemeinte Töne. Auf der Kleinkunstbühne gedenke ich, mich in Selbstironie zu üben, und zwar mit meiner Komposition »Amigo Home«.[1]

Amigo, Amigo,
Ami, go home,
Don't you know,
It's time to roam.

Im Refrain heißt es: *»Non-German does not fade.«*[2] Eingedeutscht: »Unkraut vergeht nicht.« Ich lasse mich also nicht jäten. Satire und Sinnbilder mit semiautobiografischem Hintergrund. Selbstverständlich waren meine Erlebnisse als afroamerikanische Person in Westdeutschland während des Kalten Kriegs, und zwar mit verschiedenen Familienmitgliedern in der US-Armee, etwas anders als die heutigen Erlebnisse schwarzer Geflüchteter aus der sogenannten Dritten Welt. Das zumindest auf mich bezogene N-Wort hörte ich damals nicht häufig, dafür aber: *»Ami, go home!«* Beleidigend und beehrend zugleich. Tja, das war einmal, als die Mauer noch stand. Nun aber werden wieder Mauern in Europa errichtet. Wir bräuchten aber mehr Gärten als Gefängnisse, wenn wir das erreichen sollen, was Rassisten partout nicht wollen. Nämlich ein multikulturelles Zusammenleben, das auf Augenhöhe stattfindet und auf Respekt basiert.

Die Bemühungen in puncto Integration ähneln den Anstrengungen, die mit der Gestaltung eines Gartens verbunden sind. Werden die Integrationsmaßnahmen richtig konzeptioniert und kultiviert, entsteht ein fertiles Fundament, das die Verwurzelung und das Wachstum einer breiten Palette farbenprächtiger Pflanzen und Blumen fördert. In der Botanik muss der Boden nachhaltig gepflügt und gepflegt werden. Das gilt natürlich auch für Gesellschaften, die sich am Anfang oder irgendwo inmitten eines grundlegenden demografischen Wandels befinden. Die Bevölkerung wird nach und nach heterogener, gewissermaßen bunter. Bei vielen der Neuzugänge handelt es sich nicht etwa um weiße, vermögende Mitbürger*innen europäischer Abstammung. Nein, in der Mehrzahl kommen sie aus fernen Ländern, und zwar nicht selten mit knapper Not. Sie sehen anders aus, sie beten anders und sie sprechen anders. Doch gerade der Spracherwerb ist ein Schlüssel zur Integration. Wer dauerhaft dazugehören will, kommt am linguistischen Lackmustest nicht vorbei. So weit, so gut.

Aber Integration bietet auch der Mehrheitsgesellschaft die Möglichkeit, sich reflektiert mit Sprache auseinanderzusetzen – auch mit der eigenen. Denn von der Art und Weise, auf die über und mit Menschen anderer Herkunft gesprochen wird, hängen die Erfolgschancen der Integration ab. So entwickelt sich eine Diversity-sensible Sprache, die sich mit der Frage befasst, wie man über bestimmte Personengruppen, die in unserer Gesellschaft tendenziell diskriminiert werden, reden kann, ohne sie weiter zu benachteiligen oder zu marginalisieren. Demgemäß sollten mittlerweile negativ besetzte Etikettierungen wie

»Ausländer*innen« beispielsweise durch wertneutrale, vielmehr inklusionsfördernde Bezeichnungen wie »Migrant*innen« beziehungsweise »Deutsche mit Migrationshintergrund« ersetzt werden. Es gilt, dem sogenannten *Othering* entgegenzuwirken, nämlich dem Prozess, wonach man sich selbst und das eigene soziale Image aufwertet, indem man Menschen mit divergierenden Merkmalen ablehnend als fremd charakterisiert. *Othering* dient der Abgrenzung – und diese führt unweigerlich zur Ausgrenzung, was die Chancen auf Gleichstellung und Toleranz eindeutig schmälert.

Wo kommste denn her?
Erzähl doch mehr.
Will dich nicht vertreiben.
Aber wie lange willste bleiben?

Was suchste denn hier?
In diesem Revier?
Kannste mich verstehen?
Und wann wollteste gehen?[3]

Wo ich herkomme? Tja, oft genug entsteht diese Frage nicht organisch, nicht erst im Laufe eines freundlichen, warmen Austausches, sondern wird mit dem Brecheisen mutwillig vom Zaun gebrochen. Das Fragezeichen am Ende des Satzes ist nur der Form halber da. Denn es handelt sich nicht wirklich um eine Frage, sondern um einen Vorwurf. Wer mit diesem Vorwurf aufwartet, strebt überdies an, die Integration für gescheitert, ja, für überhaupt unmöglich zu erklären. Auf die vorwurfsgeladene Erkundigung nach meiner Herkunft antworte ich je nach Laune: »Milchstraße, vom dritten Planeten von der Sonne aus gesehen. Und Sie?« Wenn ich die sich heraufbeschwörenden Störgeister so richtig ärgern möchte, bringe ich Folgendes über meine fleischigen Lippen: »Nanu, ich glaube, wir sind miteinander verwandt. Denn Ihre und meine Vorfahren stammen ursprünglich vom selben Kontinent. Afrika ist ja die Wiege der Menschheit.« Danach habe ich diesbezüglich meist meine Ruhe.

Die Feststellung der Herkunft ist immerhin die zentrale Komponente des *Otherings.* Früher einmal sprach man in dieser Hinsicht von Kulturkreisen. 1898 hob der deutsche Ethnologe Leo Frobenius jenen Begriff aus der Taufe. Laut Frobenius[4] umfasse der Kulturkreis ein geräumiges Siedlungsgebiet, dessen Einwohner von einer analogen Kultur geprägt seien. Demzufolge fasst die Kulturkreislehre die Kulturen der Welt je nach deren – aus eurozentrischer Sicht – erkennbaren Gemeinsamkeiten zusammen. Problematisch ist wiederum die Pauschalisierung. Dass sich die gedachten Kreise auf eine bedeutsame, nachhaltige Weise tangieren könnten, wird überdies ausgeschlossen. Sie blieben wie in einem fortwährenden Urzustand voneinander isoliert und geradezu hermetisch abgeriegelt, zumindest bis ein Europäer sie entdeckt und dementsprechend ihre Existenz validiert. Damit ist die Diskriminierung schon programmiert – mit allen denkbaren Konsequenzen. Denn die Bestätigung der Existenz »Andersartiger« erleichtert auch die Vernichtung dieser.

Für die Nationalsozialisten waren Ethnologie und Eugenik unbestreitbar eng miteinander verwoben. So haben sie sich auf Völkerkundler wie Frobenius gestürzt,[5] dessen Auslegung der »Hamitentheorie« fundamentale Unterschiede zwischen den »Eigenen« und den »Anderen« postulierte.[6] Jene Theorie behauptet eigentlich, die in Nordafrika verortete »hamitische Rasse« sei der »negroiden« Bevölkerung des schwarzen Kontinents geistig und körperlich überlegen. Belastbare Beweise wurden allerdings nie erbracht. Trotzdem griffen die Nazis diese Denkweise bereitwillig auf und instrumentalisierten sie, um ihre hasserfüllte Hypothese der Überlegenheit der Arier gegenüber den Jüdinnen und Juden zu propagieren. Im Rahmen dessen schickten sie sich unmissverständlich an, nicht nur Mischehen zu verbieten, sondern auch die Menschenvernichtung vorzubereiten.

In dem 25-Punkte-Programm, das die NSDAP bereits 1920 veröffentlichte, forderte die Partei die Ausweisung sämtlicher seit 1914 eingewanderter Jüdinnen und Juden sowie den Entzug der Bürgerrechte für alle deutschen Jüdinnen und Juden. Doch die Termini »Arier« und »Nichtarier« waren noch nicht fest umrissen. Das Programm grenzte Personen aus, die nicht »deutschen Blutes« waren, ohne diese Bezeichnung zu erläutern.

Das deutsche Strafrecht beruhte bislang auf, wenn auch teils drakonischen, immerhin relativ klaren Konzepten. Nach der demokratischen Machtübernahme Hitlers gab es Handlungsbedarf. Wie sollten eigentlich die völkerkundlichen Vorstellungen über die »jüdische Rasse« Einzug in die Jurisprudenz, die Domäne der penibIen Paragrafenreiter, halten? Man konnte selbst von den dem NS-Regime zugeneigten Richtern nicht erwarten, dass sie auf der Basis populistischer Parolen verurteilen würden, oder? Interessant und nicht minder schaudererregend ist, dass Deutschland bei der Formulierung der Nürnberger Gesetze in den 1930er Jahren die in den Vereinigten Staaten herrschenden Jim-Crow-Gesetze als vorbildlich betrachtete. Die Recherchen des Rechtswissenschaftlers James Q. Whitman[7] zeigen, in welch breitem Umfang der systematische Rassismus der USA die Institutionalisierung des Antisemitismus im Dritten Reich fördernd beeinflusste.

Bei Licht besehen wies der amerikanische Ansatz zur Definition von »Rasse« auch keine kodifizierte, kohärente Fundierung, sondern den Föderalismus auf. Die Begebenheit war für Extremisten wie Dr. Karl Roland Freisler aber nicht frustrierend. Ganz im Gegenteil. Freisler, Staatssekretär im Justizministerium und berüchtigter Richter am Volksgerichtshof, war gewissermaßen regelrecht ermutigt. Er jubilierte:

> Wie haben [die Amerikaner] »Rasse« definiert? Sie haben unterschiedliche Mittel verwendet. Einige [US-Bundesstaaten] haben einfach geographische Konzepte verwendet [...] andere haben Sachverhalte verschmolzen und die geographische Herkunft mit ihrer Vorstellung von einem bestimmten Blutsverwandtschaftskreis kombiniert. Sie benennen »Rassen« etwas primitiver, [...] und deshalb bin ich der Meinung, dass wir mit derselben Primitivität vorgehen können, die von diesen amerikanischen Staaten verwendet wird.[8]

Jim Crow inspirierte die Nazis und später die südafrikanischen Apartheidsverfechter, penibel rassistische Gesetze zu erlassen und anzuwenden, ohne dass eine wissenschaftlich zufriedenstellende Definition von *Race* im humanbiologischen Sinn gefunden werden musste. Eine solche Definition zu finden, wäre gleichsam die Quadratur des Kulturkreises.

»Das Konzept der Rasse ist das Ergebnis von Rassismus und nicht dessen Voraussetzung«, betonen die Verfasser der Jenaer Erklärung.[9] Diese wurde im September 2019 im Rahmen der 112. Jahrestagung der Deutschen Zoologischen Gesellschaft in Jena vom Institut für Zoologie und Evolutionsforschung an der Friedrich-Schiller-Universität veröffentlicht.

Die Stellungnahme kam nicht von ungefähr. Im August desselben Jahres hatte sich der Todestag des Professors Ernst Haeckel (1834–1919) zum 100. Mal gejährt. Ernst Haeckel gilt als deutscher Darwin. Aus Sicht der Unterzeichner der Erklärung habe Haeckel in seiner Eigenschaft als Begründer der Stammesgeschichtsforschung mit seiner Anordnung von »Menschenrassen in einem Stammbaum« zu einer angeblich wissenschaftlichen Legitimation des Rassismus beigetragen.[10] »Es gibt hierfür aber keine biologische Begründung, und tatsächlich hat es diese auch nie gegeben«, unterstreichen die Jenaer Wissenschaftler.[11] Sie erläutern:

> Anstelle von definierbaren Grenzen verlaufen zwischen menschlichen Gruppen genetische Gradienten. Es gibt im menschlichen Genom unter den 3,2 Milliarden Basenpaaren keinen einzigen fixierten Unterschied, der zum Beispiel Afrikaner von Nichtafrikanern trennt. Es gibt – um es explizit zu sagen – somit nicht nur kein einziges Gen, welches »rassische« Unterschiede begründet, sondern noch nicht mal ein einziges Basenpaar.[12]

»Rasse« ist also ein rassistisches Konstrukt. Dieses Konstrukt hat die jahrhundertelange Unterdrückung und Ermordung von Abermillionen Menschen zur Folge gehabt.[13] Und der Spuk ist mitnichten vorbei.

Die pseudowissenschaftliche und hierarchische Teilung der Menschheit in »Rassen« führte über Jahrhunderte zur Versklavung und Vernichtung von Abermillionen Menschen weltweit (Quelle: Public Domain).

Mittlerweile wird das Konzept des Kulturkreises in der Wissenschaft abgelehnt. Zugegebenermaßen tut man sich schwer, den Begriff ausreichend zu ersetzen. Mit »Kulturareal« oder »Kulturraum« hat man zwar einen Ersatz, aber dieser bleibt belastet, da er auf die geografische Geschlossenheit einer Kultur als Maßstab setzt. »Dort kommst du her und deshalb müsstest du die Attribute X, Y und Z aufweisen«, so die kolonialistisch angehauchte Logik, die immer noch mitschwingt.

Ein modernes Gegenmodell bietet allerdings das vom deutschen Philosophen Wolfgang Welsch postulierte Konzept der Transkulturalität,[14] wonach kulturelle Traditionen nicht fest definiert, sondern dynamisch und wandlungsfähig sind. Der Transkulturalität wohnt dabei ein normatives Element inne, das Identitätsmodelle formuliert und feiert, die zum Beispiel gegen migrierendenfeindliche Narrative eingesetzt werden können. Zudem trägt es der Realität der mobilen, sozial vernetzten Menschen Rechnung.[15] Transkulturalität ist längst die Wirklichkeit – und die Wahrnehmung dieser bietet uns allen Chancen.

Sprachliche Sensibilisierung ist keine Beschäftigungsmaßnahme, sondern ein notwendiger Vorstoß. Denn es ist unschwer festzustellen, dass die Binarität »Ausländer«/»Deutscher« in der Bundesrepublik noch weit verbreitet ist – unabhängig von der eigentlichen Staatsangehörigkeit der betroffenen Personen. Ob im Parlament oder in der Presse, ob in der Kantine oder am Küchentisch: Diese bewussten und unbewussten Vorurteile herrschen hartnäckig. Und Populisten wissen seit Olims Zeiten solche Ressentiments anzuzapfen und die Opferrolle einzunehmen.

In der Bonner Republik hat es zwar etwas gedauert, bis die wieder schwelenden Antipathien eine – wenn auch umstrittene – akademische Legitimation erhielten. Aber am 17. Juni 1981 war es so weit. Das von Helmut Schröcke verfasste *Heidelberger Manifest* wurde von insgesamt 15 Professoren unterzeichnet und erklärte im Wortlaut:

> Mit großer Sorge beobachten wir die Unterwanderung des deutschen Volkes durch Zuzug von vielen Millionen von Ausländern und ihren Familien, die Überfremdung unserer Sprache, unserer Kultur und unseres Volkstums. [...] Völker sind (biologisch und kybernetisch) lebende Systeme höherer Ordnung mit voneinander verschiedenen Systemeigenschaften, die genetisch und durch Traditionen weitergegeben werden. Die Integration großer Massen nichtdeutscher Ausländer ist daher bei gleichzeitiger Erhaltung unseres Volkes nicht möglich und führt zu den bekannten ethnischen Katastrophen multikultureller Gesellschaften. Jedes Volk, auch das deutsche Volk, hat ein Naturrecht auf Erhaltung seiner Identität und Eigenart in seinem Wohngebiet. Die Achtung vor anderen Völkern gebietet ihre Erhaltung, nicht aber ihre Einschmelzung (»Germanisierung«).[16]

Gegen Ende 1982 wurde die obige Originalfassung des *Heidelberger Manifests* nahezu simultan in drei rechtsextremen Zeitschriften veröffentlicht sowie an verschiedenen Universitäten als Flugblatt verteilt. Einer der Unterzeichner, Theodor Schmidt-Kaler, leitete 1982 zudem eine Tagung über die »wissenschaftlichen und ethischen« Grundlagen des Manifests.[17]

Knapp drei Jahrzehnte später präsentierte Thilo Sarrazin seine »mit 465 Seiten, 538 Fußnoten, 33 Tabellen und 10 Schaubildern«[18] verfasste Prophezeiung *Deutschland schafft sich ab. Wie wir unser Land aufs Spiel setzen.*[19] Darin findet man wohl auch Fortpflanzungstipps. Der damalige Sozialdemokrat Sarrazin haut somit in dieselbe Kerbe wie die CDU mit ihrer von Jürgen Rüttgers geprägten Wahlkampfparole *»Kinder statt Inder«*.[20] Gleichsam als Nachgeburt stieß Sarrazin das eine oder andere Folgebuch aus, wodurch er, wenn ich es so sagen darf, als einäugiger unter den blinden Islampseudowissenschaftlern in Erscheinung trat. Dabei warnt der Ex-Bundesbanker mit dem muslimisch klingenden Nachnamen vor einer »feindlichen Übernahme«[21] durch den Islam. Auf die Frage, ob es eine genetische Identität gebe, hatte er bereits 2010 geantwortet: »Alle Juden teilen ein bestimmtes Gen, Basken haben bestimmte Gene, die sie von anderen unterscheiden.«[22] Später bei *Hart, aber fair* bezeichnete er die eigene Äußerung als »Riesenunfug«, aber bei dem ausgestrahlten Gang nach Canossa relativierte er wieder und behauptete, man habe ihn bei jenem Interview »aufs Glatteis« geführt.[23]

Während immer mehr Zukunftsvisionäre, Geschichtsrevisionisten und euro(pa)feindliche Eugeniker ihr Unwesen treiben, wird der Ton rauer, wenn sie nicht gerade durch ein beredtes Schweigen auffallen. Wahrhaftig kriegen viele pöbelnde Populisten ihre ansonsten immer gefletschten Zähne kaum auseinander, wenn es darauf ankommt, die Rolle Deutschlands in der mit Militärgewalt und Polizeiterror durchgeführten »Überfremdung« anderer Länder historisch anzuerkennen. Was haben kaiserliche »Schutztruppen« in Afrika gemacht? Pauschalurlaub etwa? Beim Völkermord[24] an den Herero und an den Nama (1904–1908) wurden rund 70.000 Einheimische durch die »überfremdenden« Deutschen ermordet, um nur ein Beispiel zu nennen. Generalleutnant Lothar von Trothas Vernichtungsbefehl war unmissverständlich klar: »Die Herero sind nicht mehr deutsche Untertanen. [...] Innerhalb der deutschen Grenze wird jeder Herero mit oder ohne Gewehr, mit oder ohne Vieh erschossen, ich nehme keine Weiber und keine Kinder mehr auf, treibe sie zu ihrem Volke zurück oder lasse auch auf sie schießen.«[25] Im Zweiten Weltkrieg waren solche rassistisch-ideologischen Anordnungen unter deutscher Flagge gang und gäbe, als Wehrmachtstruppen, SS-Einheiten und verschiedene Sondereinsatzgruppen fremde Gebiete fern der Heimat eroberten. Gilt der verbrecherische

Angriffskrieg, der Abermillionen Menschenopfer forderte, etwa nicht als »feindliche Übernahme«? Oder kommt es darauf an, wer am allerlautesten die Opferrolle für sich beziehungsweise sein Volk beansprucht?

Als der AfD-Politiker Björn Höcke seine Opposition zum Holocaust-Denkmal in Berlin artikulierte, lamentierte er: »Wir Deutschen, also unser Volk, sind das einzige Volk der Welt, das sich ein Denkmal der Schande in das Herz seiner Hauptstadt gepflanzt hat.«[26] Der Satz enthält zwar keine antisemitische Vokabel, aber die Schmähung liegt auf der Hand. Es ist verfassungskonforme Volksverhetzung. Dabei soll nicht angenommen werden, dass es sich beim Geschichtsrevisionismus »lediglich« um die Begleichung offener Rechnungen aus der Vergangenheit handelt. Denn er ist ein bevorzugtes Werkzeug derjenigen, die sich als Widerstandskämpfer*innen gegen die Vielfalt in der kontemporären Gesellschaft stilisieren. Für sie ist die Integrationspolitik eine Anleitung zu einer »Überfremdung«, die es partout abzuwenden gelte.

Herero im Konzentrationslager der Deutschen anno 1904 auf Shark Island bei Lüderitz im heutigen Namibia. Ebenda wurden Insassen systematisch ausgehungert, vergewaltigt und zu Tode gearbeitet (Quelle: Public Domain).

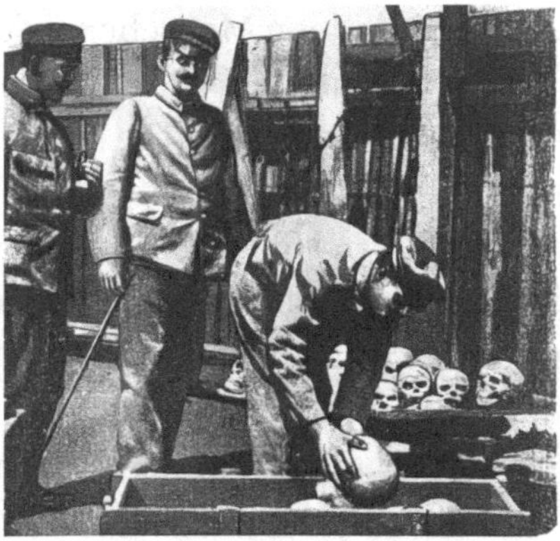

Eine Kiste mit Hereroschädeln
wurde kürzlich von den Truppen in Deutsch-Süd-W.-Afrika verpackt
und an das Pathologische Institut zu Berlin gesandt, wo sie zu wissen-
schaftlichen Messungen verwandt werden sollen. Die Schädel, die von
Hererofrauen mittels Glasscherben vom Fleisch befreit und versandfähig
gemacht wurden, stammen von gehängten oder gefallenen Hereros.

Gruselige Grußbotschaften, Schädel als Souvenirs. Deutsche Soldaten verpacken die Schädel hingerichteter Angehöriger der Herero und Nama im Konzentrationslager Shark Island, etwa 1904. Dieses Bild war eine Postkarte, die von Siedlern nach Deutschland geschickt wurde. Die Schädel selbst landeten auch im Vaterland, wo sie Einzug in die eugenische Forschung fanden, um zu »beweisen«, dass Schwarze einer niedrigen »Rasse« angehören (Quelle: Public Domain).

Genau in diesem Sinn fungierte Donald Trumps angeblich unbedenklicher Slogan *»Make America Great Again«* als hochfrequentierte Hetzparole aus der Hundepfeife, die die Sehnsucht nach der Rückkehr in eine homogene, von weißen Patriarchen dominierte Epoche signalisierte. *»Build the Wall«* war somit folgerichtig. Eine Mauer errichten, Isolation statt Inklusion. Allerdings hatte der nun abgewählte 45. US-Präsident keine Hemmung gehabt, Mexikaner als »vergewaltigende Drogenhändler« zu brandmarken.

Durfte er das? Und darf man in Deutschland mit Begriffen wie »kriminelle Clans« und »Asylbetrüger« nur so herumschmeißen? Mit solch kodierten Wörtern, die eine Abneigung gegenüber Zuwanderung vermuten lassen, werden immerhin real existierende soziale Konflikte angesprochen. Über diese

Konflikte sollte man parteiergreifend und im Sinne des Gemeinwohls Tacheles reden dürfen – aber eben nicht im Duktus der Demagogen, deren Pauschalisierungen einem völkischen Wahn dienen.

Dr. Robert Ritter (r.), ein Tübinger Arzt und Leiter der Rassenhygienischen Forschungsstelle (RHF) des Reichsgesundheitsamtes. Mit einer Aktenmappe in der Hand interviewt er anno 1936 eine ältere Frau im Rahmen der »Zigeunererfassung«, während ein Ordnungspolizist zuschaut. Ritter ließ zwischen 24.000 und 40.000 »Rassengutachten« erstellen. Das war der Prolog zum Porajmos, dem Genozid an mehreren Hunderttausend Sinti und Roma (Quelle: Public Domain).

Überfremdung durch die Wehrmacht. Das Abtransportieren von Juden, die 1939 in Polen durch deutsche Truppen festgenommen wurden (Quelle: Public Domain. Foto: Lifta, Bundesarchiv).

Nicht minder brisant wird es, wenn man das sogenannte N-Wort gleichsam in den Mund nimmt.

Der legendär brutale US-Wahlkampfberater Lee Atwater (1951–1991) erklärte 1981, wie Republikaner die Stimme von Rassisten gewinnen können, ohne selbst rassistisch zu klingen:

> Im Jahre 1954 können Sie »Nigger, Nigger, Nigger« sagen. 1968 ist »Nigger« aber tabuisiert – das tut weh, es geht nach hinten los. Also sagst du Sachen wie »erzwungene Schulintegration«, »Fremdbestimmung« und all das Zeug, und du wirst so abstrakt. Nun, Sie sprechen von Steuersenkungen, und all diese Dinge, von denen Sie sprechen, sind völlig wirtschaftliche Dinge – aber ein Nebenprodukt davon ist, dass Schwarze schlimmer verletzt werden als Weiße. [...] »Wir wollen Steuern senken« ist viel abstrakter als »Nigger, Nigger«.[27]

Als Person mit afroamerikanischen Wurzeln bin ich fürwahr eine direkt Betroffene. Meine 1961 in den USA ausgestellte Geburtsurkunde enthält den Vermerk *»Negro«,* eine damals eigentlich gängige, auch selbstidentifizierende Bezeichnung für Schwarze. Das deutschsprachige Pendant dazu, ebenfalls mit fünf Buchstaben geschrieben, war einst genauso unbedenklich. Mittlerweile gilt es als Ethnophaulismus, eine abwertende Bezeichnung für eine ethnische Gruppe, und wird ähnlich scharf geächtet wie die sechsstellige, äußert abwertende Variante. Demzufolge ist es nicht verkehrt, wenn deutsche Politunterhaltungsshows sich mit dem N-Wort befassen. Aber müssen sie den Tabubegriff dann unbedingt ausschreiben und laufend von ihren fast ausschließlich weißen Gästen aussprechen lassen? Es kommt mir vor, als ginge es da um Sensationalisierung statt Sensibilisierung. Wenn sich Weiße über uns die Köpfe heißreden, reden sie allzu oft über unsere Köpfe hinweg. Und das bringt uns wiederum zur Weißglut. Der Wunsch, Rassismus zu thematisieren, vor allem infolge der Causae George Floyd, Breonna Taylor und Ahmaud Arbery, sollte kein Freibrief zum Fettnäpfchentreten sein.

Ein paar Empfehlungen an Mitglieder der Mehrheitsgesellschaft: Redet doch *mit* uns![28] Lasst auch uns zu Wort kommen, und zwar nicht nur in einem Einspieler, in dem wir uns irgendwo in der Fußgängerzone zum *Blackfacing* äußern. *Blackfacing* kann man sich so oder so abschminken. Wir wollen auch nicht nur über Neonazis und Polizeibrutalität sprechen, sondern auch über die weniger eklatanten, wenngleich folgenschweren Mikroaggressionen, die wir anhand von »Karens« und sogar von »Gutmenschen« über uns ergehen lassen müssen. Und hört mit dem Begriff »Rassenprobleme« auf! Es gibt keine Menschenrassen, sondern die eine Menschenrasse. Und es gibt keine Rassenprobleme, sondern das Problem Rassismus. Über die feinen Unterschiede können wir uns gewissermaßen gern auf gut Deutsch unterhalten. Auch über die »Überfremdung«.

Apropos Überfremdung: In meiner Kolumne in der *taz* berichtete ich 2021 über meine Umfrage, die sich in gewissem Sinn mit der Mengenlehre beschäftigte und gleichsam das Einmaleins der Xenophobie erkennen ließ:

> »Wären Sie mit der Einführung der arabischen Zahlschrift in den deutschen Schreibgebrauch einverstanden?«, wollte ich neulich wissen. Ähnliche Fragen hatte ich im Vorfeld eines kommenden Buches schon mal gestellt. Zwischen Hamburg und Heidelberg wurden damit interessante, teilweise erbaulich inspirierende Gespräche über Inklusion entfacht. Vor anderthalb Wochen entschied ich mich, die Forschungen hier in der Hauptstadt der bunten Republik fortzusetzen.
>
> Berliner schimpfen sich als tolerant, Berliner schimpfen über die Toleranz, Berliner schimpfen

halt. Und zwar ohne Halt. So war ich auf die Reaktionen gespannt. Dabei trat ich weder in Kreuzberg noch in Köpenick auf, sondern mittendrin.

Ich stand an der Weltzeituhr am Alexanderplatz. Die metallene Rotunde, die mit den Namen von fast 150 Städten aus aller Herren Länder versehen ist, schien ein idealer Ort für die kleine Erhebung zu sein. Das Datum wirkte ebenfalls geeignet. Es war ein Sonntag. Zudem war es der Tag der offenen Moscheen. Nicht zuletzt war es der 3. Oktober. Und dementsprechend wurde meine Frage, gewissermaßen einheitlich, ziemlich herbstlich in Empfang genommen.

»Hä, arabische Zahlschrift? Na, wat meenen Se woll?« Der Kerl, so Ende 30, sah mich stirnrunzelnd an. »Sollten hierzulande arabische Ziffern Verwendung finden?«, hakte ich nach. »Wären Sie dafür, dass arabische Ziffern im Grundschulunterricht ...?« Mit dem Mittelfinger zeigte er mir eine 1 und verriet damit womöglich seinen IQ.

»Um Gottes willen!«, echauffierte sich eine junge Mutter einige Minuten später. »Nein, sie sollen das Rechnen auf Deutsch lernen, wie unsere Kinder es tun. Pisa können wir uns ansonsten abschminken. Das wird aber eh nicht gehen. Nicht ohne Volksbegehren. Und kein Mensch stimmt dafür. Man soll sich an der Schweiz ein Beispiel nehmen. Sorry, aber ich erziehe keine Islamwissenschaftler. Meine Jungs hole ich aus der Schule, wenn man mit dem Unfug anfängt.«

»Wir sind doch in Deutschland! Noch!«, ermahnte ein Mann in Schiffermütze. »Im eigenen Land wird man so schäbig behandelt. Erst diese Scheißmasken. Dann kommt man an mit den Sternchen, mit dem ganzen Gender-Gaga. Nee, aber echt. Anfangs sollen's nur Nummern sein, wa, aber irgendwann mal kommen die Kinder mit dem Koran nach Hause. Wir werden verarscht. Ich meine, diese Saudis, die ganzen Scheichs, die schwimmen in Öl. Die kaufen uns die Waffen ab und schicken uns ihre Armen zur Rundumversorgung. Ihr wollt uns verdrängen, wa?«

»Ähm, eigentlich bin ich weder arabisch noch muslimisch«, sagte ich, »sondern katholisch getauft. Römische Ziffern beherrsche ich also ganz gut. Aber sie sind etwas sperrig, nicht wahr? Nicht Sie, meine ich, sondern die römischen Ziffern. Wobei ...«

Es war noch früher Nachmittag, doch der Mann brauste mit einem »Gute Nacht, Deutschland!« ab. Eine Viertelstunde danach befand ich mich im Gespräch mit einer Witwe Mitte 70. »Das geht aber zu weit«, erklärte sie mit einem Seufzer, »mein Mann hat immer davor gewarnt, wissen Sie? Es ist diese Willkommenskultur. Wir sind seit Langem das Sozialamt Europas. Ich bin weiß Gott nicht rassistisch, aber ...«

Insgesamt neun von 14 Befragten am Alex lehnten die arabische Zahlschrift partout ab. Dabei findet sie hierzulande seit dem 15. Jahrhundert Verwendung. Ursprünglich stammt sie aus dem altindischen Maurya-Reich vor rund 2.300 Jahren. Anno 825 führte der in Bagdad lebende persische Universalgelehrte al-Chwarizmi die Ziffernschreibweise [in die arabische Kultur] ein. Aus seinem Namen leitet sich übrigens der Begriff »Algorithmus« ab, Grundlage der modernen Informatik.

Die Null heißt auf Arabisch *sifr,* somit haben wir die etymologische Herkunft des deutschen Wortes »Ziffer«. Schon dieser Abschnitt aus der langen

> Geschichte der Mathematik zeigt uns, dass die kulturelle Integration eine Zweibahnstraße ist. Aber dieses Einmaleins der Erkenntnisse ist einigen offenbar eine Nummer zu groß.[29]

Immerhin gibt es viel zu besprechen. Kann eine freiwillig gewählte Sprachnormierung, zum Beispiel zur Korrektur »eurozentrischer« Ausdrucksweisen, die Meinungsfreiheit einengen? Sollte das Konzept der Meinungsverantwortung offensiver mit ins Spiel gebracht werden? Ist die als Onlinepranger gebrauchte »Call-out-Kultur« ein probates Mittel, um Empathie und Empörung zu forcieren? Solche Fragen müssen erörtert werden. Gemeinsam. Und nicht erst nach Corona. Der Rassismus ist ebenfalls ein gefährliches Virus – und er ist schon länger unterwegs. Auch und gerade angesichts der Erfahrungen mit Covid-19 müssen wir begreifen, wie wichtig Solidarität und Zusammenhalt sind. Selbst bei Einhaltung des *Social Distancings* können wir mittels Sprache dazu beitragen, die soziale Distanz zueinander zu verringern.

»Rasse« muss raus aus dem Grundgesetz.

Die Entmenschlichung fängt mit dem Wort an, die Emanzipierung aber auch.

Austausch statt Ausgrenzung. Sprachstudenten aus Ghana in Begleitung ihrer Gastfamilie 1969 in Murnau (Quelle: Goethe-Institut).

12. Bittere Pillen

»Was ist der Unterschied zwischen einem Neonazi und einem *White Savior?«* Diese Frage richtete ich an die Teilnehmenden, kaum dass ich sie begrüßt hatte. Morgens in Niedersachsen. Ich stand am Podium und suchte nach Händen. »Irgendjemand? Na, kommt schon!« Hier und da rieb sich einer über das Kinn. Ein nachdenkliches Gemurmel war zu hören.

Dann die quietschende Tür. Ein junger Ingenieur trat herein, flitzte hinüber zu einem Platz am Fenster und entschuldigte sich. »Ja, Moin«, sagte ich. Ich wiederholte die Frage. Von der ersten Reihe aus appellierte die Personalerin wie eine strahlende Kreuzfahrtanimateurin an die Versammelten, die Denkmützen aufzusetzen. Sie rätselte allerdings auch mit. »Was unterscheidet einen Neonazi von einem *White Savior*?«, hakte ich nochmals nach. Die Sekunden verstrichen. Und die Lösung? Eigentlich ganz einfach. »Der Neonazi weiß schon, dass er ein Rassist ist«, klärte ich auf.

Nun fiel vielen die Kinnlade herunter. Manche brachten ein verlegenes Lächeln zustande, andere legten die Stirn in Falten. Anwesend waren fast ausschließlich weiße Betriebsangehörige – und sie erröteten allesamt. Die vier BIPoC-Anwesenden wohl auch. Es ist ein heikles Thema und bis zum Ende des Workshops flossen einige Tränen.

»Allies brauchen wir«, fügte ich noch einleitend hinzu, »ja, Alliierte sind willkommen. *White Allies,* wunderbar. Alliierte jeglicher Couleur. Und wir erwarten nicht, dass man keine Fehler macht. *White Saviors* hingegen sind fehl am Platz.«

Antirassismus-Training ist kein Wellness-Programm. Schlussendlich ist es aber wohltuend. Denn was könnte wohltuender sein, als die Last der eigenen, gegebenenfalls vor sich selbst verborgenen Vorurteile zu erkennen, sich damit zu konfrontieren und sie abzulegen? Gutartige Tumoren fallen auch ins Gewicht und weisen grundsätzlich keine Rückbildungstendenzen auf. Ach so, man habe an und für sich keine Vorurteile? Oder wenigstens keine mehr? Sogar niemals gehabt? Umso besser. Wäre es dann nicht schön, diese Idealgegebenheit unabhängig feststellen zu lassen?

Weiße Menschen bevölkern ein soziales Umfeld, das sie von der Diskriminierung isoliert, von der *People of Color* direkt betroffen werden. Der diesbezügliche Schutz, den Weiße genießen, weckt bei ihnen gewisse Erwartungen an Komfort. Ihnen werden Privilegien zuteil, die sie sogar nicht immer wahrnehmen und trotzdem niemals vermissen möchten.[1]

Doch damit nicht genug: Die Etablierung solcher Ansprüche minimiert parallellaufend die Fähigkeit und somit auch die Bereitschaft, mit den Folgen rassistischer Begegnungen umzugehen, von denen *People of Color* unaufgefordert heimgesucht werden. Jene Folgen fallen häufig unter die Rubrik RBTS. Dabei handelt es sich um den rassismusbasierten traumatischen Stress, der Auswirkungen auf den emotionalen Zustand hat[2] und wie »Tausend kleine Mückenstiche«[3] den Körper durchaus belastet.

Der Rassismus mutet uns direkt Betroffenen also psychische sowie physische Krankheiten zu, und zwar nicht erst dann, wenn die Schwelle zu eklatanten Hassverbrechen überschritten wird. In Kaufhäusern werden wir auf Schritt und Tritt verfolgt, bis der Sicherheitsmann sich aus nächster Nähe davon überzeugen kann, dass wir uns nichts unter den Nagel gerissen haben. Beim Einkaufen werden renommierte Ärzte von wildfremden Kassiererinnen nur aufgrund der Hautfarbe oder Herkunft geduzt.

Dann gibt es das, was ich den »Salon-Vigilantismus« nenne. Ich setzte mich im ICE in der ersten Klasse hin, und zwar mit einer gültigen Bahncard 100 First. In Prä-Covid-Zeiten. Ein weißer Passagier, der mir am Vierertisch schräg gegenübersaß, fühlte sich dazu berechtigt, meine Anwesenheit infrage zu stellen. Adrett angezogen war ich. Vielleicht hat ihm mein afrikanisches *Headwrap* nicht gefallen. Egal, ich hatte Hugh Masekela und Duke Ellington in den Ohren. Zugegebenermaßen dachte ich unweigerlich an *Plessy v. Ferguson,* das Schandurteil des Obersten Gerichtshofs der USA, wonach separate Zugabteile für Schwarze und Nichtschwarze 1896 für zulässig gehalten wurden. Immerhin ließ der Störenfried nicht nach. Er wolle mir nur helfen, sagte er. Doch er wurde böse, als ich seine Autorität, mich zu kontrollieren, nicht akzeptierte. Es war eine Genugtuung, als der Zugbegleiter, ebenfalls eine *Person of Color,* in Erscheinung trat, ihm die Leviten las und ihn noch dazu in den Ruhebereich schickte. Die glückliche Wendung genoss ich durchaus. Aber muss es im 21. Jahrhundert erst so weit kommen?

Wir erfahren, dass unsere Identität mit strategischer Skepsis infrage gestellt wird, und internalisieren demzufolge nicht selten die damit verbundene Ablehnung. »Was hätte ich noch machen können? Wirkte ich zu bedrohlich? Zu fremdartig?«, fragen wir uns immer und immer wieder im aufgeregten Stillen.

Während wir uns bemühen, das Gesicht zu wahren, dürfen wir den Kopf nicht verlieren. Fokussiert zu bleiben, wird zu einer unnötig erschwerten Herausforderung. In dieser Hinsicht denke ich voller Bewunderung an Elizabeth Eckford, eine der schwarzen Teenager*innen, die die *Little Rock Nine* bildeten. Das waren die ersten afroamerikanischen Schüler*innen, die 1957 die bislang exklusiv weiße Little Rock Central High School besuchen sollten – drei Jahre nachdem der Oberste Gerichtshof in *Brown v. Board of Education*[4] die rassistische Trennung in den Schulen aufgehoben hatte. Doch ein empörter weißer Mob war damit nicht einverstanden und verwandelte den Schulbesuch in einen Spießrutenlauf. Der Gouverneur von Arkansas setzte zwar die Nationalgarde ein, aber eben mit dem Ziel, den Schulbesuch der

Schwarzen zu verhindern. Die Gardisten standen mit gezogenen gleißenden Bajonetten am Schuleingang, ließen nur Weiße herein und machten keine Anstalten, den Mob aufzulösen. Angesichts des chaotisch choreografierten Widerstands der Segregationisten sah sich Präsident Eisenhower gezwungen, Soldaten der 101. Luftlandedivision auf den Plan zu rufen, um im Namen der Bundesregierung den neun jungen Afroamerikaner*innen Geleitschutz zu leisten.

Inmitten dieser spannungsgeladenen Atmosphäre ist Elizabeth Eckford auf einem ikonischen Foto zu erblicken. Der Hass steht ihr Spalier und verfügt dabei über viele Fratzen. Dazu zählt die alt aussehende Visage des erstaunlich jungen Fräuleins Hazel Bryan. Hazel, erst 15-jährig, ist die primäre Antagonistin, die in der Momentaufnahme in Erscheinung tritt. Mit weit aufgerissenem Mund folgt Hazel der ebenfalls 15-jährigen Elizabeth auf Schritt und Tritt. *»Nigger, go home! Go back to Africa!«*, schreit Hazel. Elizabeth, in ihrem selbst genähten Kleid mit abstehendem Rock, lässt sich nicht beirren. Können nichtbetroffene Außenstehende überhaupt erahnen, wie viel Kraft Elizabeth aufbringen musste, um ihr Selbstwertgefühl aufrechtzuerhalten, während sie gleichzeitig versuchte, ihre Angst und ihre Wut zu bändigen?

Mikroaggressionen und rassistische Traumatisierung visualisiert. Elizabeth Eckford, das 15-jährige schwarze Mädchen im Vordergrund, muss 1957 in Little Rock, Arkansas, auf dem Schulweg einen Spießrutenlauf absolvieren. Der weiße Mob wütet – und die Nationalgardisten schauen tatenlos zu. Auf den Fersen der jungen Afroamerikanerin ist die 15-jährige Hazel Bryan, die mit rassistischen Hetzparolen aufwartet (Quelle: Public Domain).

Über den Rahmen des Bildes hinaus gab es allerdings ein Nachspiel. Aufgrund ihrer plötzlichen Notorietät wurde Hazel von ihren Eltern aus der Schule genommen. Wenig später verließ sie frühzeitig auch ihre neue High School und heiratete. Nunmehr als Hazel Bryan Massery gründete sie mit ihrem Mann Antoine eine Familie. Im Laufe der Zeit wurde sie nachdenklich. Was würden eines Tages ihre Kinder sagen, wenn sie die verräterische Fotoaufnahme zu sehen bekämen? Überdies fing sie an, die Welt zu hinterfragen. Allmählich fühlte sie sich ausgerechnet der Bürgerrechtsbewegung zugeneigt. Zudem begann sie, Sozialarbeit zu leisten, und begleitete in der Eigenschaft sogar unterprivilegierte afroamerikanische Jugendliche auf Exkursionen.

Es vergingen Jahre, ganze Dekaden. Dann kam ein schicksalhafter Stichtag. Im Jahr 1997 zum 40. Jubiläum der Beendigung der Segregation in Little Rock arrangierte der preisgekrönte

Fotojournalist Will Counts ein Wiedersehen von Elizabeth und Hazel. Will Counts hatte 1957 die Ereignisse und die Akteur*innen mit auf die Platte gebannt. Nun fungierte er als Friedensstifter. Bei der Gelegenheit bat Hazel öffentlich, ja, medienträchtig um Verzeihung für ihre hasserfüllte Tirade.[5]

Elizabeth war hin- und hergerissen. Sollte sie alte Wunden aufreißen, um sich zu heilen? Ihr Leben war kein Ponyhof. Als Spätfünfzigerin kämpfte sie immer noch, um über die Runden zu kommen. In der Zwischenzeit hatte sie ihr Studium an der Uni abgebrochen, in der Armee gedient und als alleinstehende Mutter zwei Jungs großgezogen. Allerdings hatte sie schon zweimal versucht, sich das Leben zu nehmen. Das Kleid, das sie als Mädchen speziell für ihren ersten Schultag an der Central High School entworfen hatte, war nach dem im Bild verewigten Tumult nie wieder von ihr getragen worden. Im Grunde genommen litt sie seit 40 Jahren an einer posttraumatischen Belastungsstörung. Nun wagte sie das früher Undenkbare. Sie nahm die Entschuldigung von Hazel an.

Die zwei Frauen wurden unzertrennlich. Gemeinsam gingen sie einkaufen, gemeinsam fuhren sie in den Urlaub, gemeinsam hielten sie Vorträge vor Schulklassen. Beide traten auch bei der Talkmasterin Oprah Winfrey auf, die kurioserweise überfordert und distanziert wirkte, so neugierig sie auch war.[6] Für Elizabeth führte der Weg sogar bis ins Weiße Haus, wo Präsident Bill Clinton ihr und den acht anderen Mitgliedern der *Little Rock Nine* feierlich die höchste zivile Auszeichnung der Nation, die Goldmedaille des Kongresses, überreichte.

Hazel diente gern als Elizabeths private Chauffeurin und half ihr immer wieder finanziell aus. Bereitwillig und ungefragt.

Doch auf Dauer ging es mit den beiden Frauen und ihrer Salz- und Pfeffer-Roadshow nicht weiter. Knapp zwei Jahre nach dem Jubiläumstreffen traten deutliche Risse in der Fassade der Freundschaft auf. Buchstäblich auf einen Ziegelstein der Central

High School schrieb Elizabeth: »Wahre Versöhnung kann nur dann stattfinden, wenn wir unsere schmerzhafte, aber gemeinsam erlebte Vergangenheit ehrlich anerkennen.«[7] Elizabeth war davon überzeugt, dass der Bußgang der einst hetzenden Hazel eigentlich andere Beweggründe hatte. Die Afroamerikanerin mutmaßte: »Hazel wollte, dass ich mich weniger unwohl fühle, damit sie sich nicht mehr verantwortlich fühlt.«[8] Daraufhin gab sich Hazel gekränkt. Seit dem Bruch sahen sie einander offenbar nicht mehr. Einmal danach haben sie miteinander telefoniert. Das war am 11. September 2001. Es war gleichsam ein 911-Notruf an 9/11. Unter dem Eindruck der Terrorangriffe hatte die aufgeregte Hazel angerufen, um sich wieder beruhigen zu lassen.

Wer kennt das nicht? Eine gute Freundin ist immer für dich da – wenn sie dich braucht. Na ja, das mag zynisch klingen. Aber manchmal ist was dran. Natürlich haben wir alle, moralisch betrachtet, einen Anspruch darauf, eine Vertraute zu stören, wenn wir sehr einsam oder verzweifelt sind. Eine Beziehung muss belastbar sein. Und ein verheerendes Ereignis wie 9/11 ist selbstverständlich ein nachvollziehbarer Anlass dafür, sich aus dem Nichts wieder mal bei einer guten Bekannten zu melden. Aber schwarze Frauen sind tagtäglich einer erhöhten Terrorgefahr ausgesetzt. Als Ehrendoktorin und Würdenträgerin war und bleibt Elizabeth keine Ausnahme von dieser Regel. Zudem konnte ihre Goldmedaille mit einem 3-Zoll-Durchmesser und einem Gewicht von 15 Unzen ihrem psychisch erkrankten Sohn Erin nicht als Schutzschild dienen. 2003 wurde Erin mit 26 Jahren erschossen. Suizid durch Polizisten. Inwieweit Hazel angesichts jener Tragödie daran gedacht hätte, ihre schwarze Busenfreundin an die Brust zu nehmen, ist unklar. Die Umarmung wäre aber womöglich auch zu erdrückend gewesen.

Die jahrzehntelangen Bemühungen Hazels, sich von ihrem Image als Rassistin zu distanzieren, müssen nicht allesamt infrage gestellt werden. Hazel war das geifernde Girl. Ihre

Anwesenheit auf dem Bild, das um die Welt ging, kann sie nicht leugnen und das hat sie eh nicht versucht. In Anbetracht ihres Mutes, dafür geradezustehen, verdient sie sogar Anerkennung und Respekt. Zudem ist die Symbolkraft ihres Coming-outs nicht zu unterschätzen. Schon Ende der 1950er Jahre sprach sie von Reue, was unter vielen Weißen in Arkansas und quer durch den Süden automatisch als Nestbeschmutzung galt, und eben dadurch demonstrierte sie, dass man nicht dazu verdammt sein muss, im Gedankengebäude des Hasses gefangen zu bleiben. Auch ihre Leistungen als Sozialarbeiterin darf man nicht pauschal in Abrede stellen. Nichtsdestotrotz blieb ihre Beziehung zu Elizabeth, um ein Oxymoron zu gebrauchen, zutiefst oberflächlich. So kam es Elizabeth und den anderen acht der *Little Rock Nine* vor, als würde Hazel anhand ihrer Wohltaten versuchen, ihre Gewissensbisse abzulegen.

Wir Schwarzen kennen es. *White Saviors* rollen uns den roten Teppich aus – und behandeln uns gleichzeitig wie Fußmatten. Die oft ungebetenen Erretter*innen zeichnen sich durch einen eher performativen Aktivismus aus. Mit Plattitüden und Posituren stellen sie sich selbst in den Mittelpunkt, als würden sie den Kampf gegen den Rassismus für uns tatsächlich aufnehmen und durchfechten. Vor lauter Begeisterung kommen sie aber nicht dazu, sich mit den komplexen, oft eng miteinander verflochtenen Strukturen des Rassismus auseinanderzusetzen. Sie brechen selbst nicht aus dem Schema. Nein, sie brechen eher ins Schwitzen und in Tränen aus – und dann behalten sie sich das Recht vor, bei uns aufzutanken. Wir sollen sie beschwichtigen, ihnen die Wimpern abtupfen. Als *Magical Negroes* stünden wir ihnen ohnehin rund um die Uhr zur Verfügung, um sie für unseren Kampf wieder fit zu machen. Dann dürfen wir sie wieder feiern, wie die Darsteller Seth Meyers und Amber Ruffin in ihrem nachdenklich stimmenden Video *White Savior: The Movie Trailer* so demonstrativ zu erkennen geben.[9] Verlassen wir uns auf *White*

Saviors, werden sie durch Unbedarftheit und Überheblichkeit früher oder später Retraumatisierungen bei uns hervorrufen.

Rassismus ist ein Virus. Um ihm entgegenzuwirken, muss man die Masken allerdings nicht aufsetzen, sondern fallen lassen, um die wahren Charaktereigenschaften in den Vordergrund zu stellen und Täuschungen aufzugeben (Quelle: shutterstock).

Für uns Opfer, die unter dem System der weißen Vorherrschaft leben und leiden, beinhaltet der Alltag eine Exkursion über ein Minenfeld voller Mikroaggressionen. Unsere Antagonisten hingegen können x-beliebige Fettnäpfchen platt drücken und unversehrt bleiben. Diese Minen können zu jeder Zeit unter unseren Sohlen wie Tretminen aufgehen. Dementsprechend befinden wir uns ständig in einer Art Alarmbereitschaft, in einem Zustand, der auch ganz ohne Explosionen beeinträchtigend und belastend ist. Wenn wir dann gedenken, auf die Gefahren, denen wir laufend ausgesetzt sind, aufmerksam zu machen, werden unsere Hinweise nicht lediglich als disruptiv, sondern auch ausdrücklich als destruktiv empfunden.

Das zeigt beispielsweise ein Erlebnis, das ich 2021 unter dem Titel »Zur Sprache gebracht. Der ganz alltägliche Rassismus« in der *taz* schilderte. Ein persönliches Erlebnis. In einer Weltstadt und an einem eigentlich ganz banalen Ort, der als Schutzraum fungieren sollte.

> In einer Apotheke [in Berlin-Mitte] bemühte sich die Frau hinter der Plexiglasscheibe darum, mich auf Englisch zu bedienen. Das erfolgte nicht etwa auf meine Anfrage hin, wohlgemerkt, sondern aus der Initiative der pharmazeutisch-kaufmännischen Angestellten (PKA) heraus. Die Geste lehnte ich ab, und zwar im höflichen Hochdeutsch. Ich bin es gewohnt, dass Mitarbeitende unterschiedlicher Geschäfte das Bedürfnis verspüren, mich, die *Black Queen* mit dem amerikanischen Timbre, unaufgefordert in der englischen Sprache anzusprechen. Dass sie mal üben möchten oder ihre Weltgewandtheit stolz unter Beweis stellen wollen, verstehe ich, aber das macht es nicht weniger aufdringlich. Zudem geschieht das meist dann, wenn ich absolut keine Zeit dafür habe. Wie an diesem Abend, als ich auf mein Rezept wartete. Es war nicht mehr lustig, es war lästig.
>
> »Warum bestehen Sie darauf, ausschließlich auf Englisch mit mir zu reden?«, fragte ich die PKA indigniert. »Das ist linguistisches Profiling.«
>
> Mit der Süffisanz eines Kolonialbeamten und dem Schmunzeln einer Kindergärtnerin erklärte sie mir, dass 99 Prozent der Menschen mit meinem Aussehen und so einem fremden Nachnamen eher ein schlechtes Deutsch, wenn überhaupt, sprechen würden. Auf Englisch ginge es insgesamt etwas reibungsloser, beteuerte sie, steif und stockend. Es sei

Erfahrungssache, fügte sie mit einem Achselzucken hinzu.

»Ich beabsichtige mitnichten, als Versuchstier für Ihre Vorurteile herzuhalten!«, betonte ich. »Schauen Sie, ich bin keine Touristin.«

Sogleich zückte ich mein Smartphone und rief ein paar Webprofile auf. Da war ich zu sehen, die deutschsprachige Journalistin, Kabarettistin, Dozentin, registrierte Übersetzerin, gelernte Juristin und, und, und. *People of Color* kennen dieses Dilemma. Einerseits hätten wir es nicht nötig, Perlen vor die Sau zu werfen, um respektvoll behandelt zu werden. Andererseits beschert es uns im Angesicht alltäglicher Mikroaggressionen eine gewisse Genugtuung, souverän und selbstbestimmt zur Geltung zu kommen. Die Selbstdarstellung ist unsere Waffe gegen die Stereotypisierung. Wir stellen uns selbst dar und lassen unsere Antagonist*innen sich gleichzeitig bloßstellen.

»Nanu, Sie sind eine Ausnahmeerscheinung«, meinte die PKA errötend, »wahrscheinlich sprechen Sie sogar besseres Deutsch wie (sic!) ich.«

»Nicht wie, sondern als Sie«, korrigierte ich, den Kopf echauffiert schüttelnd.

Übergangslos schlüpfte sie in die Opferrolle, zumal ich als die *Angry Black Woman* in Erscheinung getreten war. Eigentlich war ich wegen Nackenschmerzen da. Aber ich bekam dazu einen dicken Hals, und zwar dergestalt, dass mir der Kragen platzte. So machte ich, wie Karen mit der Bobfrisur es tut. Ich ließ die Managerin holen, ehe ich meine Tabletten in Empfang nahm.

Für die Chefapothekerin war es offenbar eine bittere Pille, eine Beschwerde dieser Art schlucken zu

> müssen. Sie entschuldigte sich zwar für »etwaige Unannehmlichkeiten«, konnte die Voreingenommenheit ihrer Mitarbeitenden aber nicht so richtig erkennen. Ich müsse es sogar begrüßen, als »Ausnahmeerscheinung« bezeichnet zu werden. Ja, es habe sich meinerseits sicherlich um ein harmloses Missverständnis gehandelt. Es fehlte nur, dass sie mir vegane Gummibärchen als Trostpflaster gab. *White Savior* hoch drei beziehungsweise hoch dreist. [...]
>
> Weiße Rettende sehen es als ihre Pflicht, uns Betroffenen beizubringen, ob, wann und wie wir auf Rassismus reagieren sollten. Trotz ihres eingeschränkten Erfahrungshorizonts und ihres Defizits an emotionaler Intelligenz wähnen sie sich imstande, uns Perspektiven zu bieten. Dabei lassen sie vermeintlich höflich anklingen, dass unser Intellekt und unsere Intuition nicht zählen. Was ist das bloß, wenn nicht verachtenswerter Rassismus?[10]

In der Reaktion der sich entrüstet gebenden PKA sehen wir, wie *White Fragility* schlagartig in *Tone Policing*[11] mündet. Sie war partout nicht imstande, irgendein unbewusstes Vorurteil – sprich *Unconscious Bias* – bei sich festzustellen. Dafür war sie zu zerbrechlich. Davon ausgehend, dass sie im Allgemeinen, vielmehr im Abstrakten bereit gewesen wäre, den Rassismus scharf zu verurteilen, müssen wir es auch verstehen, dass sie meine Kritik als Vorwurf einer groben Verfehlung aufgefasst hat.

Aber anstatt sich mit den Anhaltspunkten und folglich mit dem Inhalt meiner Kritik zu befassen, wich sie auf die *Silencing*-Strategie aus. Im Grunde genommen sagte sie mir, sie höre mir wegen meiner Indignation nicht mehr zu.

Ihr Ton blieb an und für sich ruhig, rein akustisch gemessen, war aber von Anfang an aggressiv-herablassend. Ton ist sowieso weitaus mehr als nur Lautstärke. Geschrien habe ich wohl nicht, aber ich wurde spürbar aufgeregter. Der Fokus der Frau, die sich überfordert fühlte, wurde deshalb auf meine schiere Emotionalität gerichtet – mit der Hoffnung verbunden, sie würde bei Bedarf einen Anlass bekommen, vom Hausrecht Gebrauch zu machen. Die Genugtuung eines solchen Anlasses gab ich ihr wiederum nicht, was sie umso mehr ärgerte. Dass ich sie dann in aller Öffentlichkeit bezüglich ihrer Muttersprache korrigierte, wird sie sicherlich auch bis ins Mark getroffen haben. Somit habe ich ihrer ungefragten Patenschaft eine deutliche Absage erteilt, von ihrem vermeintlichen Kompliment völlig unbeeindruckt. Mit der auf mich bezogenen Etikettierung »Ausnahmeerscheinung« bestätigten sie und die Chefapothekerin, dass sie eine »gesunde« Skepsis gegenüber fremdartig wirkenden Personen grundsätzlich für angebracht hielten. Und solange sie mir Lob erteilen würden, dürften sie ihre Vorurteile weiterhin hegen und ihre Vorteile unangefochten genießen. Im Grunde sei ich deshalb so toll, weil die anderen in meiner Community ziemlich minderbegabt seien.

Das ist in der Tat genau das, was hinter dem Lob steckt. Gerade in Anbetracht dessen mutet es mich seltsam und dennoch folgerichtig an, dass die Chefapothekerin mich stolz auf die Anwesenheit eines Schwarzen in ihrer Belegschaft hinwies. So nach dem Motto: »Wir können nicht rassistisch sein, denn ein Farbiger arbeitet seit Jahren bei uns.« Es war zum Fremdschämen. Meine Nackenschmerzen ließen nicht nach, aber in dem Laden spürte ich eh keine Rückendeckung. Ich ließ die Tabletten liegen. Da war nichts mehr zu holen.

Nach dem *Othering* kam also das *Smothering*. So pflege ich die Reaktion zu bezeichnen, die wir Betroffenen oft genug erleben, wenn wir uns beispielsweise bei Vorgesetzten über das rassistische Verhalten von Mitarbeitenden beschweren. Wir wurden »fremd gemacht« und herablassend-distanzierend behandelt, auch und gerade unter dem Deckmantel der Hilfsbereitschaft. Die Beschwerdeempfängerin benutzt dann diesen Deckmantel, um die Beschwerde im Keim zu ersticken, also zu *smothern.* Alternativ kann das *Smothern* als »stiefmütterliches Muttern« betrachtet werden. Obwohl wir die Vorgesetzte ersuchen, uns Aufmerksamkeit und Einfühlungsvermögen zu zollen, interessiert sie sich nicht für die Anhaltspunkte unserer Kritik. Als zweite Instanz weist sie unsere Wehklage jählings ab, anstatt ihre Aufsichtspflicht wahr- und ernst zu nehmen, vom Gebot der Kundenbindung mal ganz zu schweigen. Stiefmütterlich bringt sie uns – wenn auch schonend und sogar schmunzelnd – bei, wir hätten etwas falsch verstanden.

Solche »Missverständnisse« erleben wir *Persons of Color,* die unter die Rubrik FLINTA fallen, übrigens umso frequenter. Als Frauen, Lesben, Intersexuelle, Nichtbinäre, Transgender-Menschen oder Asexuelle bieten wir denjenigen, die uns nicht wohlgesonnen sind, viele Angriffsflächen. In dieser Hinsicht verweise ich auf meine 2018 in der *Siegessäule* erschienene Titelreportage »Tacheles reden: Rassismus und die queere Szene«. Ja, Wolken beschatten den Regenbogen. Auch hier herrscht Diskriminierung gegen ethnische, kulturelle und religiöse Minderheiten. Denn ebenjene Community ist schließlich auch ein Mikrokosmos der gesamten Gesellschaft:

> Etliche LGBTI liebäugeln ganz unverblümt mit rechten Parteien. Es ist keine Neuigkeit, dass auch die queere Community ein Mikrokosmos der Gesellschaft ist. Dennoch war es ein böses Erwachen, als sich die Interessengemeinschaft »Homosexuelle in der AfD« gründete, einer Partei, die mit Alice Weidel gar eine offen lesbisch lebende Frau an ihrer Spitze hat. Die Tatsache, dass in Frankreich rund 30 Prozent der homosexuellen Wähler*innen für Marine Le

Pen stimmten, lässt ebenfalls aufhorchen. Bei Aufmärschen des Ku Klux Klans in den USA schwenken einige Mitglieder die Regenbogenfahne ebenso stolz wie die [...] Südstaatenflagge.[12]

Indem wir direkt Betroffene uns zwischen mikroaggressiven Begegnungen das Hirn zermartern, setzen wir die gesellschaftlich geförderte Geringschätzung fort. Wir setzen sie vielmehr als Waffe gegen uns selbst ein. Bei uns intersektionell betroffenen Personen, die also Mehrfachdiskriminierung erfahren, erreicht das Grübeln neue Dimensionen der (Selbst-)Quälerei. »Hassen mich die Leute, weil ich queer bin? Oder wegen meiner Herkunft?«, fragt Pollux Frei alias Lux echauffiert.[13] Die 27-jährige, in Berlin lebende Brasilianerin könnte wohl kaum bunter sein. Lux, Protagonistin der genannten Titelreportage, ist eine Trans*-Frau und Latina mit arabisch-jüdischen Wurzeln. Diese Konstellation ist sogar für die Metropole an der Spree nicht ganz alltäglich – aber die Konfrontationen, die Lux buchstäblich am eigenen Leib erlebt und überlebt, sind für sie zum Alltag geworden. Beschimpfungen, Mobbing, Gewalt:

> Sollten also [...] mehr selbst ernannte Fürsprecher*innen her? Nein, lieber nicht. Etliche erweisen sich nicht als die Lösung, sondern eher als Teil des Problems. Sie demonstrieren zwar politisch korrekt gegen das Hakenkreuz, haben aber selbst einen Haken. [...] Selbst wenn sie promovierten *People of Color* begegnen, die der deutschen Sprache mächtig sind, sehen manche »Retter*innen« in ihnen nichts weiter als [...] unselbstständige Kinder, denen man unter die Arme greifen muss – raus aus der [triefnassen] Schwimmweste und behutsam herangeführt an die okzidentale Kultur.[14]

White Saviors fördern den Rassismus. Das System der Unterdrückung zu ändern, ist nicht ihr Ziel. Sie drehen ungern an den Schrauben. Denn sie zählen selbst zu den Nieten, die das rostige Gefüge zusammenhalten. Statt strukturelle Änderungen im Sinne der Gleichberechtigung anzustreben, versuchen sie, uns, ihre schutzbefohlenen Schwarzen, mehr oder minder schonend an das System der Unterdrückung anzupassen.

»Und wie kann ich als ein echter *Ally* auftreten?«, will der junge Ingenieur, der meinem Workshop etwas spät zugestoßen ist, unbedingt wissen.

»Auf Augenhöhe kommunizieren«, antworte ich, »und mein Anderssein nicht als etwas Negatives oder Problematisches betrachten.«

Im Rahmen diverser Rollenspiele erläutere ich mein Konzept *RAVE. Recognizing Added-Value Experience.* Es fußt auf der Erkenntnis, dass wir marginalisierten Personen einen Mehrwert an Kompetenzen mit uns bringen. Wir sind sowohl sensibilisiert als auch sturmerprobt, was den Umgang mit Widrigkeiten betrifft. Belastbar sind wir durchaus. Schmerz kennen wir, aber wir machen trotzdem weiter. Dafür brauchen wir Chancen. Wir wollen eigentlich keine Sonderrechte, sondern Rechte. Rechte und Respekt. Über viele Hindernisse sind wir gesprungen. Es ist längst Zeit, dass die einzig anderen über ihren Schatten springen.

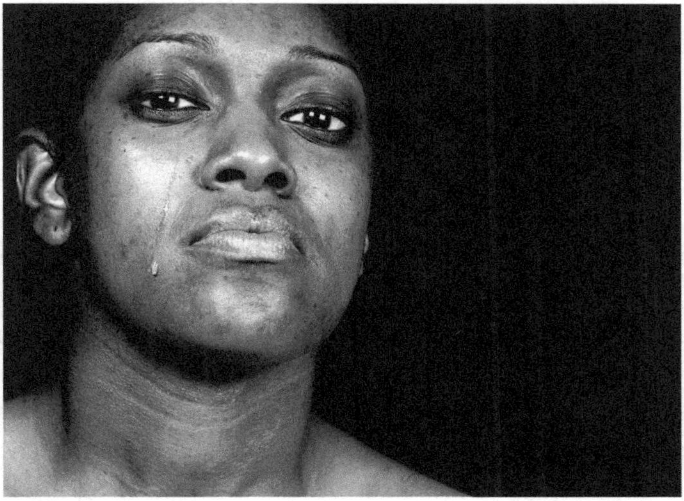

(Quelle: shutterstock)

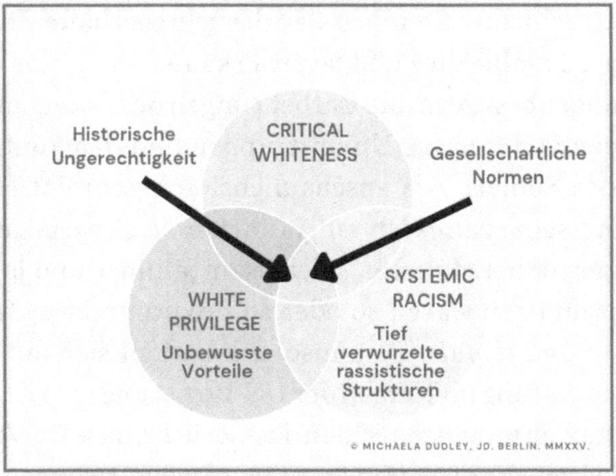

Das Venn-Diagramm zeigt, dass eine kritische Auseinandersetzung mit dem Weißsein nicht möglich sein kann, ohne die Privilegien weißer Menschen und die institutionalisierten Strukturen der weißen Dominanzgesellschaft zu berücksichtigen. (Quelle: Michaela Dudley).

13. Die Weißglut und der Coup-Klux-Klan

»Wir Farbigen wussten nicht, wie man frei ist, und die Weißen verstanden nicht, wie man mit einem freien Farbigen umgeht«, erzählt Houston Hartsfield Holloway.[1] 1844 auf einer Plantage in Upson County, Georgia, als Versklavter geboren, wurde Holloway 1865 durch den Sieg der Union befreit. Er brachte sich das Lesen und Schreiben selbst bei. Doch da hörte er noch lange nicht auf. Im Laufe der Jahre verfasste er seine Autobiografie,[2] eine unaufgeregt sachliche, dennoch spannende Berichterstattung über sein Leben während einer der transformativsten Perioden der US-Geschichte. So umriss er die schmerzhafte Zerbröckelung seiner Familie durch Sklavenverkäufe, seine Interaktionen mit Plantagenbesitzern, die Entbehrungen des Sezessionskriegs, die Besetzung durch die Unionstruppen und den kontroversen Aufbau des Südens. Am anschaulichsten beschreibt Holloway, wie er und seine zahlreich aufgeführten Nachbarn sich an die Freiheit gewöhnen mussten. Gleichsam jählings und jahrelang.

Enttäuschungen waren so oder so programmiert. Stichwort: *forty acres and a mule.* Der Ausdruck bezieht sich auf eine Art Absichtserklärung im Namen der US-Regierung. Am Kriegsende verbreitete sich im ganzen Süden das Gerücht, dass Ex-Versklavte Land erhalten würden, damit sie ihre eigenen Farmen errichten könnten. Nach der Eroberung von Savannah, Georgia, hatte General William Tecumseh Sherman den Speziellen Feldbefehl 15 erlassen. Demgemäß sollten verlassene Plantagen entlang der Küsten von Georgia und South Carolina tatsächlich beschlagnahmt, aufgeteilt und als Grundstücke an befreite Schwarze vergeben werden.[3] Im Rahmen dessen befahl Sherman genauer genommen, jeweils 40 Morgen (entspricht 4.047 Quadratmetern) und ein Maultier an weitere Tausende von schwarzen Familien auszuhändigen – ein Versprechen, das Aktivist*innen und Historiker*innen als den ersten Wiedergutmachungsversuch gegenüber einst versklavten Afroamerikaner*innen und deren Nachkömmlingen bezeichnen würden.[4] Shermans Anregungen wurden aber nie zu einer dauerhaften Regierungspolitik. Doch wenige Monate nach der *Special Field Order 15* gründete der US-Kongress das *Freedmen's Bureau,* offiziell das *Bureau of Refugees, Freedmen* and *Abandoned Lands.* Diese Bundesagentur stellte den Schutzbefohlenen Nahrung, Unterkunft und medizinische Hilfe zur Verfügung, richtete Schulen für sie ein und bot ihnen juristischen Beistand an.

Die nur bis 1872 funktionierende Institution litt allerdings ständig unter Geld- und Personalmangel. Zudem wurde sie von traditionellen Vorstellungen über Race und Sex geprägt und somit geplagt. Eine der ersten Maßnahmen, die befreite schwarze Familien ergriffen, bestand darin, Frauen unverzüglich aus der Feldarbeit zurückzuziehen. Daraufhin versuchte das Büro, jene weiblichen Freigelassenen zur Arbeit zu zwingen, indem es darauf bestand, dass ihre Ehemänner Knebelverträge unterschrieben, die die ganze Familie als Feldarbeitende in der Baumwollindustrie zur Verfügung stellten.[5] Um das zu forcieren, drohte das Büro damit, vermeintlich arbeitsunwillige Frauen als Landstreicherinnen einzustufen und von der Unterstützung auszuschließen, was bei angeblich uneinsichtigen Schwarzen Männern genauso der Fall war. Fauxpas und Fettnäpfchen. Die Schönheitsfehler eines überambitionierten, unterbesetzten Sozialamts, das offenbar einige betont misogyne *White Saviors* in leitenden Positionen hatte.

In etlicher Hinsicht war Holloway nicht auf das *Freedmen's Bureau* angewiesen. Schon zur Antebellum-Ära, also vor dem Ausbruch des Bürgerkriegs, hatte er das Schmiedehandwerk erlernt. Er verdiente nun als Ex-Versklavter zwar nicht viel Geld, aber er verdiente. Schwarze Zahlen schrieb der *Blacksmith*. Das war schon was. Holloway erwies sich wortwörtlich als seines Glückes Schmied. Überdies befand er sich viel auf Achse. Nicht nur als Geselle, sondern auch als Geistlicher. Von 1870 bis 1883 war er als ordinierter Wanderprediger in der *African Methodist Episcopal Church* unterwegs. William Edward Burghardt Du Bois, der afroamerikanische Soziologe und Aktivist, schreibt über die Signifikanz einer solchen Position: »Der Prediger ist die einzigartigste Persönlichkeit, die der Schwarze auf amerikanischem Boden je entwickelt hat. Ein Führungskopf, ein Politiker, ein Redner, ein Boss, ein Intrigant, ein Idealist, all die ist er und immer auch noch dazu das Zentrum einer Gruppe von Männern.«[6] Die bereits 1787 in Philadelphia gegründete Kirche war davon überzeugt, das Ende der Sklaverei würde auch die Weißen befreien und den Weg für ein neues Zeitalter der Harmonie und der gemeinsamen Fortschritte ebnen.[7] In Georgia waren sowieso rund 20 Prozent der Leistungsempfänger*innen, die von *Freedmen's* Bureau materiell unterstützt wurden, wahrhaftig weiße Personen.[8] Solidarisch setzten sich viele schwarze Geistliche sogar ausdrücklich für die aktive Förderung armer Weißer ein.

Die Geste der Versöhnung seitens der AME-Kirche stieß jedoch nicht immer auf Resonanz, sondern auch auf Resistenz. Der Kapuzinerorden der Konföderierten war beispielsweise mitnichten beeindruckt. Wir wissen, wen ich meine. Übrigens: Ich bin zwar katholisch, aber mein im 19. Jahrhundert geborener Opa väterlicherseits war ein evangelischer Prediger ausgerechnet aus Pulaski, Tennessee, dem Entstehungsort des Ku Klux Klans. Seit seiner Gründung am Heiligabend 1865 richtete der Ku Klux Klan sein Unheil gegen Schwarze und deren Unterstützer weitgehend ungestraft an. Der KKK, parteipolitisch meist aus *Democrats* bestehend, lehnte jegliche Politik der Gleichstellung der schwarzen Bevölkerung ab. Unter der Leitung des ehemaligen Südstaatengenerals Nathan Bedford Forrest, der 1867 zum *Grand Wizard*, wörtlich zum »Großen Hexenmeister«, des terroristischen Bundes gewählt wurde, war der Klan nicht willig, tatenlos zusehen, während die aus seiner Sicht unwürdigen, minder beanspruchten Neger allmählich an Macht gewannen.

Infolge der Verfassungszusätze 13 (formale Abschaffung der Sklaverei) und 14 (Zuerkennung der Staatsbürgerschaft) wurden den männlichen Ex-Versklavten fundamentale Bürgerrechte garantiert. 1870 erfolgte das Inkrafttreten des 15. Zusatzes, der darüber hinaus explizit versicherte: »Das Wahlrecht der Bürger der Vereinigten Staaten darf von den Vereinigten Staaten oder einem Einzelstaat nicht aufgrund der Rassenzugehörigkeit, der Hautfarbe oder einer früheren Sklaveneigenschaft versagt oder beschränkt werden.«[9] Es folgte eine Phase reger politischer Teilhabe der schwarzen Bevölkerung, die sogar bis heute, rein numerisch betrachtet, kaum übertroffen wurde. Doch damit nicht genug: Zwischen 1865 und 1880 wurden mehr Afroamerikaner in politische Ämter gewählt als in irgendeiner anderen Periode der amerikanischen Geschichte – gemessen sowohl an der Bevölkerungzahl als auch in absoluten Zahlen. Die Parlamente der Südstaaten verabschiedeten Programme, die damals als äußert progressiv, gar radikal galten, zum Beispiel zur Aufhebung der rassistischen Trennung in den Schulen. Zudem wurden sogenannte Mischehen erlaubt.

Um diese Trends zur Tradition zu machen, predigten Holloway und seine Kirchenkollegen die Bedeutung des Wählens als Mittel dafür, ein Leben in Frieden und Freiheit zu garantieren. Der Schmied Holloway, der die Gottesgabe besaß, Bibelverse so einprägsam vorzutragen, als würde er mit Hammer und Amboss hantieren, trieb die *White Supremacists* zur Weißglut. Religion und die »Rassenfrage« schmolzen allerdings zu einem zu heißen Eisen. Der KKK hatte es ohnehin auf die Republikanische Partei abgesehen. Denn diese drückte unter Andrew Johnson, Lincolns Nachfolger im Weißen Haus, die verachtete Rekonstruktion durch und zerstörte die bisherige rassistische Ordnung. Und die Prediger der AME-Kirche legten sich für die Rekonstruktion so richtig ins Geschirr. Im 19. Jahrhundert waren sie also unerlässliche Zugpferde der Republikaner. Aber auch sie als die besten Pferde im Stall empfanden die Anforderungen der Partei immer wieder als Peitschenhiebe. Schwarze Seelen aufsammeln, schwarze Wähler gewinnen. Das war das Doppelgebot der Liebe, dessen Umsetzung wiederum nicht ganz einfach war. »Die Politik geriet in unsere Mitte und unsere religiöse Arbeit begann nachzulassen«,[10] kritisierte Holloway. Er zog sich enttäuscht zurück und starb 1917 auf seinem kleinen Gehöft in Georgia.

Henry McNeal Turner hingegen wagte den Sprung von der Kirche direkt in die Politik. Der schwarze Methodistenpfarrer, der während des Sezessionskriegs als Kaplan im Heer der Union gedient hatte, arbeitete nach dem Krieg zeitweise für das *Freedmen's Bureau* in Atlanta, Georgia.[11] Nachher diente Turner als Agent des Kongressausschusses im Namen der Republikanischen Partei. Er wurde 1867 in den Verfassungskonvent des Staates und 1868 in die gesetzgebende Körperschaft von Georgia gewählt. So reüssierte er als der mächtigste afroamerikanische Politiker des Staates.

Doch innerparteiliche Intrigen und rassistisch angehauchte Diadochenkämpfe ließen Turner desillusioniert zurück. Außerdem erhielt er ständig Todesdrohungen vom Ku Klux Klan. In Anbetracht dessen avancierte er zu einem prominenten Verfechter der schwarzen Migration nach Afrika, lange vor Marcus Garvey. 1880 wurde er zwar zum Bischof der AME-Kirche auserkoren, aber als Parteimitglied ließ er sich nie wieder zur Wahl aufstellen. Er starb 1915 in Kanada.

Dass stimmgewaltige schwarze Geistliche wie Holloway und Turner de facto zum Schweigen gebracht wurden, verbuchte der Ku Klux Klan allemal als Erfolg. Denn der Kapuzinerorden der Konföderation führte nichts weniger als einen Glaubenskrieg. Einen Exorzismus auf Teufel komm raus, und zwar mit brennenden Kreuzen. So trat der Klan in Erscheinung. Der Klan verkaufte den Südstaatlern den katastrophal misslungenen Sezessionsversuch als eine Prüfung, als eine lästige Episode inmitten ihrer Reise in Richtung Erlösung. Antietam war zwar die unbestreitbare Apokalypse, aber Antebellum galt als das unbeirrt Angestrebte. Das geliebte Dixieland werde wiederauferstehen. Die vermeintlich dahingeschiedenen Soldaten der Konföderation würden quicklebendig auf einem elysischen Gefilde verweilen. Und die Zukunft bestünde aus der Vergangenheit, dem Garten Eden mit den tief hängenden Früchten, ohne dass ein Weißer je wieder in den sauren Apfel beißen müsste. Das war im Wesentlichen der Kern des von Dolchstoßlegenden und Durchhalteparolen verwurmten Dschihads der Dixieländer.

Der Klan beinhaltete keine parlamentarische Opposition. Nein, er betrieb eine paramilitärische Oppression. Während der Wahlen von 1868 wurden circa 1.300 Wähler in den Südstaaten von Arkansas bis South Carolina vom KKK ermordet, die *Equal Justice Initiative* beziffert die Zahl der Lynchmorde in den Südstaaten zwischen 1880 und 1940 auf mehr als 4.000.[12] Davon waren mindestens 3.200 der Todesopfer Schwarze Männer.[13] Die Lynchings fungierten nicht nur als Vollstreckung willkürlich verhängter Selbstjustizstrafen, sondern dienten auch als feierliche Akte der »Rassenkontrolle und -herrschaft«.[14] Es handelt sich um Rituale des südstaatlichen Evangelikalismus und seines Dogmas von Reinheit, biblischem Literalismus und weißer Vorherrschaft.

Mit dem Erlass des *Ku Klux Klan Acts*, einer 1871 verabschiedeten Sequenz dreier Gesetze, die den Terror in den Südstaaten eindämmen sollten, und wegen anhaltender Rangeleien in der KKK-Führung löste sich der Klan auf. Zumindest offiziell. Doch

Splittergruppen machten weiter. In Alabama, Georgia, Mississippi, North Carolina und South Carolina stieg der Umfang rassistischer Gewalt an. Parteipolitisch fanden die *White Supremacists* eine fest anmutende Heimat bei den *Democrats*, die ab 1874 wieder die Mehrheit im US-Repräsentantenhaus erlangten. Ein paar Jahre später war die Alleinherrschaft der Südstaaten wieder gewährleistet. Denn im Zuge des Kompromisses von 1877 wurde die Bundesarmee aus den letzten noch besetzten Südstaaten abgezogen, was den Zugriff der Bundesjustiz deutlich einschränkte.

Nunmehr agierten die *White Supremacists* nicht nur bei Nacht und Nebel. Nein, sie traten auch am helllichten Tag in Erscheinung.

Afroamerikaner wählen erstmals, wie 1867 auf dem Cover vom *Harper's Magazine* abgebildet. Unter *White Supremacists* im Süden löste diese neue Realität Entsetzen aus (Quelle: Public Domain. Kupferstich von Alfred R. Waud).

Der aufstrebende Afroamerikaner wurde während der Ära der Rekonstruktion (1865–1877) erneut zum Prügelknaben der *White Supremacists* (Quelle: Public Domain).

»Judge Lynch«, wie Ida B. Wells den Mob nannte, machte sich breiter denn je und agierte umso gnadenloser und barbarischer.[15] Wells als Journalistin, Lehrerin, Frauenrechtlerin und Mitgründerin der NCAAP nahm kein Blatt vor den Mund. Sie wurde vielmehr zur Anteilseignerin des Blattes *Memphis Free Speech and Headlight* in Tennessee. Die Dame, die ein halbes Jahr vor der Emanzipationsproklamation als Versklavte auf die Welt gekommen war, wusste ganz genau, wovon sie sprach und schrieb. Auf penible Weise führte sie Buch über begangene Lynchmorde. Zudem wurde sie in ihrem persönlichen Umfeld mit diesem grausamen Phänomen konfrontiert. Denn der Vater ihrer Patentochter sowie zwei weitere schwarze Personen, die mit ihrem Lebensmittelgeschäft in direkter Konkurrenz zu Weißen standen, wurden 1892 gelyncht. Daraufhin rief Wells in ihren Artikeln dazu auf, die Läden der Weißen zu boykottieren. Die Reaktion kam umgehend. Ein Mob steckte ihr Zeitungsgebäude in Flammen. Sie zog kurzfristig nach Großbritannien. Nach ihrer Rückkehr in die USA wählte sie Chicago als ihren Lebensmittelpunkt. Dort arbeitete sie mit Frederick Douglass und ihrem späteren Ehemann zusammen, dem Zeitungsverleger und Anwalt Ferdinand Barnett. Im Jahr 1900 erklärte sie:

> Das nationale Verbrechen unseres Landes ist das Lynchen. [...] Es repräsentiert die kühle, berechnende Überlegung intelligenter Menschen, die offen bekennen, dass es ein »ungeschriebenes Gesetz« gibt, das es rechtfertigt, Menschen ohne Klage unter Eid, ohne Schwurgerichtsverfahren, ohne Möglichkeit zur Verteidigung und ohne Recht auf Berufung zu töten.[16]

Dass wir Schwarzen die generationenübergreifende Praktik solch rassistischer Rituale als *Black Genocide* bezeichnen, möge man uns nicht übel nehmen. Der Fall von Mary Turner aus dem Jahr 1918 zeigt anhand einer kleinen ausgelöschten Familie, dass der Vorwurf des Genozids kein unfundierter Kassandraruf ist. Mary Turner, die im achten Monat schwanger war, wurde getötet, weil sie sich erdreistet hatte, öffentlich gegen den Lynchmord an ihrem Mann Hayes zu protestieren. Man wollte die *Angry Black Woman* eines Besseren belehren.

Es geschah auf der Folsom-Brücke in Lowndes County, Georgia. Der Historiker Philip Dray berichtet: »Vor einer Menschenmenge, zu der Frauen und Kinder gehörten, wurde Mary [Turner] ausgezogen, kopfüber an den Knöcheln aufgehängt, mit Benzin getränkt und zu Tode geröstet. Inmitten dieser Qual öffnete ein Weißer mit einem Jagdmesser ihren geschwollenen Bauch und ihr Baby fiel zu Boden, schrie auf und wurde zu Tode gestampft.«[17] Der Ermittler Walter F. White von der NAACP bestätigte nach Gesprächen mit Beteiligten, Mary Turners Bauch sei mit einem Messer aufgeschlitzt worden, wie man es beim Spalten von Schweinen benutze. Ihr aus dem Leib gerutschtes Baby habe »zwei schwache Schreie« ausgestoßen, sein Kopf sei daraufhin von einem Mitglied der Meute mit einem Schuhabsatz zerquetscht worden.[18] Dann schoss die Menge Hunderte von Kugeln in Turners Körper. Doch damit nicht genug: Direkt im Anschluss an jenes Gemetzel folgte die Ermordung von elf schwarzen Männern in Brooks County und Lowndes County – wieder durch einen weißen Mob.

Zu dieser Zeit verbreiteten sich in der afroamerikanischen Gemeinschaft die sogenannten *Lynching Plays*, Theaterstücke über rassistische Mobgewalt. Oft waren sie nur in Zeitschriften der Community erhältlich und wurden von Kirchenmitgliedern, Schulkindern und Familien vorgelesen, vielmehr durchgespielt. Die »Lynchspiele« fungierten somit als Mechanismen zur seelischen Bewältigung. Sie waren also kathartische Übungen. Indem schwarze Hinterbliebene und Überlebende sie gemeinschaftlich aufführten, bescheinigten sie sich gegenseitig, dass Lynchopfer nicht die Bestien waren, die in den vorherrschenden Diskursen der Mainstream-Medien dargestellt wurden, sondern unschuldige, ehrenhafte Menschen, ganz egal, ob sie aus verarmten oder vorbildlichen Wohnsituationen stammten.[19]

Greenwood, ein einst wohlhabendes Schwarzenviertel in Tulsa, Oklahoma, auch *The Black Wall Street* genannt, wurde am 31. und am 1. Juni 1921 von einer weißen Menschenmenge niedergebrannt. Rund 300 Menschen starben. Auslöser waren dubiose Behauptungen, ein schwarzer Junge habe eine weiße Frau sexuell angegriffen.[20]

Mitglieder der Vereinigten Töchter der Konföderation feiern am Denkmal der Konföderierten im Munn Park, Lakeland, Florida, anno 1915 (Quelle: Public Domain).

Lynching war fast immer eine Familienangelegenheit, die manchmal im Anschluss an den Sonntagsgottesdienst stattfand. Rubin Stacy, hier im Vordergrund, wurde 1935 in Fort Lauderdale, Florida, öffentlich gelyncht, weil er eine weiße Frau angeblich erschreckt hatte. Der Klassiker: Angst vor dem bösen schwarzen Mann, seiner Sexualität, seiner Aggressivität. Sehe ich dieses Bild, denke ich allerdings nicht nur an Rubin Stacy, sondern auch an die abgebildeten weißen Mädchen, die in diesem Umfeld aufwuchsen. Rassisten werden nicht geboren, sie werden gemacht (Quelle: Public Domain. New York Public Library).

Alles, was uns dabei helfen konnte, die Nerven zu behalten und womöglich unser Selbstwertgefühl sogar zu steigern, war absolut nötig. Denn neben der drohenden Tötung durch rachsüchtige rassistische Romantiker gab es auch die institutionalisierten Mikroaggressionen, die unsere brachialen Schreie der Verzweiflung gleichsam auf stumm schalteten. Dazu zählten die »rechtlich« etablierten Barrieren, die das verfassungsrechtlich garantierte Wahlrecht der Schwarzen de facto nullifizierten. Siehe die *Poll Tax,* eine Kopfsteuer, die Wahlwillige entrichten mussten. Diese Verpflichtung galt, wohlgemerkt, für Weiße und Schwarze gleichermaßen. Aber Weiße und Schwarze waren aufgrund der strukturellen sozioökonomischen Diskriminierung eben nicht gleichmäßig betroffen.

Der Appetit auf eine nicht minder wirksame Nachspeise animierte die Segregationisten dazu, mit *Jelly Beans* aufzuwarten. Ein Einmachglas voller Geleebohnen lag auf dem Tisch, als Schwarze das Wahllokal im Sonntagsstaat betraten. Ja, im Sonntagsstaat kamen sie, auch wenn in den USA seit eh und je dienstags Wahltag ist. Selbst die ärmsten Afroamerikanerinnen, die es geschafft hatten, das Geld für die Kopfsteuer zusammenzukratzen, erschienen in den Südstaaten in festlich anmutender Kleidung.

Doch die herausgeputzten Klamotten halfen ihnen kaum. Und die *Jelly Beans* waren nicht zum Verzehr da, geschweige denn, dass sie als Willkommensgeschenk gedacht waren. Bevor Schwarze ihre Stimmen abgeben durften, wurden sie von einem Registrierbeamten dazu aufgefordert, die Anzahl der im Einmachglas befindlichen Geleebohnen exakt zu erraten. Wer falschlag, wurde sogleich nach Hause geschickt. In praktisch allen beteiligten Bezirken kam es vor, dass die Durchfallquote 100 Prozent betrug. Denn es war ein 100-prozentiger Betrug. Selten mussten Weiße diese dubiose Art der Intelligenzdiagnostik über sich ergehen lassen. Und wenn, bestanden sie die Prüfung immer – so nach dem Pi-mal-Daumen-Prinzip. In den meisten

Fällen kannte übrigens nicht mal der Registrierbeamte die richtige Anzahl der Geleebohnen.

Weit verbreitet waren auch die ab 1890 implementierten Tests zur angeblichen Feststellung der Lese- und Schreibfähigkeiten der Wahlwilligen. Weiße wurden aufgrund der Großvaterrechte vollständig ausgenommen. Nur Schwarze mussten sich dieser Prüfung unterziehen. Ihnen wurde ein verklausulierter, im Juristenenglisch verfasster Text vorgelegt, den sie dann nicht lediglich vorlesen, sondern auch »zu der vollsten Zufriedenheit« des Registrierbeamten erklären sollten. Dabei ist zu bedenken, dass Gesetze bereits 1740 sämtliche Versuche, versklavten Schwarzen das Lesen und Schreiben beizubringen, unter Strafe gestellt hatten. Angesichts des historischen Umstands, dass die meisten Afroamerikaner in den Südstaaten auch lange nach der Abschaffung der Sklaverei noch wenig Zugang zur formalen Bildung hatten, dienten die Alphabetisierungstests als effektive Mittel, um Nichtweißen das Wahlrecht zu verwehren.

Überdies herrschte die Tradition der *White Primaries*. Das waren, wie der Name unverhohlen zu erkennen gibt, Vorwahlen exklusiv für Weiße. Um der Exklusivität wenigstens den Anschein verfassungsrechtlicher Legitimität zu verleihen, schraken die südstaatlichen Parlamente nicht davor zurück, Gesetze zu verabschieden, wonach politische Parteien als private und somit kaum regulierbare Organisationen galten.

Während diese eher subtilen, wenn auch schwerwiegenden Arten der Unterdrückung in den Südstaaten grassierten, fühlten sich die Verfechter der rassifizierten Gesellschaft ermutigt, *Old Dixie* wieder aufleben zu lassen. Mehr als 800 Monumente zu Ehren von Jefferson Davis, Robert E. Lee und anderen Helden der Konföderation wurden frisch errichtet, und zwar Jahrzehnte nach dem Ende des Sezessionskriegs. Dabei fungierten sie nicht lediglich als historische Denkmäler, sondern auch als Symbole der weißen Vorherrschaft.[21] Das war nicht ohne Folgen.

Erwähnenswert ist, dass Städte und Bezirke mit einer höheren Anzahl von Statuen, die der Konföderation Hochachtung erweisen, im Laufe der Zeit statistisch mehr rassistisch motivierte Morde an schwarzen Amerikaner*innen verzeichneten als sonst.[22] Im Zuge dieser Entwicklungen marschierten alternde Rebellen in ihren grauen, glorifizierten Uniformen auf. Sie wiegten sich in der Hoffnung, dass man eines Tages neu gebaute Militärstützpunkte nach Politikern und Generälen der Konföderation benennen würde. Auch ihre diesbezüglichen Wünsche wurden erhört. Schützenhilfe bekamen die nostalgischen Südstaatler aus den höchsten Ämtern des vermeintlich wiedervereinigten Landes.

In Woodrow Wilson (1856–1924) wurden die Vertreter der *Lost Cause* fündig. Wilson, ein in Virginia geborener *Democrat* und der 28. Präsident der USA, war Segregationist. Voller Überzeugung vertrat er die verlorene Sache. So war er 1915 voll des Lobes für D. W. Griffiths Stummfilm *The Birth of a Nation*,[23] einen epischen Kinostreifen, der den Ku Klux Klan unverhohlen verherrlicht. Ausgerechnet dieses dreistündige Mammutwerk war der erste Film, der im Weißen Haus je aufgeführt wurde.

Der Film, der 1915 den Ku Klux Klan nicht nur wiederaufstehen ließ, sondern auch wieder hoffähig machte. Präsident Woodrow Wilson ließ den epischen Streifen im Weißen Haus aufführen (Quelle: Public Domain).

Rein filmtechnisch wird das Werk für seine damals umwälzenden Innovationen bis heute anerkannt: Nachtszenen, die mithilfe von Magnesiumfackeln gedreht worden waren, echte Landschaften im Hintergrund, die Verwendung der Irisblende zur beliebigen Vergrößerung beziehungsweise Verkleinerung eines Bildausschnitts, atemberaubende Kamerafahrten, Parallelmontagen und eingefärbte Sequenzen. »Denn *The Birth of a Nation* ist kein schlechter Film, weil er eine böse Sache vertritt«, behauptete der renommierte Filmkritiker Roger Ebert.[24] »Ähnlich wie [Leni] Riefenstahls *Triumph des Willens* ist er ein großartiger Film, der eine böse Sache vertritt. Zu begreifen, wie er das tut, bedeutet allerdings, viel über Film zu lernen und sogar etwas über das Böse selbst.«[25]

Fakt ist, D. W. Griffiths gefeierte »Geburt der Nation« verwandelte eine Niederlage in eine Niederkunft. Der Film trug maßgeblich zur Neugründung des formal aufgelösten Ku Klux Klans bei. Der zweite Ku Klux Klan wurde am Thanksgiving-Tag 1915, also im Jahr der Uraufführung des Films, von William Joseph Simmons in Stone Mountain bei Atlanta, Georgia, ins Leben gerufen. Die im Film dargestellten Fantasie-Insignien wurden sogar vom *Imperial Wizard* Simmons übernommen. Im Grunde gelang es dem Film, Elemente des Rassismus des 19. Jahrhunderts wieder hervorzurufen und sie in die Kleidung der Moderne zu gewanden.[26] Simmons hatte anfangs zwar nur 15 Charter-Mitglieder, aber diese Zahl stieg schlagartig und mit exponentieller Kraft an. 1924 verfügte der Klan über sage und schreibe vier Millionen mehr oder minder aktive Angehörige.[27] Das dramatische Wachstum hing damit zusammen, dass die Organisation einerseits den Fokus nach wie vor primär auf den afrofeindlichen Rassismus richtete, während ihre Agenda ausdrücklich auf Migrantenfeindlichkeit, Antikatholizismus, Antisemitismus und Antikommunismus ausgeweitet wurde und somit die sozialen Spannungen der Zeit zwischen den beiden Weltkriegen widerspiegelte.

Präsident Wilson, übrigens 1919 Empfänger des Friedensnobelpreises, konnte sich bei der Präsentation des Films kaum bändigen. Währenddessen behauptete er geradezu schwärmerisch:

> Die weißen Männer des Südens waren durch den schieren Selbsterhaltungstrieb aufgerüttelt, sich – mit gerechten oder auch mit schrecklichen Mitteln – zu befreien, und zwar von der unerträglichen Last einer Regierung, die sich auf die Stimmen der ungebildeten Neger stützte und im Interesse der Abenteurer geführt wurde.[28]

Damals gab es kein Kabelfernsehen, kein Social Media und keine zwitschernden Smartphones. Nein, noch lange nicht. Aber Woodrow Wilson wusste, ähnlich wie Donald Trump, sein Amt als eine zentrale Anlaufstelle für Rassisten und Revisionisten dienen zu lassen.

Trump, von 2017 bis 2021 der 45. Präsident der Vereinigten Staaten, auf den Fersen seines salomonischen schwarzen Vorgängers folgend, habe die Politik neu aufgemischt. So heißt es. Dabei hat er mit seinem chauvinistischen *America-First*-Ansatz eigentlich »nur« den Geist wiederbelebt, der die Politik der USA seit eh und je beschattet, ja, definiert hatte. Er und Wilson waren infiziert. Die Spanische Grippe hatte Wilson erwischt, bei Trump war es Covid-19. Aber beide einstweiligen Bewohner des Weißen Hauses waren schon lange vom Virus der weißen Vorherrschaft angesteckt worden.

Als Wilson ins Amt kam, entließ er 15 von 17 schwarzen Aufsichtsführenden aus der Bundesregierung. 1913 schrieb der afroamerikanische Soziologe und Aktivist William Edward Burghardt Du Bois, der Wilson bei den Wahlen von 1912 anfangs unterstützt hatte, in einem offenen Brief an Wilson von »einem farbigen Angestellten, der wegen der Bedeutung seiner Arbeit nicht wirklich von den weißen Kollegen getrennt werden konnte und der folglich einen Zwinger um ihn herum gebaut hatte«.[29]

Trumps Immigrationspolitik, die darin resultierte, dass Kinder in Käfige gesteckt und pauschale Einreiseverbote gegen Muslime verhängt wurden, war kaum besser. Dann kam Charlottesville, Virginia. Als Rassisten im August 2017 ebenda gegen die vom Stadtrat beschlossene Entfernung eines Reiterstandbilds von General Lee demonstrierten, wurde die weiße Gegendemonstrantin Heather Heyer ermordet, als der Fahrer eines Sportcoupés sie absichtlich anfuhr. James Alex Fields jr., der inzwischen rechtskräftig verurteilte Täter, war Mitglied der Neonazigruppe *Vanguard America*. Er bekam lebenslänglich zuzüglich 419 weiterer Jahre.

Bei dem Aufmarsch hatten die Rechten provozierend-lautstark »*White lives matter!*« sowie »*Jews will not replace us!*« skandiert. Trump fiel nichts anderes ein, als auf einer Pressekonferenz zu postulieren, es gebe sehr feine Leute auf beiden Seiten. Das war, wie Sascha Lobo zu Recht schrieb, eine »Lehrstunde in Nazi-Verharmlosung«.[30] Ein Jahr später lästerte Trump über Menschen aus den »Scheißlochländern« Afrikas. Er wollte beispielsweise lieber mehr norwegische als nigerianische Einwanderer bewillkommnen, wobei Studien zeigen, dass Immigranten aus Nigeria gut ausgebildet und fleißig sind und sie deutlich mehr zur Gesellschaft beitragen, als sie das amerikanische Sozialversicherungssystem kosten.[31] Und als er abgewählt wurde und seinen Platz in absehbarer Zeit räumen sollte, schrak Trump nicht davor zurück, den Coup-Klux-Klan aufreiten zu lassen:

> Und wir kämpfen. Wir kämpfen wie die Hölle. Und wenn du nicht wie die Hölle kämpfst, wirst du kein Land mehr haben. [...] Wir werden zum Kapitol gehen und wir werden [...] versuchen, unseren Republikanern – den schwachen, die starken

> brauchen keinerlei Hilfe von uns –, wir werden versuchen, ihnen den Stolz und die Stärke zu geben, die sie brauchen, um unser Land zurückzuerobern.[32]

Als Trump am 6. Januar 2021 in Washington, D.C., Zehntausende seiner Anhänger aufforderte, das Kapitol zu besuchen, ging es mitnichten darum, den Dreikönigstag friedlich mit Kongressabgeordneten und Senator*innen zu feiern. Der Name Jacob Chansley alias Jake Angeli sagt wahrscheinlich wenigen etwas. Man erinnert sich aber sicherlich an den halb nackten Schamanen mit der Büffelhorn-Fellmütze, den nordischen Tätowierungen und der Vorliebe für Gefängnisse mit Biokost. Er erhielt übrigens eine Haftstrafe von knapp dreieinhalb Jahren. Sein clowneskes Auftreten darf nicht davon ablenken, dass er einen Speer mit in einen Senatsraum trug und eine Notiz hinterließ, in der er den noch amtierenden Vizepräsidenten Mike Pence bedrohte.

Auf der Westseite des Kapitolgeländes hatten einige der Besucher einen Galgen mitsamt Henkerschlinge aufgebaut, die Vorrichtung galt Mike Pence. Insgesamt rund 800 der Aufgerufenen gelang es, gewaltsam ins Kapitolgebäude einzudringen, wo sie randalierten und die gemeinsame Sitzung beider Parlamentskammern unterbrachen. Sie töteten und verletzten Polizisten, sie plünderten Büros, sie beschmierten Wände mit Kot. Die Putschierenden setzten sich aus militanten MAGA-Süchtigen, Vertretern der Alt-Right-Bewegung, der rechtspopulistischen *Tea Party* und der Sekte QAnon sowie aus rechtsextremistischen Milizen zusammen, die den KKK, die *Oath Keepers*, die *Three Percenters*, die *Proud Boys* und verschiedene neonazistische Strömungen umfassten. Eine giftigere Mischung von Menschen, die an *White Grievance* leiden, ist kaum vorstellbar.

Dementsprechend waren allerhand Symbole des Rechtsextremismus zu sehen, darunter das Hakenkreuz sowie T-Shirts mit den Aufschriften »Camp Auschwitz« und »Arbeit macht frei« (alles in den USA nicht verboten). Die Zahl der Konföderiertenflaggen war dabei nicht unerheblich, wie Fotoaufnahmen auch beweisen. Zeitnah berichtete ich in den Medien:

> Chaos hoch drei. Die Bilder gingen mit Lichtgeschwindigkeit um die Welt. Auf den ersten Blick wirkten sie wie ein Filmtrailer eines dystopischen Desasterstreifens. Doch diese Katastrophe war echt und ihre Langzeitfolgen für die Demokratie sind noch nicht abzusehen. Fakt ist, es waren keine besorgten Bürger*innen, sondern Terrorist*innen. Ja, auch *White Supremacists* sind Terrorist*innen. Ich nenne sie *Vanilla ISIS,* eine Sorte, die sich gerade im *Meltdown*-Modus befindet. […] Am 20. Januar 2021 muss er spätestens das Weiße Haus räumen. Dann wird der Immobilienmogul zwar nicht unbedingt obdachlos, aber seine Angst, in einer Gefängniszelle zu landen, prägt seinen Wunsch, die ehrwürdige Washingtoner Anschrift 1600 Pennsylvania Avenue weiterhin zu beanspruchen. Wird er sich und seinen Klan zu begnadigen versuchen?[33]

Die Untersuchung des 6. Januars 2021 dauerten politisch, juristisch sowie auch journalistisch. Dabei wurden etliche Beteiligte für schuldig gefunden und zu teils langen Haftstrafen verurteilt – bis Trump kurz nach seiner Amtswiedereinführung so gut wie alle begnadigte. Trump sei Geschichte, gedachte ich in den Tagen zu resümieren. Er ist vielmehr eine Geschichte der Gattung *Never-Ending-Story*:

> Und [Trump ist] auch ein Produkt der Geschichte, der Geschichte der US-amerikanischen Nation, die

> von Anbeginn an auf Rassismus, Ausbeutung und Exklusion basierte. Der Schwelbrand des Hasses war schon lange vor ihm da. Doch als pöbelnder Populist wollte er sich nicht nur daran erwärmen. Nein, er brachte Benzin mit und entleerte den Kanister in einem Veitstanz voller Xeno-, Homo- und Transphobie, Misogynie und Gier.[34]

Allerdings ist Trumps Geschichte nicht vorbei. Seinen Schatten wirft er konstant voraus – und dieser wird von lichterlohen Fackeln illuminiert. *Gaslighting* vor aller Augen. Mit dem versuchten Coup am Kapitol werde es nicht aufhören, meint die Extremismusforscherin Linda Gordon.[35] Dabei habe sich Trumps Demagogie, so der Geschichtsgelehrte Adam Hochschild, eine alte amerikanische Tradition ganz geschickt zunutze gemacht: Aufspaltung nach rassistischer Unterscheidung zu verwenden, um die Menschen riesige Vermögensunterschiede vergessen zu lassen.[36] Es ist genau das, was die Plantagenbesitzer im Süden taten, als sie Weißen, die keine Versklavten besaßen, dazu brachten, sich ihnen anzuschließen, um für die Konföderation zu kämpfen.[37] Und dabei wird ihnen versprochen, sie könnten ihre offenen Rechnungen voller Ängste und Antipathien endlich begleichen lassen. Wichtig wäre, die Fähigkeit zu besitzen, auf Anhieb zwischen den Angreifer- und den Opferrollen wechseln zu können.

Mit seinem orangebraunen Teint versteht es Donald Trump, auf die Weißglut seiner Wutbürger*innen zu setzen. Und er freut sich, nah und fern als Vorbild für etliche Autokraten zu agieren. Laut Human Rights Watch hat sich die globale Lage der Menschenrechte in den vergangenen Jahren verschlechtert. Indem die Organisation die Amtszeit von Trump bilanziert, wirft sie ihm schwere Verfehlungen vor. Chef Kenneth Roth stellt fest: »Donald Trump war ein Desaster für die Menschenrechte.«[38]

Ein Urteil, das demokratisch gesinnte Menschen jeglicher Couleur rund um die Welt teilen. Dass Trump in der Politik die Strippen überhaupt noch ziehen darf, ist abscheulich – jedoch nicht überraschend.

Einige Menschen hüben wie drüben fragen mich, was der Begriff *White Privilege* bedeutet. Ich stelle mal die Gretchen-Gegenfrage: Wenn ein abgewählter Präsident namens Obama lauter Black-Power-Militante zu einem gewalttätigen Staatsstreich aufgestachelt hätte – wären er und seine Putschist*innen auch so davongekommen? Mitnichten, sondern mit Vernichtung.[39]

Der Coup-Klux-Klan beim Ansturm auf das Kapitol in Washington, D.C., am 6. Januar 2021 (Quelle: Public Domain).

Ein Bild mit Nostalgiewert. Am 6. August 1965 krabbelte ich über den Teppichboden, während meine Mutter die Fernsehnachrichten aufdrehte. 100 Jahre nach dem Ende des Sezessionskriegs unterzeichnete Präsident Lyndon B. Johnson (vorn links) feierlich das Wahlrechtsgesetz, das die gleiche Beteiligung von Afroamerikaner*innen und anderen Marginalisierten bei allen politischen Wahlen in den USA gewährleisten soll. Rosa Parks (2. von rechts) und Dr. Martin Luther King Jr. (5. von rechts) sind unter den zahlreichen Gästen. Es war eine Sternstunde der Präsidentschaft des texanischen Demokraten Johnson, des Nachfolgers des ermordeten Hoffnungsträgers John F. Kennedy. Nun, mehr als ein halbes Jahrhundert später, zählt Texas zu jenen von Republikanern geführten Bundesstaaten, die das Wahlrecht auf eine verfassungswidrige Weise verschärfen. So soll vor allem die Unterdrückung afroamerikanischer und hispanischer Wähler*innenschichten erreicht werden. Die Maßnahmen gehen auf die als haltlos erwiesenen Betrugsbehauptungen von Donald Trump zurück (Quelle: Public Domain).[40]

14. Zwischen Zugaben und Zugeständnissen

Von Leiden und Leidenschaft konnten wir Schwarzen schon immer ein Lied singen. Die Musik brachten wir aus den Regenwäldern, Savannen und Steppen Afrikas mit auf der Höllenfahrt über den Atlantik. Mit uns brandeten die pentatonische Tonleiter, die perkussive Passion und die Polyrhythmik an den Küsten der Neuen Welt auf. Von Neuengland bis zum Río de la Plata hinunter, entlang der Deltas und kreuz und quer durch Dixie. Reichhaltige Schätze, deren Wert zunächst sträflich verkannt wurde, ehe eine nicht minder verbrecherische Ausbeutung stattfand.

In gewisser Weise ist die amerikanische Kulturgesellschaft spätestens seit den frühen 1800er Jahren integriert – wenn auch nur durch Diebstahl und ansonsten anhand einer geradezu kriminellen Karikaturisierung.[1] Harte Worte, sicherlich. Aber indem wir die jahrhundertelang andauernde Aneignung unserer Musik stillschweigend erdulden oder gar dankbar klatschend begrüßen, lassen wir zu, dass unsere Story an die Bedürfnisse und an die Befindlichkeiten der weißen Mehrheitsgesellschaft angepasst wird. Unsere Musik gehört Menschen jeglicher Couleur. Um unsere Musik zu bleiben, muss sie allerdings von unserer Tonfarbe und unserer Teilhabe unverkennbar geprägt sein. Ganz egal, ob es sich um Blues, Disco, Gospel, Hip-Hop oder Jazz handelt. In praktisch jedem Genre etabliert sich eine Art Gentrifizierung, die suggeriert, dass schwarze Menschen oft nicht (mehr) nötig seien, um die Schwarzheit, ja, das Schwarzsein darzustellen.[2] Es ist die klandestine Fortführung eines Kulturkampfes.

Nachahmung sei angeblich die aufrichtigste Form der Schmeichelei. Aber wer möchte wirklich mit uns tauschen, wenn wir uns über die Gehsteige des Alltags bewegen? Und wie müssten wir mit ebenjenem Bedürfnis, mit dem Begehren nach schwarzer Verkörperung umgehen, die sich übrigens nicht auf *Blackfacing* beschränkt? Faedra Chatard Carpenter, Professorin für Performance Studies, untersucht Inszenierungen des Weißseins durch Schwarze, und zwar von der Verwendung von weißem Make-up und entsprechend suggestiven Masken bis zu literarischen Motiven mitsamt Storytelling über weiße Eigenschaften. Die Vielseitigkeit dieses Widerstands feiert sie in ihrem zu empfehlenden Buch *Coloring Whiteness.*[3]

Das von Joana Tischkau präsentierte, kunterbunt vertonte Theaterstück *Play Black* beschäftigt sich wiederum mit dem *Schwarzspielen. Play Black,* Tischkaus Abschlussinszenierung am Institut für Angewandte Theaterwissenschaft der Universität Gießen, übernimmt das Format der von Marijke Amado moderierten *Mini Playback Show* aus den 1990er Jahren. Dabei gedenkt es zu zeigen, inwieweit die Popmusik – ob mit Michael Jacksons »Black or White« oder mit Roberto Blancos »Ein bißchen Spaß muss sein« – imstande ist, etablierte Machtstrukturen zu überwinden, derweil Menschen die ihnen attribuierten vorübergehend ablegen. Bei der Berliner Uraufführung 2019 spielte ich in einer Nebenrolle mit und war vom Tiefgang der sich blitzartig abspielenden Collage selbst überrascht.

Kann und soll eine akustische Farbenblindheit angestrebt werden? Wie Michael Eric Dyson in seinem lesenswerten Buch *Entertaining Race: Performing Blackness in America* retrospektiv erwähnt: »Schwarze und Weiße ritten entlang der Stimmbänder von Michael Jackson in musikalische Ekstase und nahmen den sanften Rassenkatechismus des Motown-Universalismus ohne Protest oder Widerstand auf.«[4] Darüber hinaus meint Dyson, nun über die »Königin des Pop« redend: »Beyoncés schwarze Wurzeln, ihre kompromisslose Umarmung ihres Erbes und ihres sozialen Protestes wurden im Video zu ihrem Song

»Formation«[5] deutlich gezeigt. Das führte dazu, dass sich das legendäre Comedy-Ensemble *Saturday Night Live* über die weiße Panik, die das Video auslöste, lustig machte, und zwar in dem Segment mit dem Titel: *The Day Beyoncé Turned Black.*«[6]

Das Video zu Beyoncés Song »Formation«, von der Regisseurin Melina Matsoukas gedreht, veranschaulicht Polizeibrutalität, Rassismus und die Ungerechtigkeit systemischer Benachteiligung. Unterdessen reißt eine kettenartige Montage die Zuschauenden quer durch die Südstaaten mit, bis ins Auge des Hurrikans Katrina hinein. Land unter in New Orleans, eine symbolträchtige Metapher für den Zustand einer Nation, die in Chaos und Hass versinkt. Doch die gerappten und monoton gesungenen Passagen trotzen dem bedrohlichen Pegelstand und strotzen dabei vor *Black Positivity.* Aus den rechten Ecken der Verunreinigten Staaten sprudelten die Antipathien nur so hervor.

»Man sagt, der Rassismus sei so amerikanisch, dass manche dann annehmen, dass wir gegen Amerika protestieren, wenn wir gegen Rassismus protestieren«, erkannte die ansonsten interviewscheue Beyoncé 2017 bedauernd an.[7] Anlass ihrer Aussage war allerdings ein Event, bei dem die Sängerin dem afroamerikanischen Football-Profi Colin Kaepernick den *Muhammad Ali Legacy Award* überreichte, und zwar wegen seines Engagements in Richtung sozialer Bewusstseinsbildung. Internationale Bekanntheit hatte Kaepernick durch seinen Kniefall während der US-Nationalhymne erlangt.

Der Kniefall kam Kaepernick sehr teuer zu stehen – auf eine Weise, die unweigerlich an den Umgang mit den US-Sprintern Tommie Smith und John Carlos nach dem Black-Power-Gruß bei den Olympischen Sommerspielen 1968 erinnert. Kaepernick verlor seinen Job und wurde von keiner Mannschaft übernommen. »Seine Botschaft konzentriert sich aber ausschließlich auf die soziale Ungerechtigkeit für historisch entrechtete Menschen. Lass uns das bloß nicht falsch verstehen,«[8] appellierte

Beyoncé. Aus Solidarität zu Kaepernick sagten Cardi B, P!nk und Rihanna ihre Auftritte beim *Super Bowl* 2019 ab. Im Oktober 2021 wurde *Colin in Black & White,* eine auf sechs Folgen begrenzte Serie über Kaepernicks Teenagerjahre, von Netflix uraufgeführt. Erstellt wurde die Staffel von Kaepernick und Ava DuVernay.[9] DuVernay ist, wohlgemerkt, Regisseurin des viel beachteten Spielfilms *Selma* (2014), der von Martin Luther King, Lyndon B. Johnson und den Märschen der Bürgerrechtsbewegung von Selma bis nach Montgomery, Alabama, des Jahres 1965 handelt.

Mittlerweile ist der Athlet Kaepernick vollzeitig als Aktivist tätig. Aus der Verlegenheit zum Verleger. Er veröffentlicht Essays, die zur Abschaffung der Polizei aufrufen und die bisherige Gefängnisreform als »Reformierung, Umgestaltung und Umbenennung« des systemischen Rassismus bezeichnen.[10] Sein rotes Trikot mit der Nummer 7 vom ersten Protesttag wurde im Smithsonian National Museum in Washington, D.C., aufgehängt. Wiederum gibt es Menschen, die lieber Kaepernick selbst aufhängen möchten. Eine Zeit lang verbrannten einige seiner Kritiker ihre Nike-Sportschuhe und stellten die Bilder davon ins Internet, weil er – nebst dem Basketballer LeBron James und der Tennisspielerin Serena Williams – an einer Jubiläumskampagne von Nike teilgenommen hatte.

Vielerorts in den USA werden afroamerikanische Vorstöße in Richtung Gerechtigkeit als Verstöße gegen das Land und dessen weiße Bürger*innen verstanden. Vor allem sind schwarze Protestaktionen, die den Bereichen Musik und Sport entstammen, für Teile des Establishments bedrohlich und subversiv. Denn Musik und Sport liegen uns bekanntlich im Blut. Die Sonorität unseres Urgeschreies und die Agilität unserer Füße erwecken Ehrfurcht. Sowieso. Das war schon damals der Fall, als sich die sogenannte christliche Seefahrt auf den transatlantischen Versklavtenhandel ausweitete.

Die große Christianisierungswelle erfasste Hunderttausende von Versklavten während der Zweiten Mittelpassage (1775–1783), die parallel zu einer evangelikalen Bekehrungswelle vonstatten ging. Währenddessen wurden Hunderttausende Versklavte aus den bisherigen Regionen der Plantagenökonomie in den tiefen Süden des Landes verschleppt. Noch einmal entwurzelt, suchten wir Zuflucht. Dafür schien das Christentum geeignet. Viele Sklavenbesitzer hegten sogar Hoffnung darauf, wir würden uns als Christen ihrem Willen umso eifriger unterwerfen und uns selbst womöglich besser kontrollieren.[11] Doch dann haben wir uns erdreistet, den Gott, der uns aufgezwungen wurde, auch noch um Beistand zu bitten, um unseren Ansprüchen auf Freiheit eine Art Legitimation zu verleihen. Denn wir waren, wie die großartige Bürgerrechtlerin Fannie Lou Hamer (1917–1977) ein Jahrhundert später sagen würde, *»sick and tired of being sick and tired«*.[12] Wir waren es zeitlebens leid, krank und müde zu sein.

Von Zuflucht zur Flucht. Unsere Spirituals bescherten uns auf emotionaler Ebene Auftrieb. Wir benutzten sie freilich auch zur Spionage und Geheimkommunikation. Das war der Modus operandi von Harriet Tubman, der mit Bibel und Pistole bewaffneten Afroamerikanerin, die zwischen 1849 und 1865 rund 300 Versklavte erfolgreich über die Mason-Dixon-Linie nach Norden führte. Tubman, die furchtlose Schaffnerin der Fluchtorganisation *Underground Railroad*, war Eingeweihten unter dem Codenamen »Moses«[13] bekannt, der Song »Go Down, Moses« galt als ihre Signaturmelodie. Das auf Exodus 5:1 basierende Stück wurde von Versklavten gesungen, derweil sie auf den Feldern ackerten, sowie während ihrer spärlichen Ruhe- und Gebetszeiten, doch auch, um eine Flucht zu signalisieren oder zum Aufstand aufzurufen.

Ungeachtet des Namens des Schleusernetzwerks wurde die Eisenbahn von Tubman und ihren Schutzbefohlenen relativ selten benutzt. Man bewegte sich weitgehend zu Fuß, normalerweise nachts. und legte dabei zehn bis 20 Meilen zu Fuß zurück. Es war so oder so ein Exodus mit der Gefahr des Exitus. Die sich mit Ägypten und dem Pharao befassenden Strophen repräsentierten die Plantage beziehungsweise die Sklavenbesitzer, die Israeliten waren die Versklavten.[14] »Follow The Drinking Gourd«, soll der legendäre Peg Leg Joe gesungen haben, die Fliehenden daran gemahnend, den Blick empor in die Sterne zu richten und sich an dem Pflug im Großen Bären zu orientieren.[15]

Auch nach dem Sezessionskrieg und somit nach der zumindest offiziellen Abschaffung der Sklaverei dienten Spirituals als Wegweiser. »Oh, Freedom« ist ein solches Beispiel. Der Song, dessen Verfasser unbekannt ist, würdigt seit circa 1870 die diesseits hart errungenen Fortschritte und bezieht sich gleichzeitig auf die verheißene Freiheit jener Welt, die nach dem Tod kommen solle:

Oh freedom,
Oh freedom,
Oh freedom over me,
And before I'd be a slave,
I'll be buried in my grave,
And go home to my Lord and be free.

Charles Albert Tindley[16] (1851–1933), ein afroamerikanischer methodistischer Geistlicher, gilt als Ideengeber des 1901 veröffentlichten Gospels »We shall overcome«. 1945 wurde das Stück sogar als Streiklied eingesetzt, als schwarze Frauen, von Lucille Simmons (1928–2021) geleitet, einen monatelangen Arbeitskampf gegen die American Tobacco Company in Charleston, South Carolina, anstimmten.[17] Im Kampf um Bürgerrechte in den Südstaaten mobilisierte jener Evergreen, der zur Überwindung aufruft, voller magnetisierender Kraft. Der weiße Folksänger Pete Seeger griff das Lied auf und fügte noch einige Strophen hinzu. US-Präsident Lyndon B. Johnson verwendete 1965 den

Titel in einer Rede vor dem Kongress, und zwar unmittelbar nach den Selma-nach-Montgomery-Märschen.

Weiße Solidarität war also durchaus erkennbar. Abel Meeropol, ein Amerikaner russisch-jüdischer Abstammung, der als Lehrer in der Bronx, New York, die späteren Schriftsteller James Baldwin und Countee Cullen unterrichtet hatte, stand der schwarzen Community immer sehr nahe. Nachdem Meeropol ein Foto von dem 1937 an Thomas Shipp und Abram Smith begangenen Lynchmord sah, schrieb er das Lied »Strange Fruit«, für das er auch die Melodie komponierte. Bei der sonderbaren Frucht handelt es sich um die vom Baum herunterhängende Leiche eines Schwarzen. Seitdem die Jazz-Ikone Billie Holiday das Lied 1939 im Café Society in Greenwich Village uraufführte, ist es ein fester Bestandteil des Repertoires der Bürgerrechtsbewegung.

Mit »The Ballad of Emmett Till« widmete der noch nicht weltbekannte Bob Dylan 1962 einem afroamerikanischen Jungen eine rührende Ballade. Diese handelt von dem aus Chicago stammenden Teenager Emmett Louis Till, der 1955 als 14-Jähriger kurzzeitig bei Verwandten in einer Gemeinde namens Money, Mississippi, zu Besuch war. Angeblich habe er mit der weißen Verkäuferin Carolyn Bryant geflirtet. *»Bye, Babe«,* soll der nordstaatliche schwarze Knabe beim Verlassen des kleinen Lebensmittelladens gesagt haben, den saloppen Abschiedsgruß mit einem übermütigen Pfiff ergänzend. Das war sein Todesurteil. Ohne es zu wissen, hatte er gegen einen ungeschriebenen Verhaltenskodex der Jim-Crow-Ära verstoßen. Carolyn Bryants rachsüchtiger Ehemann Roy Bryant und dessen Halbbruder John William Milam wurden wenig später darüber informiert. Die beiden Rednecks zerrten Emmett daraufhin aus dem Haus seines Großonkels. Wortwörtlich im Morgengrauen. Der Großonkel wurde mit einem Gewehrkolben niedergeschlagen. Emmett wurde auf einen Pick-up geladen und währenddessen behauptete eine Frauenstimme, dass er der gesuchte Junge sei. Er wurde gekidnappt, geschlagen und gefoltert.

Drei Tage später tauchte Emmett wieder auf. Als Leiche im Fluss Tallahatchie. Seine Peiniger hatten versucht, seinen leblosen Körper mit einem 30 Kilogramm schweren Ventilator einer Baumwollmaschine zu versenken. Das Gewicht war mit Stacheldraht am Hals des Jungen befestigt worden. Dem Toten fehlte ein Auge, sein Schädel wies einen Kopfschuss auf. Bei der Trauerfeier, die in Chicago abgehalten wurde, bestand Emmetts Mutter auf einem offenen Sarg. Rund 50.000 Trauergäste, zu denen eine meiner Großmütter aus dem Stadtteil Bronzeville zählte, defilierten vor dem grotesk verstümmelten Leichnam. Die afroamerikanischen Zeitschriften *The Chicago Defender* und *Jet* zeigten Bilder der sterblichen Überreste, die weltweites Entsetzen auslösten.

Roy Bryant und seinem Halbbruder wurde der Prozess gemacht. Bei dem Spektakel begrüßte der Sheriff die auch aus dem Norden eintreffenden schwarzen Besuchenden so: *»Hello, Niggers!«*[18] Kein gutes Omen. Roy Bryant und John Milam wurden geradezu blitzartig freigesprochen. Einige Monate später gab Roy Bryant allerdings in einem Interview zu, Emmett ermordet zu haben. Doch nach dem geltenden Rechtsprinzip »Ne bis in idem« (nicht zweimal in derselben Sache) musste angesichts des Freispruchs keiner der Täter weitere strafrechtliche Konsequenzen befürchten. Der Fall ging als Fanal für die Bürgerrechtsbewegung in die Geschichte ein.[19] Im Laufe der Jahrzehnte gab es die eine oder andere Anregung zur Wiederaufnahme der Ermittlungen, was zum Beispiel eine mögliche Ausweitung des Kreises der Tatverdächtigen anginge. 2017 veröffentlichte der Autor Timothy Tyson Angaben aus seinem Interview aus dem Jahr 2008 mit Carolyn Bryant. Sie wird mit den Worten zitiert, dass sie über ihre Begegnung mit Emmett 1955 gelogen habe.[20] Damals hatte sie nämlich behauptet, der Junge habe sie nicht lediglich angepfiffen, sondern auch angepackt. Später zog sie ihr Geständnis zurück. Erst im Dezember 2021 wurden die neu aufgenommenen Ermittlungen seitens des US-Bundesjustizministeriums wieder ergebnislos eingestellt.[21]

Zu den vielen Hommagen an Emmett Till, die es mittlerweile über die Farbgrenzen hinweg gibt, zählt das von Janet Langhart geschriebene, von Morgan Freeman erzählte Drama *Anne und Emmett*. Ein imaginäres Gespräch entfaltet sich zwischen zwei Jugendlichen, die aus rassistischen Gründen umgebracht wurden: Emmett Till und Anne Frank. Die geplante Uraufführung im Washingtoner Holocaust Memorial Museum im Juni 2009 wurde wegen einer Schießerei auf dem Museumsgelände abgesagt, bei der ein afroamerikanischer Sicherheitsmann von einem 88-jährigen, weißen Antisemiten getötet wurde.[22] Wie sich die Geschichte wiederholt.

Musikalisch haben sich – neben Bob Dylan – diverse andere Künstler wie Scatman Crothers (1955) und Emmylou Harris (2013) mit Emmett befasst. Nina Simone, die Hohepriesterin von Soul und Jazz, meldete sich mit »Mississippi Goddam«[23] (1964) zu Wort. Das Lied tangiert nicht nur Emmetts Lynching, sondern auch den rassistischen Mord am schwarzen Bürgerrechtsaktivisten Medgar Evers sowie den Bombenanschlag auf die 16th Street Baptist Church in Birmingham, Alabama, bei dem vier afroamerikanische Mädchen ums Leben kamen. Wegen der Themenauswahl gab es Todesandrohungen gegen Nina Simone, die sich aus seelischen und angeblich auch steuerlichen Gründen auf die Flucht begab. Immerhin wurde »Mississippi Goddam« in etlichen Südstaaten verboten. Es kam sogar vor, dass Werbe-Singles, die kistenweise an Radiosender in Dixieland geschickt wurden, beim Empfang Stück für Stück halbiert und anschließend zurückgeschickt wurden.

Das sollte man bedenken, falls man mal das Bedürfnis verspürt, »The Night They Drove Old Dixie Down« anzustimmen.

Wer kennt den Ohrwurm nicht? Er rangiert im respektablen Mittelfeld auf der vom *Rolling Stone* geführten Liste der 500 besten Songs aller Zeiten, ungeachtet seiner kontroversen Verse.[24] Robbie Robertson der kanadisch-amerikanischen Rockgruppe *The Band* hat das Lied anno 1969 geschrieben. So richtig populär wurde es, als ausgerechnet die progressive Folksängerin Joan Baez es 1971 – wenn auch unbewusst kolportierend – coverte und damit ihren ersten US-Top-Ten-Hit landete. Mit ihrer glockenklaren Stimme übernimmt sie das Lamento eines fiktiven Südstaatlers namens Virgil Caine. Der Familienname Caine spielt wohl auf den biblischen Kain an. Denn der Militärkampf zwischen den Nord- und den Südstaaten wird häufig als Brudermord betrachtet. Virgil beklagt den Tod seines Bruders, der mit knapp 18 Jahren allerdings von einem Yankee erwischt wurde. Virgil und sein Bruder kämpften also doch auf derselben Seite – auf der Seite der Verlierer. Sein Refrain ist eine wehmütige Reminiszenz an die Nacht, in der seine alte Südstaatenidylle zu Grabe getragen wurde.

An dieser Stelle gedenke ich, Rhett Butler zu zitieren: *»Frankly, my dear, I don't give a damn.«* Es müsste mich einen feuchten Kehricht interessieren, ob Virgil auf dem Trockenen sitzt. Der Redneck darf sich meinetwegen gern die Augen ausheulen. Dixies Desaster ist selbst gemacht. Als Schwarze kann ich »The Night They Drove Old Dixie Down« also mit Schadenfreude hören. Trotzdem hat das Lied ein Geschmäckle. Das war immer so, auch wenn Richie Havens – *Black* und aus Bedford-Stuyvesant in Brooklyn – es aus irgendwelchen Gründen coverte. Akustisches *Whitefacing?* Im Laufe der Jahrzehnte habe ich jedenfalls erlebt, wie *The Night They Drove Old Dixie Down* vor allem bei verschiedenen Apologeten der Konföderation großen Anklang findet. Das kommt nicht von ungefähr – und das meine ich nicht nur kritisch. Virgil Caines Perspektive hat es übrigens verdient, erzählt zu werden. Die melodisch untermalte Momentaufnahme wirft zu Recht ein Licht auf das Leiden, das weite Teile der Bevölkerung während und infolge des Bürgerkriegs heimgesucht hatte. Aber leider stellt das Musikstück vieles in den Schatten und im Rahmen dessen verliert es keine Strophe, keine Silbe über die Ursache, über das Übel namens *White Supremacy.*

Um es klarzumachen: Es ist nicht die Aufgabe der Musik, politisch korrekt zu sein oder der moralischen Erbauung zu dienen. Dieses Werk gehört keineswegs verboten. Also nicht indizieren, dafür aber informieren! Gerade in dieser Hinsicht begrüße ich jedoch, dass der weiße Country-Musiker Early James es wagt, neue Akzente zu setzen, was »The Night They Drove Old Dixie Down« anbelangt. Den Song hat er 2020 überarbeitet. Die elanvoll elegische Harmonisierung von Dur- und Moll-Akkorden hat er beibehalten. Doch seine Version des Textes ist betont antirassistisch. Sensibilisierung statt Zensur. Es geht doch. Leider nicht ohne Hasspostings gegen Early James. Aber es geht – und das ist auch gut so:

> *Unlike my father before me, who I will never understand,*
> *Unlike the others below me, who took a rebel stand,*
> *Depraved and powered to enslave,*
> *I think it's time we laid hate in its grave,*
> *I swear by the mud below my feet,*
> *That monument won't stand, no matter how much concrete.*[25]

Ob ich an »Sweet Home, Alabama« auch etwas auszusetzen habe? Eine faire Frage. Denn das Lied, das mit einem der markantesten Gitarrenriffs der Popmusik anfängt, lässt mich ebenfalls nicht kalt. G-Dur im Viervierteltakt. Es ist aus dem Repertoire der Südstaatenrocker, die 1964 eine Band bildeten, die später unter dem Namen *Lynard Skynard* weit über Dixie hinaus Bekanntheit erlangte. Kurz ein Stück Trivialwissen, das nicht an den Haaren herbeigezogen ist. Mit dem Namen *Lynard Skynard* verspottete die Band nämlich ihren alten Sportlehrer Leonard Skinner, der an der – siehe da – Robert E. Lee High School in Jacksonville, Florida, tätig war. Skinner war dafür berüchtigt, die strengen Schulregeln gegen Jungs mit langen Haaren durchzusetzen. Na ja, langhaarige Rebellen der 1960er Jahre halt.

Als sie 1974 »Sweet Home, Alabama« herausbrachten, war es wiederum so eine Sache.

In Birmingham, they love the governor,
Boo, boo, boo,
Now, we all did what we could do,
Now, Watergate does not bother me,
Does your conscience bother you?
Tell the truth.[26]

Ist das Lied rassistisch oder revisionistisch? Interessant ist, dass der Song mit seinen eigenen Buhrufen aufwartet. Ronnie Van Zant, Bandgründer und einer der drei Co-Autoren des Liedes, meinte 1975, dass der Alabama-Gouverneur damit ausgebuht werden sollte.[27] Gemeint war George Wallace, der Dixiekrat und Segregationsverfechter, der für mich während meiner Kindheit den Typus symbolisierte, der tags als Sheriff patrouillierte und nachts als *Klansman* seinen Terror fortsetzte. Ed King, ein zweiter Co-Autor, betont heute hingegen, das Lied sei darauf bedacht gewesen, Alabama mitsamt George Wallace in Schutz zu nehmen.[28] Fakt ist, »Sweet Home, Alabama« entstand als eine stolze, wenn auch selbstironische Replik auf Neil Youngs hörenswertes Proteststück »Southern Man« anno 1970. Der Kanadier Young nahm kein Blatt vor den Mund, was Kritik an rassistischen Strukturen in den US-Südstaaten angeht. *Lynard Skynard* hat sich durch Youngs Song wie in Sippenhaft genommen gefühlt. Dann kam 1977 der schicksalhafte Flug in einem museumsreifen

Convair CV-240. Beim Absturz in Mississippi starben unter anderem Ronnie Van Zant und Steve Gaines. Gottverdammt. Seit der Neugründung der Band bestreiten die heutigen Mitglieder praktisch unisono, dass »Sweet Home, Alabama« eine Hymne der weißen Vorherrschaft sei. In der Tat wohnt dem Lied eine kaum erkennbare Kuriosität inne. Kurz vor dem Ende hört man mit Mühe *»Montgomery's got the answer«*. Montgomery habe die Antwort. Das sei ein lobender Hinweis auf Martin Luther King und dessen Märsche von Selma nach Montgomery.

Im Hintergrundchor auf dem Track singt unter anderem die hochbegehrte afroamerikanische Studiosängerin Merry Clayton mit. Man kennt sie von ihren Back-ups mit Ray Charles, den *Rolling Stones* und Joe Cocker. Aber warum hat sie *Lynard Skynard* mit »Sweet Home, Alabama« unterstützt? Die Entscheidung fiel ihr mit Sicherheit nicht leicht. Aber sie steht dazu. »Meine Erfahrung ist auch Teil der Alabama-Erfahrung«, erklärt sie.[29]

Partizipation als Präsenz, Präsenz als Prägung, Prägung als Protest.

Der Weg aus dem Rassismus bleibt eine Marathonstrecke mit Hindernissen. Ihn zu bestreiten, beinhaltet einen Wettlauf gegen die Uhr. Zeit können wir gewinnen, wenn wir gemeinsam Geschichte machen, indem wir uns zusammen in Richtung Zukunft begeben.

Epilog: MAGA-Sucht und die Diversity-Diät 2

Es gibt kein Entkommen. Punkt vier Uhr morgens Berliner Zeit läutet der Wecker. Ein schriller Lichtstrahl brennt sich durch meine geschlossenen Lider. Das Handy liefert mir die neuesten Hochrechnungen aus den USA. Während ich die Zahlen betrachte, ist es für mich allerdings nicht notwendig, mir die Augen zu reiben.

Einen flüchtigen Moment lang kommt es mir vor, als wäre ich ins Jahr 2016 zurückversetzt worden. Wie in einer Art Zeitkapsel. Fakt ist, genau acht Jahre zuvor hatte ich mich ohne Helm aus dem Fenster gelehnt und prognostiziert, dass Donald Trump es schaffen würde, Hillary Clinton zu besiegen. Oh, was wurde meine Vorhersage damals als Kassandraruf abgetan. Während die ersten Ergebnisse nach und nach eintrafen, lachten mich meine progressiven, linksliberalen Bekannten auf beiden Seiten des Atlantiks aus und beschimpften mich. Dennoch gewannen die Zahlen durchaus an Momentum, und das Infoband am unteren Rand des Fernsehbildschirms meldete mit einem Mal, Trump liege komfortabel vorne. Wenig später folgte das eindeutige Zeichen: Hillary Clintons Wahlabendparty wurde abrupt beendet. Die Tatsache, dass Hillary bundesweit rund drei Millionen Wähler*innenstimmen mehr als Trump erhielt, verhalf ihr nicht über die Hürden des Electoral College.[1]

Kurz nach halb sechs bin ich live im *taz Talk*. Es ist 2024 und man will von mir wissen, weshalb Kamala Harris hinter den Erwartungen zurückbleibe. Die Frage kam nicht unerwartet.

Kamala Harris, die erste afroamerikanische Frau, die als Vizepräsidentin der USA (2021–2025) diente, musste bei ihrer Kandidatur 2024 um das Weiße Haus eine herbe Niederlage einstecken. Obwohl 92 Prozent der schwarzen Frauen und 78 Prozent jüdischer Wählenden für die Demokratin Harris stimmten, erhielt sie von schwarzen Männern knapp 77 Prozent und von hispanischen Männern nur 44 Prozent der Stimmen. (Exitpoll-Angaben jeweils NBC). Seitens arabischstämmiger und pro-palästinensischer Wählenden, vor allem im wichtigen »Swing-State« Michigan, wurde Harris wegen ihrer als israelfreundlich empfundenen Politik boykottiert und teils rassistisch verfemt. Die Dissonanzen bei den Democrats und nicht zuletzt die allmähliche Diversifizierung der Wähler*innenschaft der republikanischen Partei spielten Trump in die Hände. (Public Domain. Lisa Ferdinando, 2021).

Der ambitionierten Afroamerikanerin wurden gute Chancen eingeräumt, die erste Madame Präsidentin der USA zu werden. »Kamala Harris ist *brat* und könnte so die Wahl gewinnen«, jubelte man auch quer durch Europa.[2] Ihre Kandidatur holte die US-Demokrat*innen wahrhaftig aus der Misere.[3] Doch das wiederum garantierte ein umso erbittertes Rennen. Der Zorn der Republikaner*innen wurde entfacht. Harris bekam die Misogynoir, die toxische Mischung aus Sexismus und Anti-Black-Rassismus, in steigenden Dosierungen zu spüren und wurde als Quotenfrau gebrandmarkt. *DEI* hire (sinngemäß »Diversity-Angestellte«) ist das neue Buzzword. Queen Kamala ist aber keine Quotenfrau, sondern vielmehr eine Quotenbrecherin. Innerhalb der ersten 24 Stunden nach Bekanntgabe ihrer Kandidatur erzielte sie einen Spendenrekord. Sage und schreibe 81 Millionen Dollar fuhr sie ein, und zwar überwiegend in Form von Kleinbeträgen.

Was ist passiert? Meine Antwort: Die Erwartungen, so euphorisch man sie auch ankurbelte, waren unrealistisch. Denn es genügt nicht, die eigenen Leute zu begeistern. Eine erfolgreiche Kandidatin muss auch neue Wähler*innengruppen mobilisieren.

Genau das meistert Trump. Der 78-Jährige setzte auf TikTok, aber eben nicht, um dort Swifties anzusprechen, sondern um die *Inceligentsia* und die *Trad Chads*, wie ich die Kerle zu nennen pflege, zu gewinnen.[4] Damit meine ich die sonst schwer erreichbare Gruppe junger Männer, die sich vom sogenannten Wokism nicht sonderlich angesprochen fühlen. Sie sind zwischen 18 und 35 Jahren alt und sehnen sich offensichtlich nach der Übersichtlichkeit der 1950er und frühen 1960er Jahre.

November des Jahres 1964. Wer wird Präsident? Weniger als ein Jahr nach der Ermordung von John F. Kennedy sollten an diesem Dienstag rund 71 Millionen Wählende in den USA entscheiden. Eigentlich hatte ich noch nichts zu sagen. Meine Mutter schleppte mich trotzdem zum Wahllokal mit. In einer Pfütze auf dem Schulhof trieb ein Handzettel. Ich hob ihn auf. Auf dem Flyer prangte »Make America Great Again«.[5] Mit drei Jahren konnte ich das natürlich nicht entziffern. Aber ich erkannte den abgebildeten Kandidaten wieder und machte somit meine allererste Wahlempfehlung.

»Coldwater!«, so schrie ich. Freude mit einem freudschen Versprecher. Eine kalte Dusche erfolgte auf der Stelle.

Der Herr hieß genau genommen Goldwater. Barry Goldwater. Der republikanische Senator, der Präsident werden wollte, hatte jüngst gegen progressive Bürgerrechtsgesetze gestimmt. Allerdings hatten wir Verwandte in den südlichen Bundesstaaten.

Aufgrund ihrer Hautfarbe durften sie nicht wählen, obwohl sie seit Generationen US-Bürger*innen waren und sich nichts zuschulden kommen ließen. Wie Großtante Henrietta in Kentucky. Auch wenn der Wahltag in den USA seit eh und je auf einen Dienstag fällt, war der Anlass für sie wie ein Sonntag gewesen. So hatte sie sich 1960 stolz in Schale geworfen und das Geld für die dubiose Kopfsteuer zusammengekratzt, um ihre Stimme damals für den Demokraten John F. Kennedy abzugeben. Doch der Wahlbeamte hatte den Stimmzettel zerrissen und die tränenüberströmte Henrietta von einem Hilfssheriff hinauseskortieren lassen, weil sie beim *Jelly-Bean*-Test durchgefallen war.

Nun, vier Jahre später, machte Mama ihr Kreuz lieber bei Lyndon Baines Johnson alias LBJ. Er siegte und boxte während seiner Amtszeit umfassende Wahlrechtsreformen durch. Erzkonservative beargwöhnten diese Fortschritte. Deshalb griffen im Laufe der Jahrzehnte Männer wie Ronald Reagan die Schlachtparole »*Make America Great Again*« wieder auf. Allerdings war es erst Trump, der den Slogan markenrechtlich schützen und auf Baseballkappen, Bikinis und T-Shirts drucken ließ. MAGA ist, kurz gesagt, die Sehnsucht nach einer Zeit, in der hörige Ehegattinnen hauptberuflich am Herd hantieren und Minderheiten ausgegrenzt und eingeengt werden. Ein talentiertes Girl wie Kamala Harris, Tochter eines jamaikanischen Vaters und einer indischen Mutter, hatte so kaum Aussichten auf den sozialen Aufstieg.

Identitätspolitik: Die MAGA-Sucht der USA lässt erahnen, dass unter Trump die fetten Jahre vorbei sind. (Illustration: Geralt.)

Aber was passiert, wenn Abgehängte auf der Überholspur auftauchen?

Sommerferien im Jahre 1967. Wir waren auf Verwandtenbesuch in Pulaski, Tennessee. Dem Ort, an dem man am Heiligabend 1865 den Ku Klux Klan aus der Taufe gehoben hatte. Das spürten wir in dieser Nacht, als uns ein Pick-up von der Landstraße drängte. Grillenzirpen, Schnappatmung. Ein weißer Junge sprang aus dem Pick-up, Tabak kauend und mit einer Winchester wedelnd. Höchstens 18 Jahre alt, eigentlich reif genug für den Fleischwolf in Vietnam. Aber jetzt durfte er erst einmal seinen Spaß mit uns haben, der afroamerikanischen Familie mit dem Autokennzeichen aus dem gehassten Norden. Unser Chevrolet steckte im Graben fest, ein plötzliches Beschleunigen hätte uns nicht geholfen.

Meine Eltern mahnten mich, den Kopf einzuziehen und keinen Mucks von mir zu geben. Papa, der in der US Air Force im Zweiten Weltkrieg gekämpft hatte, wurde mit *Boy* angesprochen, Mama, eine erfahrene pädagogische Assistentin, wurde wie eine exotische, verfügbare Dienstmagd behandelt.

Auf einmal stieg die Beifahrerin des jungen Kerls aus. Eine Hochschwangere mit Kassenbrille und Lockenwicklern. Sie keifte ihn an, er solle die *Negras* weiterfahren lassen. Dieser Angriff auf seine Autorität ließ ihn schäumen. Mit dem Kolben seiner Schrotflinte stieß er auf unsere Motorhaube, dann bespuckte er unsere Windschutzscheibe. Anschließend griff er seine Beifahrerin am Schopf und zog sie zurück in den Pick-up. Ihre Heckleuchten verschwanden bald aus unserem Blickfeld. Heute wären sie Nebendarstellende in einer Elegie des US-Vizepräsidenten J. D. Vance.

Ich weiß noch, wie ich mit meinen dürren Armen und zitternden Händen mit anpackte, um unser Auto zu schieben. Eins war mir damals noch nicht so bewusst: Vor meinen weit aufgerissenen Augen hatte sich gerade eine Metapher für die amerikanischen Machtverhältnisse abgespielt.

Die Forderung, weiße Menschen sollten für die historisch tief verwurzelte Unterdrückung von *People of Color* zur Verantwortung gezogen werden, ist wohl ein zentraler Bestandteil der Debatte um Rassismus. Während die Diskussion um Rassismus und weiße Privilegien immer intensiver wird und die Forderung nach individueller Schuldzuweisung lauter, muss ein wichtiger Punkt zur Kenntnis genommen werden: Die Machtverhältnisse sind nicht statisch geblieben. Dem Weißen den schwarzen Peter reflexhaft zuzuschieben, ist kein Erfolgsrezept.

Zurück zum Wahlkampf von Kamala Harris. Die Demokratin unterschätzte die seit geraumer Zeit erkennbare wertkonservative Tendenz afroamerikanischer Männer.[6] So überrascht es nicht, dass sie die weißen und auch hispanischen Männer, ob Akademiker oder Fabrikarbeiter, ebenfalls kaum auf dem Radar hatte. Bitter für Harris dürfte dabei auch die Erkenntnis sein, dass es das Phänomen Misogynoir selbst innerhalb der schwarzen Community gibt. Nicht nur bei Gangsta-Rappern, um ein billiges und doch zutreffendes Klischees zu bedienen, sondern auch in der christlich geprägten Mittelschicht gibt es Schwarze, die sich Gedanken machen, ob eine Black Lady aktuell die Durchsetzungskraft besäße, um mit toxisch männlichen Kerlen auf der Weltbühne zünftig umgehen zu können.

Dennoch wäre es zu kurz gegriffen, die Skepsis gegenüber Harris unbedingt auf Frauenfeindlichkeit zurückzuführen. Immer mehr Nichtweiße lehnen es ab, der Demokratischen Partei auf Teufel komm raus ihre Stimme zu schenken. Sie wollen nicht länger als Marginalisierte bemitleidet, sondern als Mitmachende begrüßt werden. So rebellieren auch sie gegen den Tokenismus und die Transferleistungsstrategien der Progressiven. Ausgerechnet Harris hat nicht mitbekommen, dass immer mehr ethnische Minderheiten bzw. Zuwanderte die leistungsbezogene Gesellschaft im Sinne von *MEI (Merit, Excellence, Intelligence)* als Aufstiegsmodell anstreben. Sie wollen daran gemessen werden. Die letzten Jahre haben ohnehin gezeigt, dass die *DEI-Bewegung (Diversity, Equity, Inclusion)* nicht imstande ist, ihre Ziele überzeugend umzusetzen. Viele Ansätze verheddern sich in weltfremden Diskursen über Dekolonialisierung. Bei der Förderung benachteiligter Menschen liegt der Fokus zu sehr auf ihrer Opferrolle, während man die Entwicklung marktfähiger Kompetenzen vernachlässigt.[7]

Eine weitere Rolle bei der Niederlage von Harris spielte die politische und auch mediale Überbewertung des Reizthemas Abtreibung. Eigentlich hatten die Demokrat*innen es rund ein halbes Jahrhundert lang versäumt, das günstige Urteil aus *Roe v. Wade*[8] bundesweit zu kodifizieren. Eine verpasste Gelegenheit. Doch war das wirklich tonangebend? Viele gemäßigte weiße Frauen äußerten schon Monate vor der Kandidatur von Harris, dass finanzielle Stabilität und nicht das Recht auf einen Schwangerschaftsabbruch für sie wahlentscheidend sei. »Alles wird immer teurer und ich schaffe es nicht mehr, all meine Rechnungen zu bezahlen« zitierte eine Studie von *Galvanzie Action* eine Befragte (April 2024).[9]

»Die Wahl zwischen Pech und Kamala«,[10] so hatte ich die Angelegenheit in der *taz* betitelt. Diese Etikettierung bezog sich insbesondere auf das Dilemma der jüdisch-amerikanischen Wählenden. Denn der Einfluss des eskalierenden Nahostkonflikts auf die Wahlentscheidungen war nicht mehr zu leugnen, wie auch die Ängste und die Unzufriedenheit eines Teils der Jüdinnen und Juden.

Insbesondere im Swing-State Pennsylvania, wo nur wenige tausend jüdische Wahlstimmen den Ausschlag gegeben hätten, waren diese Sorgen spürbar. Der markante Anstieg antisemitischer Gewalt hatte das Gefühl der Unsicherheit verstärkt, und viele jüdische Menschen sahen sich von den Demokrat*innen nicht ausreichend unterstützt. Obwohl Harris, Gattin eines Juden, das Existenzrecht Israels mehrfach betonte, vermochte sie die Bedenken zahlreicher jüdischer Wählender nicht vollständig zu zerstreuen. Die Entscheidung, den beliebten jüdischen Gouverneur Josh Shapiro nicht zu ihrem Vizekandidaten zu machen, führte bei einigen zu Enttäuschung. Die anschließende Lobpreisung der betont antiisraelischen Abgeordneten Ilhan Omar durch den gewählten Vizekandidaten Tim Walz verstärkte noch diese Bedenken.

Ungeachtet dessen zeigen Exit-Polls (NBC News),[11] dass Harris bundesweit sage und schreibe 78 Prozent der jüdischen Wahlstimmen erhalten hat, während Trump das diesbezüglich schlechteste Ergebnis der Republikansichen Partei seit 24 Jahren eingefahren hat. Rein numerisch betrachtet, und zwar auf Ebene der gesamten Vereinigten Staaten, sind jüdische Wählende den US-Demokrat*innen also trotz allem treu geblieben, obgleich es dringenden Gesprächsbedarf gab.

Damit nicht genug: In Michigan, wo Trump die Führung früh übernahm, haben arabischstämmige Amerikaner*innen Harris spürbar abgestraft. Einige wählten die weltfremde Jill Stein (Green Party), andere sogar Trump. Oder sie blieben zu Hause. Harris' Parteikollegin, die Abgeordnete Rashida Tlaib, hatte darauf verzichtet, die 60-Jährige zu unterstützen. Denn viele muslimische Amerikaner*innen halten Harris für zu israelfreundlich.

Zu Zerwürfnissen zwischen Schwarzen und Arabischstämmigen kam es übrigens nicht ohne Ansage. Die *Black Student Union* (BSU) der University of Michigan sagte sich im September 2024 von der pro-palästinensischen TAHRIR Coalition los.[12] Die BSU sah sich innerhalb der Koalition einer systematischen Diskriminierung ausgesetzt. »Es ist zunehmend offensichtlich geworden, dass schwarze Identitäten, Stimmen und Körper in dieser Koalition nicht geschätzt werden, und deshalb müssen wir uns zurückziehen«, hieß es in dem Statement.

An Hochschulen zwischen New York und Los Angeles werden ähnliche negative Erfahrungen gesammelt. Afroamerikanische

Studierende in der Free-Palestine-Bewegung fühlen sich wie Tokens oder Türsteher. Schwarze haben das Gefühl, unterwürfig grinsend an der Pforte stehen zu müssen, während *White Saviors* in Kufijas hereinstolzieren und von der Führung mit offenen Armen empfangen werden. In der Mensa bezeichnen Arabischsprachige ihre schwarzen Kommiliton*innen als *abeed* (»Versklavte«). Die Orga-Teams wollen lieber mit weißen Angehörigen der Jewish Voices for Peace gesehen werden. Es wird gewitzelt, dass Schwarze eh nur wegen der Wassermelone, des Symbols der propalästinensischen Bewegung, mitmarschieren wollen.[13]

Mit der Wassermelone wird ein aus der Jim-Crow-Ära stammendes Klischee bedient, das Schwarze als faule Halbmenschen darstellt, die wegen ihrer Armut auf billige Lebensmittel wie Wassermelonen angewiesen sind. Und so sehr die Intifada die »Dekolonialisierung« als Ziel auch betont, ist sie kaum dazu bereit, die 1.500 Jahre lange Geschichte des arabischen Sklavenhandels aufzuarbeiten.

Dass es sich bei den Zerwürfnissen um eine Zäsur handelt, verraten die hitzigen Streitgefechte, die im Netz geführt werden. Auf Instagram ruft die queere Panafrikanistin Afeni X verzweifelt dazu auf, das Bündnis mit Palästina nicht weiter zerbröckeln zu lassen. Ihre Durchhalteparolen finden aber wenig Anklang. Heftig wird erwidert, sie betreibe »White-Washing für Rassist*innen mit brauner Hautfarbe«. Andere konfrontierten sie mit der brutalen, selbst von Amnesty International bestätigten LGBTQ-Feindlichkeit der Hamas. Eine Userin mahnt überdies, keine schwarze Mama solle ihre Kinder zu Märtyrer*innen des Islamismus umerziehen lassen.

Das spielt auf die Terrorcamps für Kindersoldat*innen an, die Amnesty International seitens der Hamas angeprangert hat. Im Gegenzug kommt von Palästinenser*innen der Vorwurf, es seien häufig Black GIs, die den Krieg gegen muslimische Länder führen würden. Schwarze kontern dies wiederum damit, muslimische Terroristen wie Boko Haram hätten auch Abertausende afrikanische Menschen auf dem Gewissen. Und warum darf die Causa Palästina die weitaus größeren Tragödien im Kongo oder im Sudan verdrängen?

Die Hinrichtung zweier Tansanier durch die Hamas am 7. Oktober 2023 wirkt ebenfalls nach. Einer der beiden, Joshua Mollel, ein Agrar-Praktikant aus dem Kibbuz Nahal Oz, wurde sogar vor laufender Kamera rassistisch schikaniert, bevor seine Entführer ihn erschossen. Solche historischen Bezüge bringen viele Afroamerikaner*innen zum Nachdenken. Auf genau die gleiche barbarische Weise hatte der KKK den schwarzen Aktivisten James Earl Chaney 1964 in Mississippi gelyncht und ihn zusammen mit seinen ermordeten weißen jüdischen Kollegen Andrew Goodman und Michael Schwerner in einem Erdwall vergraben.

Wir müssen raus aus den heutigen Grabenkämpfen, wenn wir kultur- und konfessionsübergreifend eine Front gegen den Hass bilden wollen. Auch und gerade hier in Deutschland, wo Demagogie und demografischer Wandel massiv aufeinanderstoßen, ist die Demokratie mehr denn je seit 1945 gefährdet. Solange Nazis zur Wahl zugelassen werden, werden auch Nazis gewählt. Aber wo setzt sich die politische Verantwortung von der Panikmache ab?

Das im Januar 2024 von CORRECTIV aufgedeckte Treffen Rechtsextremer am Potsdamer Lehnitzsee schlägt immer noch hohe Wellen. Selbstredend löst der »Masterplan zur Remigration« innerhalb migrantischer Communitys Bestürzung aus, unabhängig von der Umsetzbarkeit des Vorhabens. Demnach sollen etliche Millionen Menschen, die als Personen nicht-deutscher Abstammung eingestuft werden, gewaltsam aus der Bundesrepublik vertrieben werden, ungeachtet ihrer Staatsbürger*innenschaft und ihres Leumunds.

In Bezug auf das rechte Treffen veröffentlichte die schwarze Antirassistin Tupoka Ogette einen offenen Brief mit dem Titel

Dear White People.[14] Darin ruft sie weiße Menschen dazu auf, die Demokratie zu retten: »Stärkt Allianzen. Führt schwierige Gespräche.[15]« Ich persönlich war entsetzt, wegen dieses Aufrufes. Denn im Grunde bedeutet das eine Auslagerung der Mitverantwortung. Aufrufe wie »Liebe Weiße« blenden aus, dass es auch innerhalb der schwarzen Gemeinschaft leider Ansichten gibt, die den Kampf gegen den Rechtsextremismus unterminieren: Antisemitismus, Misogynie, Queerfeindlichkeit, um nur einige Punkte zu benennen. Deshalb möchte ich dafür plädieren, über das übliche Schwarz-Weiß-Denken hinauszugehen.

Mit der MAGA-Sucht sind die fetten Jahre erstmals vorbei. Während man den Gürtel enger schnallt, muss man das Bewusstsein und somit den eigenen Erfahrungshorizont allerdings erweitern. Dabei ist der Wokismus jedoch keine Lösung. Denn performativer Tatendrang und progressiver Tokenismus führen dazu, den Status quo zu erhalten und echte Veränderungen zu verhindern. Das muss betont werden, da nichts die Zukunft so sehr gefährdet wie der Zeitgeist. Feindbildpflege bedeutet keinen Fortschritt. Um den Hass effektiv zu bekämpfen, müssen wir uns von oberflächlichen Symbolhandlungen lösen und uns stattdessen auf die tiefgreifenden strukturellen Ursachen von Ungleichheit konzentrieren. Das bedeutet wiederum, aus Geschichte und Geschichten zu lernen, auch und gerade wenn diese den Rahmen der gängigen Narrative sprengen. So hoffe ich, dass es mir im Laufe dieses Buches gelungen ist, dazu beizutragen.

Quellenangaben

Vorwort

1 Dudley, Michaela (2021): »Black History Month. Schwarze Geschichte ist Menschheitsgeschichte«. In: *Tagesspiegel*, 07.02. Online unter: https://www.tagesspiegel.de/kultur/schwarze-geschichte-ist-menschheitsgeschichte-4225990.html.

2 Siehe z. B. Crenshaw, Kimberlé W. (1989): »Demarginalizing the Intersection of Race and Sex: A Black Feminist Critique of Antidiscrimination Doctrine, Feminist Theory and Antiracist Politics«. In: *University of Chicago Legal Forum*, 189(1), Artikel 8, S. 139–167. https://chicagounbound.uchicago.edu/cgi/viewcontent.cgi?article=1052&context=uclf.

3 Amnesty International (2021): *Palästina 2020. Amnesty Report*, 07.04. https://www.amnesty.de/informieren/amnesty-report/palaestina-2020#section-18865307. Siehe auch Spitka, Timea (2023): »Children as Victims and Activists in the Israeli/Palestinian Conflict«. In: Dies. (Hg.): *National and International Civilian Protection Strategies in the Israeli-Palestinian Conflict.* London: Palgrave Macmillan, S. 107–136. Spitka, Timea (2019): »The Myth of Protection: Gendering Protection under the Responsibility to Protect in Gaza«. In: *Global Responsibility to Protect*, 11(1), S. 77–103. o. A. (2003): »Palestinian Gays flee to Israel«. In: *BBC News*, 22.10. http://news.bbc.co.uk/2/hi/middle_east/3211772.stm.

4 Swobodnik, Sobo (Regie) (2023): *Geschlechterkampf: Das Ende des Patriarchats.* Berlin: Filmgalerie 451.

1. Grabenkämpfe

1 Kotz, Nick (2005): *Judgment Days: Lyndon Baines Johnson, Martin Luther King, Jr., and the Laws that Changed America.* Boston/New York: Houghton Mifflin Company, S. 187.

2 Dudley, Michaela (2024): »Fehlende Solidarität«. In: *Berliner Zeitung*, 14.05., Nr. 110, S. 11. Siehe auch Dudley, Michaela (2024): »Es ist gefährlich, Israelis als White Supremacists darzustellen«. In: *Berliner Zeitung*, 15.05. https://www.berliner-zeitung.de/kultur-vergnuegen/michaela-dudley-es-ist-gefaehrlich-israelis-als-white-supremacists-darzustellen-li.2213088.

3 Dudley, Michaela (2023): »Wenn Wokeism schläft. Fehlende Schwarze Solidarität mit Israel und dem Judentum«. In: *Belltower.News*, 21.11. https://www.belltower.news/wenn-wokeism-schlaeft-fehlende-schwarze-solidaritaet-mit-israel-und-dem-judentum-154159/.

4 Ibid.

5 Parker, Alan (Regie) (1988): *Mississippi Burning – Die Wurzel des Hasses.* o. O.: Orion Pictures.

6 Dickoff, Micki/Pagano, Tony (Regie) (2008): *Neshoba. The Price of Freedom.* o. O.: First Run Features.

7 Marcus, Kenneth L. (2010): *Jewish Identity and Civil Rights in America.* New York: Cambridge University Press. »Unter den Rufen ›Lasst uns zur Kingston Avenue gehen und einen Juden holen‹ gingen 10 bis 15 junge schwarze Männer ein paar Blocks weiter in dieses überwiegend jüdische Viertel, warfen Steine auf Häuser und beschädigten unterwegs Autos.« Die Crown Heights-Unruhen von 1991 waren ein tragisches Ereignis, das die Spannungen zwischen schwarzen und jüdischen Gemeinschaften in Brooklyn, New York City, offenlegte. Ausgelöst durch einen Verkehrsunfall, bei dem ein jüdischer Fahrer zwei schwarze Kinder anfuhr, eskalierten die Ereignisse in drei Tagen schwerer Gewalt. Schwarze Bewohner griffen jüdische Einrichtungen an, beschädigten sie und plünderten Geschäfte. Die Unruhen unterstrichen tief verwurzelte soziale und ethnische Konflikte in der Stadt und führten zu einer breiten öffentlichen Diskussion über Rassismus, Diskriminierung und die Notwendigkeit einer besseren Konfliktlösung.

8 Propper, David/Oliveira, Alex (2023): »BLM Chicago under fire for pro-Palestinian post featuring paragliding terrorist: ›Disgusting and disgraceful‹. In: *New York Post*, 10.10. https://nypost.com/2023/10/10/blm-chicago-under-fire-for-pro-palestine-post-featuring-paragliding-terrorist/.

2. Brückenschläge, Rückschläge

1 Dudley, Michaela (2020): »Sag auch ihren Namen. Warum werden weibliche Opfer von Polizeigewalt so oft vergessen? Auch im Fall Breonna Taylor gilt: #SayHerName«. In: *Missy Magazine*, 14.07. https://missy-magazine.de/blog/2020/07/14/sag-auch-ihren-namen/.

2 Dudley, Michaela (2020): »Warum wir nicht atmen können«. In: *Siegessäule*, Juli, S. 10. https://cdn.siegessaeule.de/documents/2109167sis_07_20.pdf.

3 Bogel-Burroughs, Nicholas (2021): »Prosecutors say Derek Chauvin knelt on George Floyd for 9 minutes 29 seconds, longer than initially reported«. In: *New York Times*, 30.03. https://www.nytimes.com/2021/03/30/us/derek-chauvin-george-floyd-kneel-9-minutes-29-seconds.html. Siehe auch Denkler, Thorsten (2021): »Der Tod von George Floyd in der Rekonstruktion: 9 Minuten, 29 Sekunden«. In: *Süddeutsche Zeitung*, 30.03. https://www.sueddeutsche.de/politik/george-floyd-tod-polizeigewalt-videos-rekonstruktion-1.4928047.

4 Dudley, Michaela (2021). »Genugtuung ist nur ein Schritt in Richtung Gerechtigkeit: Kommentar zur Verurteilung von Derek Chauvin«. In: *Tagesspiegel*, 21.04. https://www.tagesspiegel.de/kultur/genugtuung-ist-nur-ein-schritt-in-richtung-gerechtigkeit-6598684.html.

5 Davis, Angela Y. (2018): *Freiheit ist ein ständiger Kampf.* Aus dem Englischen von Sven Wunderlich. Münster: Unrast.

6 Dudley, Michaela (2022): »Marathon mit Hindernissen: Eine Begegnung mit Angela Davis«. In: *Siegessäule*, 10.10. https://www.siegessaeule.de/magazin/marathon-mit-hindernissen-eine-begegnung-mit-angela-davis/.

7 Redaktion (2023): »Angela Davis zu Palästina«. In: *Zeitung der Arbeit,* 31.10. https://zeitungderarbeit.at/feuilleton/angela-davis-zu-palaestina/. Siehe auch o. A. (2023): »Angela Davis: ›Palestine is a moral litmus test for the world‹«. In: *UpFront. Aljazeera*, 27.10. https://www.aljazeera.com/program/upfront/2023/10/27/angela-davis-palestine-is-a-moral-litmus-test-for-the-world.

8 Dudley, Michaela (2024): »Palästina in der Schwarzen Community: Apartheid? Echt jetzt?«. In: *taz*, 15.10. https://taz.de/Palaestina-in-der-Schwarzen-Community/!6039758/.

9 Schneider, Guillermina Sutter (2017): »Che Was a Racist, Homophobe and Mass Murderer«. In: *Human Progress,* 15.12. https://humanprogress.org/the-truth-about-che-guevara-racist-homophobe-and-mass-murderer/. Siehe auch Gonzalez, Mike (2012): »El Che: The Crass Marketing of a Sadistic Racist«. In: *The Heritage Foundation*, 11.01. https://www.heritage.org/political-process/commentary/el-che-the-crass-marketing-sadistic-racist.

10 Rolling Stones (1972): »Angie«.

11 Dudley, Michaela (2021). »Das Schweigen ist unerhört«. GEMA-Werknummer 20635764.

12 Dudley, Michaela (2018): »›Würde man »Schwulensau-Straße« akzeptieren?‹ – Über Spuren des Kolonialismus in Berlin«. In: *Siegessäule*, 25.10. https://www.siegessaeule.de/magazin/4071-w%C3%BCrde-man-schwulensau-stra%C3%9Fe-akzeptieren-%C3%BCber-spuren-des-kolonialismus-in-berlin/. Dudley, Michaela (2021): »Afrodeutsche Geschichte wird totgeschwiegen. Kommentar zum Black History Month«. In: *Siegessäule*, 02.02. https://www.siegessaeule.de/magazin/afrodeutsche-geschichte-wird-totgeschwiegen/.

13 McGhee, Heather (2021): *The Sum of Us: What Racism Costs Everyone and How We Can Prosper Together.* New York: Random House. Siehe auch Touré, Aminata (2021): *Wir können mehr sein: Die Macht der Vielfalt.* Köln: Kiepenheuer & Witsch. Sharpton, Al (2020): *Rise Up: Confronting a Country at the Crossroads.* New York: Hanover Square Press.

14 Dudley, Michaela (2021): »Race Relations«. GEMA-Werknummer 27134246

3. Das Gesicht wahren

1 John F. Kennedy Presidential Library and Museum (Hg.): *Historic Speeches: Inaugural Address, 20 January 1961.* https://www.jfklibrary.org/archives/other-resources/john-f-kennedy-speeches/inaugural-address-19610120. In: *John F. Kennedy Presidential Library and Museum.* (Übersetzung des Auszugs aus dem amerikanischsprachigen Original ins Deutsche: Michaela Dudley). Theodore Chaikin Sorensen half beim Verfassen der Antrittsrede Kennedys. Sorensen war übrigens auch der primäre Autor von Kennedys Rede »Wir entscheiden uns, zum Mond zu gehen« (1962).

2 Ibid. Als Inspiration für die Redewendung »Ask not what your country can do for you, ask what you can do for your country« gelten mittlerweile George St. John, der ehemalige Direktor der Choate-Schule in Connecticut, wo JFK einige Jahre als Pennäler und Prankster verbracht hatte, und LaBaron Briggs, St. Johns früherer Dekan an der Universität Harvard. Vgl. Clarke, Thurston (2004): *Ask not: The Inauguration of John F. Kennedy and the Speech that changed America.* New York: Henry Holt and Co. Siehe auch Matthews, Chris (2011). *Jack Kennedy – Elusive Hero.* New York: Simon & Schuster.

3 Dudley, Michaela (2021): »Jigaboo Jitterbug«. GEMA-Werknummer 29216572.

4 Vgl. Haygood, Wil (2003): *In Black and White: The Life of Sammy Davis Junior.* New York: A. A. Knopf (Random House). Siehe auch *Die vielen Leben des Sammy Davis Jr.* Dokumentarfilm. Regie: Sam Pollard, ZDF, Deutschland/USA 2017.

5 McCarthy, Justin (2021): »U.S. Approval of Interracial Marriage at New High of 94 %«. In: *Gallup,* 10.09. news.gallup.com/poll/354638/approval-interracial-marriage-new-high.aspx. Siehe auch Romano, Renee Christine (2003). *Race Mixing: Black-White Marriage in Postwar America.* Cambridge: Harvard University Press, S. 45.

6 Maranzani, Barbara (2021): »Inside the Long-Forgotten JFK Inaugural Gala«. In: *Biography,* 12.01. www.biography.com/news/jfk-inaugural-gala.

7 Ruuth, Marianne (1992): *Nat King Cole.* Los Angeles: Holloway House Publishing, S. 32.

8 TV Week (Hg.). (2001): *»Madison Avenue is afraid of the dark«, In: TV Week, 12.11.* https://www.tvweek.com/in-depth/2001/11/madison-avenue-is-afraid-of-th/. Siehe auch Moore, Sanford. *»Apartheid Alive and Well on Madison Avenue«. In: Adweek, 31.08. www.adweek.com/brand-marketing/apartheid-alive-andwell-madison-avenue-100220/.*

9 Ward, Brian (2010): *»Civil Rights and Rock and Roll: Revisiting the Nat King Cole Attack of 1956«.* In: *OAH Magazine of History,* 24(2), S. 21–24.

10 Gray, Jeremy (2020): *»The night Nat King Cole was beaten on a Birmingham stage«. In: AdvancedLocal, 19.02.* www.al.com/news/2018/01/nat_king_cole.html.

11 Ibid. (Übersetzung des Auszugs aus dem amerikanischsprachigen Original ins Deutsche: Michaela Dudley.)

12 Katznelson, Ira (2017): *»What America taught the Nazis«. In: The Atlantic, November.* www.theatlantic.com/magazine/archive/2017/11/what-america-taught-the-nazis/540630. Katznelsons Einleitung lautet wörtlich: »In the 1930s, the Germans were fascinated by the global leader in codified racism – the United States.« Siehe auch Ross, Alex (2018): *»How American Racism influenced Hitler«. In: The New Yorker, 23.04.* https://www.newyorker.com/magazine/2018/04/30/how-american-racism-influenced-hitler. Vgl. Whitman, James Q. (2017): *Hitler's American Model: The United States and the Making of Nazi Race Law.* Princeton University Press.

13 Ibid. (Übersetzung des Auszugs aus dem amerikanischsprachigen Original ins Deutsche: Michaela Dudley). Siehe auch Jerry Jazz Musician (2018). *»Nat Cole and the KKK«.* In: Jerry Jazz Musician, 27.01. https://www.jerryjazzmusician.com/nat-cole-kkk/.

14 Vgl. Cole, Natalie/Diehl, Digby (2000): *Angel on my Shoulder: An Autobiography* New York: Grand Central Publishing.

15 Colorismus bezeichnet eine Diskriminierungsform, bei der Menschen derselben ethnischen Gruppe aufgrund ihrer jeweiligen Hautfarbe unterschiedlich behandelt werden. Vgl. Hoeder, Ciani-Sophia (2020): »Heller Wahnsinn«. In: *sz-magazin*, 04.08. sz-magazin.sueddeutsche.de/willkommen-bei-mir/rassismus-colorism-89016, sowie Norwood, Kimberly Jade (2015). »›If You Is White, You's Alright …‹ Stories About Colorism in America«. In: *Washington University Global Studies Law Review,* 14(4). https://openscholarship.wustl.edu/cgi/viewcontent.cgi?article=1547&context=law_globalstudies

16 Walker, Alice (1982). *The Color Purple.* Harcourt Brace Jovanovich bzw. Walker, Alice (2011). *Die Farbe Lila.* Köln: Bastei Lübbe Verlag.

17 Thurman, Wallace (1929). *The Blacker the Berry: A Novel of Negro Life.* The Macaulay Company. Vgl. Thurman, Wallace (2021). *The Blacker the Berry.* Berlin: Ebersbach & Simon. (Nachwort: Karl Brückmaier; Übersetzung aus dem amerikanischsprachigen Original ins Deutsche: Heddi Feilhauer).

18 Calta, Louis (1965). »Nat Cole's Widow to Put on Drama: Carries on for Singer with Baldwin's ›Amen Corner‹«. In: *New York Times.* https://www.nytimes.com/1965/03/11/archives/nat-coles-widow-to-put-on-drama-carries-on-for-singer-with-baldwins.html. Siehe auch o. A. (1965): »Millionairess Maria Cole to Sponsor B'way Play«. In: *Jet Magazine*, 25.03., S. 64.

19 Baldwin, James (1954). *The Amen Corner.* New York: The Dial Press. (Übersetzung des Auszugs aus dem amerikanischsprachigen Original ins Deutsche: Dudley).

20 L'Oficial, Pete (2017). »When Ben Vereen Wore Blackface to Reagan's Inaugural Gala«. In: *The New Yorker,* 06.01. https://www.newyorker.com/culture/culture-desk/revisiting-ben-vereens-misunderstood-blackface-inaugural-performance.

Siehe auch Mizota, Sahron (2017). »Review: Ben Vereen, Ronald Reagan and the travesty of blackface, potently remembered«. In: *Los Angeles Times,* 16.06. https://www.latimes.com/entertainment/arts/la-et-cm-edgar-arceneaux-review-20170616-story.html.

21 Vgl. Tylevich, Katya (2017). »Reconsidering Ben Vereen's Blackface Performance at Reagan's Inaugural Gala«. https://www.latimes.com/entertainment/arts/la-et-cm-edgar-arceneaux-review-20170616-story.html. Siehe auch Horst, Aaron (2017). *L'Official, Pete. (2017, 6. Januar). When Ben Vereen Wore Blackface to Reagan's Inaugural Gala. The New Yorker. https://www.newyorker.com/culture/culture-desk/revisiting-ben-vereens-misunderstood-blackface-inaugural-performance.*

22 Ebri/Zig (2021). »Bayerischer Rundfunk zeigt Blackfacing in Satiresendung«. In: *Süddeutsche Zeitung,* 02.04. https://www.sueddeutsche.de/medien/br-blackfacing-schleich-1.5254445. Schwarz angemalt trat Helmut Schleich als fiktiver Sohn von Franz Josef Strauß auf, und zwar in der Rolle eines afrikanischen Machthabers. Wieso eigentlich?

23 Antonioni, Michelangelo. (Regisseur). (1962): *L'eclisse.* Cineriz, Inteuropa Film, Paris Film Production.

24 Dudley, Michaela (2023). »Fifty Shades of Black. Antirassismus und das Colorism-Dilemma«. In: *Belltower.News,* 03.07. https://www.belltower.news/fifty-shades-of-black-antirassismus-und-das-colorism-dilemma-150717/.

25 Ibid.

26 Mattise, Jonathan/Hall, Kristin M./Sainz, Adrian (2024): »The Death of Tyre Nichols. A Visual Analysis". In: *AP News,* 09.09. https://apnews.com/projects/tyre-nichols-police-body-cam-footage-analysis/.

4. Blinde Sehnsucht

1 Bennett, Gwendolyn (1922): »Heritage«. In: Johnson, James Weldon (Hg.): *The Book of American Negro Poetry.* Harcourt, Brace and Company.

2 Ibid. (Übersetzung aus dem amerikanischsprachigen Original ins Deutsche: Michaela Dudley).

3 Vom deutsch-amerikanischen Fotografen Alfred Eisenstaedt am 14. August 1945, dem Tag der bedingungslosen Kapitulation Japans, in Manhattan aufgenommen. Siehe Eisenstaedt, Alfred/Goldsmith, Arthur A. (1969): *The Eye of Eisenstaedt.* Viking Press. S. 56.

4 Spivey, William (2021): »Remember His Name: Isaac Woodard. Has Justice in America really changed?«. In: *The Good Man Project,* 13.04. goodmenproject.com/featured-content/remember-his-name-isaac-woodard/. Siehe auch Carey, Matthew (2021): »How Do We Not Know This Story? Brutal Incident From Civil Rights History Uncovered in ›The Blinding Of Isaac Woodard‹«. In: Deadline, 22.06. deadline. com/2021/06/the-blinding-of-isaac-

woodard-pbs-american-experience-documentary-director-jamila-ephron-interview-news-1234779734/. Vgl. Yarbrough, Tynsley, E. (2001): *A Passion for Justice: J. Waties Waring and Civil Rights.* Oxford University Press.

5 Gergel, Richard (2019): »An Account of the Blinding of Sgt. Isaac Woodard by the Police Officer, Lynwood Shull. A Decorated WWII Veteran Returns to the Jim Crow South«. In: *Literary Hub*, 22.01. Literary Hub. https://lithub.com/an-account-of-the-blinding-of-sgt-isaac-woodard-by-the-police-officer-lynwood-shull/. Siehe auch Gergel, Richard (2019): *Unexampled Courage: The Blinding of Sgt. Isaac Woodard and the Awakening of President Harry S. Truman and Judge J. Waties Waring.* Farrar, Straus & Giroux.

6 Myers, Christina L. (2018): Civil Rights Historians tell little known story of WWII vet«. In: *AP News*, 27.05. https://apnews.com/article/eb5aaae925694cc084f6d3d498b20f26.

7 Ibid.

8 Tygiel, Jules (2002): *Extra Bases: Reflections on Jackie Robinson, Race, and Baseball History.* University of Nebraska Press. S. 14–23.

9 Terkel, Studs (1980): *American Dreams: Lost and Found.* Pantheon Books. S. 359–360.

10 Leuchtenburg, William E. (1991). »The Conversion Of Harry S. Truman«. In: *American Heritage*, 42(7), S. 56–57. Siehe auch Megyery, Stefan Imre (2014). *U.S. Foreign Policy and the Influence of »White Supremacy«: der Einfluss soziokultureller Faktoren auf die US-Außenpolitik am Beispiel der US-Bündnissystempolitik von 1945 bis 1960.* Berlin, Humboldt Universität zu Berlin, Dissertation. S. 114.

11 Scarborough, Joe (2020): *Saving Freedom: Truman, the Cold War, and the Fight for Western Civilization.* Harper. Siehe auch Megyery, Stefan Imre (2014): *U.S. Foreign Policy and the Influence of »White Supremacy«: Der Einfluss soziokultureller Faktoren auf die US-Außenpolitik am Beispiel der US-Bündnissystempolitik von 1945 bis 1960.* Berlin: Humboldt Universität zu Berlin, Dissertation.

12 Farinacci, Donald J. (2017): *Truman and MacArthur: Adversaries for a Common Cause.* Merriam Press. S. 71–72.

13 Gardner, Michael R. (2003): *Harry Truman and Civil Rights: Moral Courage and Political Risks.* Southern Illinois University Press. (Übersetzung des Auszugs aus dem amerikanischsprachigen Original ins Deutsche: Michaela Dudley. Herv. d. Übers.). Siehe auch James, Rawn, Jr. (2014): *The Double V: How Wars, Protest, and Harry Truman Desegregated America's Military.* Bloomsbury Press. S. 223–224.

14 Arsenault, Raymond (2006): *Freedom Riders: 1961 and the Struggle for Racial Justice.* Oxford University Press. S. 13.

15 *Irene Morgan v. Commonwealth of Virginia*, 328 U.S. 373 (1946).

16 *Boynton v. Virginia*, 364 U.S. 454 (1960).

17 Gemeinsam geschrieben von Bayard Rustin, Johnny Carr, Donald Coan, Doreen Curtis and A. C. Thompson beim *FOR/CORE-sponsored Interracial Workshop* in Washington, D. C., 7. Juli 1947. Die Musik war eine Adaption des traditionellen schwarzen Spirituals »There's No Hidin' Place Down Here«. Zitiert in Arsenault, Raymond (2005). »Special 50th Anniversary Symposium: Brown v. Board of Education and the principal of equality in higher education: Book excerpt: You don't have to ride Jim Crow. In: *Stetson Law Review*, 34. S. 343–411.

18 *Harry Briggs Jr. et al. v. R.W. Elliott, chairman, et al.* 342 U.S. 350 (1952).

19 *Brown, et al. v. Board of Education of Topeka, et al.* 347 U.S. 483 (1954).

20 *Browder v. Gayle,* 142 F. Supp. 707 (1956).

21 Younge, Gary (2000): »She would not be moved«. In: The Guardian, 16.12. https://www.theguardian.com/theguardian/2000/dec/16/weekend7.weekend12

22 Parks, Rosa/Haskins, James (1992): *Rosa Parks: My Story.* Dial Books. S. 116. (Übersetzung des Auszugs aus dem amerikanischsprachigen Original ins Deutsche: Michaela Dudley).

23 Parks, Rosa (1992): *o. A. (2005):* »Main Reason For Keeping Her Seat: Parks Recalls Bus Boycott, Excerpts from an interview with Lynn Neary« (Hörfunkinterview). In: *NPR*, 25.10.2005.https://www.npr.org/2005/10/25/4973548/civil-rights-icon-rosa-parks-dies (Übersetzung des Auszugs aus dem amerikanischsprachigen Original ins Deutsche: Michaela Dudley).

24 o. A. (1946): Woodward [sic] tells Bitter Story. In: Chicago Defender. Zitiert: »*Woodard later said that black veterans who fought in this war failed to realize that the real battle in America has only just begun the war. [...] They went overseas and did their duty, and now they're home and have to fight another struggle, that I think outweighs the war.*« Siehe auch Stevenson, Bryan (2017): »Lynching in America: Targeting Black Veterans«. In: Equal Justice Initiative. https://eji.org/wp-content/uploads/2019/10/lynching-in-america-targeting-black-veterans-web.pdf (S. 41).

25 Monk, John (2019): »Lexington town to memorialize atrocity that helped overthrow Segregation in Nation«. In: Greenville News. https://industrie-kultur.org/2008/04/thomas-dempwolf-die-biologische-klaeranlage-auf-dem-rangierbahnhof-wustermark/.

26 Burch, Audra D. S. (2019): »Why a Town Is Finally Honoring a Black Veteran Attacked by Its White Police Chief«. In: The New York Times, 08.02. https://www.nytimes.com/2019/02/08/us/sergeant-woodard-batesburg-south-carolina.html

27 Dallek, Robert (2006): *John F. Kennedy. Ein unvollendetes Leben.* München: DVA. S. 334.

28 Farmer, James (1985): *Lay Bare the Heart. An Autobiography of the Civil Rights Movement.* Arbor House. S. 206.

5. Ras(s)enverhältnisse

1 Ayim, May (1995): *blues in schwarz weiss:* Gedichte. Berlin: Orlanda Frauenverlag. S. 82. Aus dem titelgebenden, stilistisch klein geschriebenen Gedicht *blues in schwarz weiss:* »[...] noch immer und schon/wieder zu den einzig wahren/erklären uns die eigentlich anderen: noch immer und schon wieder den krieg.«.

2 Dempwolf, Thomas (2008): »Die biologische Kläranlage auf dem Rangierbahnhof Wustermark«. In: Industriekultur, 30.04. https://industrie-kultur.org/2008/04/thomas-dempwolf-die-biologische-klaeranlage-auf-dem-rangierbahnhof-wustermark/.

3 o. A. (2019): »So haben Brandenburgs Gemeinden gewählt«. (Interaktive Karte.). In: Der Tagesspiegel. thttps://interaktiv.tagesspiegel.de/lab/landtagswahl-brandenburg-2019/.

4 o. A. (2021): »Bundestagswahl 2021: So hat Wustermark gewählt. In: *Märkische Allgemeine.* www.maz-online.de/Lokales/Havelland/Wustermark/Bundestagswahl-2021-So-hat-Wustermark-gewaehlt.

5 Land Brandenburg, Ministerium des Innern und für Kommunales (2021): »Verfassungsschutz Brandenburg zählt fast 3.000 Rechtsextremisten im Land«. In: *Märkische Oderzeitung*, 23.06. https://www.moz.de/nachrichten/brandenburg/verfassungsschutzbericht-2020-verfassungsschutz-brandenburg-zaehlt-fast-3000-rechstextremisten-im-land-57641189.html. o. A. (2020): »Verfassungsschutzbericht Brandenburg. So viele Rechtsextreme wie noch nie«. In: *taz*, 07.09. https://taz.de/Verfassungsschutzbericht-Brandenburg/!5712643/. zeit.de *Rechtsextremismus in Brandenburg noch nie so stark.* o. A. (2021): »Rechtsextremismus in Brandenburg noch nie so stark«. In: *Die Zeit*, 23.06. https://www.zeit.de/news/2021-06/22/brandenburger-verfassungsschutzbericht-2020-wird-vorgelegt.

6 Vgl. o. A. (o. J.): »So werdet ihr Mitglied im Netzwerk Schule ohne Rassismus – Schule mit Courage«. In: *Schule ohne Rassismus – Schule mit Courage.* https://www.maz-online.de/lokales/havelland/wustermark/sielmann-oberschule-ist-jetzt-schule-ohne-rassismus-JCAT6ZWFK6LPWGEJMA6JTKXT5M.html Siehe auch Hafer, Danilo (2018). »Sielmann-Oberschule ist jetzt ›Schule ohne Rassismus‹«. In: *Märkische Allgemeine*, 01.10. https://www.maz-online.de/lokales/havelland/wustermark/sielmann-oberschule-ist-jetzt-schule-ohne-rassismus-JCAT6ZWFK6LPWGEJMA6JTKXT5M.html.

7 Hafer.

8 Oberschule Elstal (o. J.): *Heinz-Sielmann-Oberschule Elstal trägt nun den Titel »Schule ohne Rassismus – Schule mit Courage«.* https://www.oberschule-elstal.de/index.php/schule-ohne-rassismus-schule-mit-courage.html.

9 Dudley, Michaela (2018): »Chemnitz Reaction«. In: *Siegessäule*, 10. S. 61.

10 Ibid.

11 bar/afp/mei (2015): »Polizei identifiziert Frau mit Auschwitz-Shirt«. In: *Welt*, 25.02. https://www.welt.de/regionales/nrw/article137818704/Polizei-identifiziert-Frau-mit-Auschwitz-Shirt.html.

12 Koch, Reinhard. In: Busch, Christoph (o. D.): *Demokratie stärken – Rechtsextremismus bekämpfen. NRW für Toleranz und Menschlichkeit.* PDF der Friedrich-Ebert-Stiftung. S. 12, Rubrik »Erlebnis Welt Rechtsextremismus«.

13 Berkenheger, Susanne (2019): *Ein echter Fascho trägt Stahlkappe.* www.freitag.de/autoren/der-freitag/ein-echter-fascho-traegt-stahl kappe. Siehe auch Wallenberg, Markus (1998). *Mit verbotenem Gruß!* www.nd-aktuell.de/artikel/729525.mit-verbotenem-gruss.html.

14 News V1 ORF (o. D.): »›Docs als Waffe‹: Dr. Martens als Symbol und Waffe von Skinheads«. In: *News V1 ORF.* https://newsv1.orf.at/100331-49654/?href=https%3A%2F%2Fnewsv1.orf.at%2F100331-49654%2F49658txt_story.html. Siehe auch o. A. (2000): »Ein Richter gegen Neonazis: Rechtsradikale unter Kontrolle. In: RBB Kontraste, 05.10. https://www.rbb-online.de/kontraste/ueber_den_tag_hinaus/extremisten/ein_richter_gegen.html.

15 Van Rooijen, Jerojen (2016): »Sind New Balance nun Neonazi-Sneakers?«. In: *Bellevue NZZ*, 17.11. https://bellevue.nzz.ch/stil-design/mode/new-balance-sind-diese-turnschuhe-nun-neonazi-sneakers-ld.128946.

16 Ibid.

17 Walker, Ewald (2021): »Auf der Suche nach der Zukunft für das olympische Dorf«. In: Deutsche Olympische Gesellschaft, 19.03. https://olympischesfeuer-dog.de/2021/03/19/wohnen-mit-blick-auf-olympia-die-suche-nach-der-zukunft-fuer-das-olympische-dorf-von-1936/.

18 Owens, Jesse/Niemark, Paul G. (1970): *The Jesse Owens Story.* G. P. Putnam's sons Baker, William J. (1986). *Jesse Owens. An American Life.* Brooks, F. Erik/Jones, Kevin M. (2020): *Jesse Owens: A Life in American History.* Bloomsbury.

19 o. A. (2005): »Als Jesse Owens innert 45 Minuten sechs Weltrekorde erzielte«. In: *Neue Zürcher Zeitung*, 21.05. www.nzz.ch/articleCTZE5-1.138061.

20 Siehe *Hamburger Anzeiger*, 7. Juli 1936, S. 7.

21 Saalbach, Hans (Hg.) (1936): *Dorf des Friedens.* Leipzig: Reclam.

22 Goldmann, Sven (2013): » 100. Geburtstag von Jesse Owens: Für immer ein Renner«. In: *Tagesspiegel*, 12.09. www.tagesspiegel.de/berlin/100-geburtstag-von-jesse-owens-fuer-immer-ein-renner/8775684.html.

23 Dudley, Michaela (2021): »Black History Month: Schwarze Geschichte ist Menschheitsgeschichte«. In: Tagesspiegel, 07.02. https://www.tagesspiegel.de/kultur/schwarze-geschichte-ist-menschheitsgeschichte-4225990.html.

24 Mletschin, Leonid (2020): »Sport und Propaganda: Die Olympischen Spiele von 1936«. In: *Petersburger Dialog*, März. www.petersburgerdialog.de/sport-und-propaganda-die-olympischen-spiele-von-1936/.

25 Reiß, Annika (2016): »Wie Jesse Owens Hitler und Goebbels ärgerte«. In: *Welt*, 03.08. https://www.welt.de/geschichte/article157460999/Wie-Jesse-Owens-Hitler-und-Goebbels-aergerte.html.

26 Wyatt, Ben (2021): »The legacy of Joe Louis' loss to Max Schmeling on Juneteenth«. In: *The Guardian*, 19.06. https://www.theguardian.com/sport/2021/jun/19/joe-louis-max-schmeling-heavyweight-fight-boxing-juneteenth.

27 Goldmann, Sven (2016):» Luz Long und Jesse Owens: Olympia 1936 – Wahrheit und Dichtung«. In: *Tagesspiegel*, 25.07. https://www.tagesspiegel.de/sport/olympia-1936-wahrheit-und-dichtung-3742066.html.

28 RP (2015): »Luz Long, ein Held in der Nazi-Zeit«. In: *NDR Sportclub Story*, 09.08. https://www.ndr.de/der_ndr/presse/mitteilungen/Luz-Long-ein-Held-der-Nazi-Zeit-in-Sportclub-Story-,pressemeldungndr16142.html.

29 Schwartz, Larry (o. J.): »Owens pierced a Myth«. In: ESPN Classic. http://www.espn.com/classic/biography/s/Owens_Jesse.html. (Übersetzung des Auszugs aus dem amerikanischsprachigen Original ins Deutsche: Michaela Dudley).

30 Schoeps, Julius (1997): »Gab es einen jüdischen Widerstand? Abwehrstrategien gegen Hitler und den NS-Terror«. [Vortrag von Prof. Dr. Julius Schoeps am 18. Juli 1997 in der Henning-von-Tresckow-Kaserne, Potsdam.] In: *Stiftung 20. Juli 1944.* S. 6. https://stiftung-20-juli-1944.de/reden/gab-es-einen-judischen-widerstandabwehrstrategien-gegen-hitler-und-den-ns-terror-prof-dr-julius-schoeps-18071997#:~:text=Widerstand%20von%20Juden%20auf%20breiter,Weise%20und%20auf%20verschiedensten%20Ebenen.

31 Ibid. Vgl. Friedman, Alexander (2019): *Der Duisburger Grundstücksmakler Adolf Abraham Kaiser, der US-Leichtathlet Jesse Owens und die Judenverfolgung im »Dritten Reich«*. Essen, Narrative der Landeszeitgeschichte; begründet von Walter Först, herausgegeben im Auftrag des Brauweiler Kreises für Landesund Zeitgeschichte e. V. von Sabine Mecking; in Verbindung mit Alfons Kellermann, Markus Köster, Georg Mölich und Christoph Nonn. S. 213–230.

32 Kath, Andrea (2021): »3. August 1936 - Jesse Owens sprintet zu Olympia-Gold«. In: *WDR Zeitzeichen*, 26.07. https://www1.wdr.de/radio/wdr5/sendungen/zeitzeichen/zeitzeichen-jesse-owens-100.html.

33 Dudley, Michaela (2021).

34 Cornwell, Rupert. (2016): »Great Olympic Friendships: John Carlos, Peter Norman and Tommie Smith – divided by their colour, united by the cause«. In: *The Independent*, 05.08. https://www.independent.co.uk/sport/olympics/rio-2016-olympic-friendships-john-carlos-peter-norman-tommie-smith-mexico-city-1968-black-power-salute-7166771.html.

35 Ibid.

36 Ibid. Cosgrove, Ben (2014): »The Black Power Salute That Rocked the 1968 Olympics«. In: *Time Magazine*, 27.09. https://time.com/3880999/black-power-salute-tommie-smith-and-john-carlos-at-the-1968-olympics/.

37 Williams, Randall/Beard, Ben (2009): *This Day in Civil Rights History.* Montgomery, NewSouth Books. S. 175 (Übersetzung aus dem amerikanischsprachigen Original ins Deutsche: Michaela Dudley).

38 Kistner, Thomas (2016): »Fragwürdige Methoden«. In: *Süddeutsche Zeitung,* 25.04. https://www.sueddeutsche.de/muenchen/was-zaehlt-fragwuerdige-methoden-1.2966135.

39 Taha, Leila (2021): *J*»Jesse Owens: Olympic Triumphs and Olympic-Sized Struggles«. In: *Biography,* 29.01. https://www.biography.com/athletes/jesse-owens-biography-olympic-triumphs-olympic-sized-struggles-20892201 (Übersetzung des Auszugs aus dem amerikanischsprachigen Original ins Deutsche: Michaela Dudley).

40 Owens, Jesse/Neimark, Paul (1972): *I have changed.* Morrow. S. 92. (Übersetzung des Auszugs aus dem amerikanischsprachigen Original ins Deutsche: Michaela Dudley).

6. Wandeltreppe in die Wolken

1 Khan, Yasmin Sabina (2010): *Enlightening the World: The Creation of the Statue of Liberty.* Cornell University Press. S. 159–163. (Übersetzung des Auszugs aus dem amerikanischsprachigen Original ins Deutsche: Michaela Dudley. Herv. d. Übers.).

2 Berenson, Edward (2012): »The Statue of Liberty Was Originally a Muslim Woman. ›The New Colossus‹ was actually born in Egypt«. In: *Smithsonian Magazine,* 24.11. Yale University Press. S. 21. Siehe auch Blakemore, Erin (2015): *The Statue of Liberty Was Originally a Muslim Woman: The New Colossus was actually born in Egypt.* https://www.smithsonianmag.com/smart-news/statue-liberty-was-originally-muslim-woman-180957377/

3 Joseph, Rebecca M./Rosenblatt, Brooke/Kinebrew, Carolyn (2000): *Black Statue of Liberty – Summary Report: The Black Statue of Liberty Rumor. An Inquiry into the History and Meaning of Bartholdi's Liberté* éclairant *le Monde. Final Report.* [Bericht vom Northeast Ethnography Program, Boston Support Office, National Park.] Service. https://www.nps.gov/stli/learn/historyculture/black-statue-of-liberty.htm. Der National Park Service (NPS) führt einen Disclaimer auf der Website. Demnach habe er seit der Fertigstellung dieses Manuskripts im September 2000 der NPS zweimal professionelle Redakteure engagiert, um die Organisation und den Schreibstil des Berichts zu optimieren, und zwar gemäß einer Empfehlung von Peer-Reviewern, wohl ohne die Ergebnisse und Erkenntnisse zu ändern. Jede Anstrengung habe jedoch zu Änderungen am Bericht geführt, die letztendlich vom NPS als unbefriedigend angesehen worden seien. Bei der Bereitstellung des Berichts in seiner ursprünglichen Form versuche der NPS, die Nuancen und Details der Forschenden zu bewahren.

4 Hedgpeth, Dana (2021): »This tribe helped the Pilgrims survive for their first Thanksgiving. They still regret it 400 years later«. In: *Washington Post,* 04.11.

https://www.washingtonpost.com/history/2021/11/04/thanksgiving-anniversary-wampanoag-indians-pilgrims/.

5 Siehe de Tocqueville, Alexis (1984): *Über die Demokratie in Amerika.* Ausgewählt und herausgegeben von Jacob P. Mayer. Ditzingen: Reclam. Übersetzung aus *De la démocratie en Amérique* (1838).

6 Zitiert in Resh, Richard W. (1963): »Alexis De Tocqueville and the Negro: Democracy in America Reconsidered«. In: *The Journal of Negro History*, 48(4), S.251–259, S. 251. Siehe auch Stokes, Curtis (1990). »Tocqueville and the Problem of Racial Inequality«. In: *The Journal of Negro History*, 75 (1/2), S. 1–15.

7 Resh, ibid.

8 Siehe X, Malcolm: [Rede in Cory Methodist Church, Cleveland, Ohio, am 03. April 1964.] In: Hackett, David G. (Hg.) (2003): *Religion and American Culture.* Routledge. S. 398 (Übersetzung des Auszugs aus dem amerikanischsprachigen Original ins Deutsche: Michaela Dudley).

9 Jones, Nikole-Hannah (2019): »Our Democracy's Founding Ideals Were False When They Were Written. Black Americans Have Fought to Make Them True«. In: Holt, Sid (Hg.): *The Best American Magazine Writing* 2020. Columbia University Press. S. 359–382.

10 Ibid. Siehe auch Mays, Kyle T. (2020): »What Alexis de Tocqueville Told Us About Democracy and the Future of Black and Native Americans«. In: *Beacon Broadside*, 19.11. https://www.beaconbroadside.com/broadside/2020/11/what-alexis-de-tocqueville-told-us-about-democracy-and-the-future-of-black-and-native-americans-.html.

11 Lazarus, Emma (1883): »The New Colossus«. In: Eiselein, Gregory (Hg.): *Emma Lazarus. Selected Poems and Other Writings.* Broadview Press.

12 o. A. (1886): »Postponing Bartholdi's Statue Until There is Liberty for Colored as Well«. In: *Cleveland Gazette*, 4(15). S. 2. (Übersetzung des Auszugs aus dem amerikanischsprachigen Original ins Deutsche: Michaela Dudley. Herv. d. Übers.).

13 Stovall, Tyler (2017): »White Freedom and the Lady of Liberty«. In: *American Historical Association.* https://www.historians.org/presidential-address/tyler-stovall/. President of the Association, 2017. This presidential address was delivered at the 132nd annual meeting of the American Historical Association, held in Washington, DC, on January 5, 2018. Siehe auch Stovall, Tyler (2021): *White Freedom: The Racial History of an Idea.* Princeton University Press.

14 Glaude, Eddie S., Jr. (2020): *Begin Again: James Baldwin's America and Its Urgent Lessons for Today.* Penguin Random House. S. 84.

15 Dudley, Michaela (2021): »Im Schatten der Freiheitsstatue«. (GEMA-Werknummer 29362246).

7. Grenzen gesetzt

1 2. Samuel 22,30.

2 Baldwin, James (1999): »Notes for a Hypothetical Novel: An Address«. In: Ders.: *The Price of the Ticket: Collected Nonfiction: 1948–1985*. St. Martin's Press. S. 243–250, S. 249 (Übersetzung des Auszugs aus dem amerikanischsprachigen Original ins Deutsche: Michaela Dudley).

3 Chestnut, Trichita M. (2020): »›… there is no East, no West …‹: Dr. Martin Luther King jr. Visits Cold War Berlin«. In: *National Archives. Rediscovering Black History*. https://rediscovering-black-history.blogs.archives.gov/2020/01/20/there-is-no-east-no-west-dr-martin-luther-king-jr-visits-cold-war-berlin/ (Übersetzung des Auszugs aus dem amerikanischsprachigen Original ins Deutsche: Michaela Dudley).

4 Appelius, Stefan (2009): »Martin Luther King in Ost-Berlin: ›Let my People go!‹«. In: *Der Spiegel*, 11.09. www.spiegel.de/geschichte/martin-luther-king- in-ost-berlin-a-948492.html.

5 Danson, Edwin (2016): *Drawing the Line: How Mason and Dixon Surveyed the Most Famous Border in America*. John Wiley & Sons.

6 Steiner, Bernard Christian/Browne, William Hand/Hall, Clayton Colman (Hg.) (2023): *Archives of Maryland* (in Entstehung). Baltimore, 1883 bis dato, I, S. 520 (Übersetzung des Auszugs aus dem amerikanischsprachigen Original ins Deutsche: Michaela Dudley). Siehe auch Maryland State Archives (2000): *Blacks before the Law in Colonial Maryland – The Judicial Record*. https://msa.maryland.gov/msa/speccol/sc5300/sc5348/html/chap4.html.

7 Alternativ auch so geschrieben: *Caucacity*.

8 *Dred Scott v. Sandford*, 60 U.S. (19 How.) 393 (1857).

9 Ibid. S. 417 (Übersetzung des Auszugs aus dem amerikanischsprachigen Original ins Deutsche: Michaela Dudley).

10 Nagler, Jörg (2009): *Abraham Lincoln. Amerikas großer Präsident. Eine Biographie*. München: C.H. Beck. S. 174 (Übersetzung des Auszugs aus dem amerikanischsprachigen Original ins Deutsche: Jörg Nagler).

11 Mk 3,25.

8. Schmückendes Beiwerk

1 Kirchner, Ernst Ludwig (1919/1920): *Atelierecke*. [Ölgemälde auf Leinwand.] Sammlung Nationalgalerie/Neue Nationalgalerie, Staatliche Museen zu Berlin, Berlin. Provenienz gemäß Angaben der Nationalgalerie: »1923–1937 Nationalgalerie (Kronprinzenpalais), Berlin, (Kauf);16.08.1937–07.03.1940 Deutsches Reich/Reichsministerium für Volksaufklärung und Propaganda, Berlin (Beschlagnahmung); 8/1938–07.03.1940 Depot Schloß Schönhausen, Berlin

(Verwahrung); 07.03.1940–1943 Galerie Ferdinand Möller, Berlin (Tausch); 1943–1948 Kunsthändler Ferdinand Möller, Zermützel; 1948–1953 Moritzburg-Museum, Halle/Saale (Leihe); 16.11.1953–1996 (Ehem.) Staatliche Museen zu Berlin, Nationalgalerie; 1996–20.06.1997 Ferdinand Möller Stiftung, Berlin (Restitution).« https://recherche.smb.museum/detail/963177/atelierecke.

2 Herold, Georg (1981): *Ziegelneger.* [Ölgemälde, Dispersion auf Hartfaserplatte.] Erwerbungsangaben des Museums: »2015 als Schenkung aus Privatbesitz erhalten.«

3 Vgl. Buhr, Elke (2020): »Dringende Aufgabe: Horizont erweitern. Rassismus-Debatte im Städel«. In: *monopol*, 03.07. www.monopol-magazin.de/staedel-kommentar-georg-herold-dringende-aufgabe-horizont-erweitern. Vgl. Jantschek, Thorsten (2020): »Umstrittenes Bild im Städel Museum: Warum Herolds ›Ziegelneger‹ hängen bleiben sollte«. In: *Deutschlandfunk Kultur*, 03.07. www.deutschlandfunkkultur.de/umstrittenes-bild-im-staedel-museum-warum-herolds.2165.de.html?dram:article_id=479849.

4 Städel Museum (o. J.): »Georg Herold: Ziegelneger«. In: *Digitale Sammlung.* https://sammlung.staedelmuseum.de/de/werk/ziegelneger.

5 Ibid.

6 Obinyan, Thomas Uwadiale (1988): »The Annexation of Benin«. In: *Journal of Black Studies*, 19(1), S. 29–40.

7 Huxley, Elspeth (1954): *Four Guineas: A Journey through West Africa.* Chatto & Windus (Übersetzung des Auszugs aus dem britischsprachigen Original ins Deutsche: Michaela Dudley). Siehe auch Roth, Henry Ling (1968): *Great Benin: Its Customs, Art and Horrors.* Routledge & K. Paul. Der Bruder des Autors war der an der Expedition beteiligte Chirurg, den Huxley zitiert.

8 Hicks, Dan (2020): *The Brutish Museums.* Pluto Press. S. 111 (Übersetzung des Auszugs aus dem britischsprachigen Original ins Deutsche: Michaela Dudley). Vgl. Rummel, Rudolph Joseph (2006): *›Demozid‹ – der befohlene Tod. Massenmorde im 20. Jahrhundert.* Münster: Lit Verlag. »Demozid« beinhaltet, kurz zusammengefasst, die vorsätzliche Massentötung bestimmter Menschengruppen auf (Regierungs-)Befehl.

9 Hicks. Siehe auch S. 115–6, 123, 132.

10 Stiftung Preußischer Kulturbesitz (2021): »Parzinger zu Gesprächen *über* Benin-Bronzen in Nigeria«. In: *Website der Stiftung Preußischer Kulturbesitz*, 21.05. https://www.preussischer-kulturbesitz.de/news-detail/artikel/2021/05/21/parzinger-zu-gespraechen-in-nigeria.html.

11 Memarnia, Susanne (2020): »Raubkunst im Humboldt Forum: Blamage mit Ansage«. In: *taz*, 13.12. taz.de/Raubkunst-im-Humboldt-Forum/!5733565/.

12 Meixner, Christiane (2021): »Streit um Benin-Bronzen: Berlin drückt sich um eine klare Haltung«. In: *Tagesspiegel*, 15.01. www.tagesspiegel.de/kultur/streit-um-benin-bronzen-berlin-drueckt-sich-um-eine-klare-haltung/26821970.html.

13 dpa (2021): »Raubkunst: Deutschland will sämtliche Benin-Bronzen übereignen«. In: *Die Zeit*, 14.10. www.zeit.de/news/2021-10/14/deutschland-will-saemtliche-benin-bronzen-uebereignen. Hermann Parzinger, Präsident der Stiftung Preußischer Kulturbesitz, wird zitiert.

14 Ibid.

15 Ibid.

9. Sojourner Truth und die Wahrheit über schwarzen Feminismus

1 Siehe Walker, Malea (2021): »Sojourner Truth's Most Famous Speech«. In: *Library of Congress Blogs*, 07.04. blogs.loc.gov/headlinesandheroes/2021/04/sojourner-truths-most-famous-speech/. Rede von Sojourner Truth am 29. Mai 1851, Frauenrechtskongress, Akron, Ohio. Transkription: Marius Robinson, 1851 (Übersetzung des Auszugs aus dem amerikanischsprachigen Original ins Deutsche: Michaela Dudley).

2 Dudley, Michaela (2021): »Gedanken zum Weltfrauentag«. In: *Rosa Mag*, 08.03. rosa-mag.de/dr-michaela-dudley-gedanken-zum-weltfrauentag/. Siehe auch Bernard, Jacqueline (1990): *Journey Toward Freedom: The Story of Sojourner Truth.* The Feminist Press at CUNY. Painter, Nell Irvin (1997): *Sojourner Truth: A Life, a Symbol.* W.W. Norton.

3 Kelly, Natasha A. (Hg.) (2019): *Schwarzer Feminismus. Grundlagentexte.* Münster: Unrast Verlag. Siehe auch Lourde, Audre (1984): *Sister Outsider: Essays and Speeches.* Crossing Press.

4 Dudley, Michaela (2021). Siehe auch Clinton, Catherine (2005): *Harriet Tubman: the Road to Freedom.* Little, Brown and Company.

5 Silkey, Sarah Lynn (2015): *Black Woman Reformer: Ida B. Wells, Lynching, and Transatlantic Activism.* University of Georgia Press.

6 Crenshaw, Kimberlé (2017): *On Intersectionality: Essential Writings.* The New Press.

7 Lorde, Audre (1984): *Sister Outsider: Essays and Speeches.* Crossing Press.

8 hooks, bell (2000): *Feminism is for Everybody: Passionate Politics.* South End Press.

9 Dudley, Michaela (2020): »Und sie warf den ersten Stein von Stonewall«. In: *Glitter – die Gala der Literaturzeitschriften*, 4, S. 27–34. Dazu die musikalische Hommage: Dudley, Michaela (2020): »Owed to Marsha«. GEMA-Werknummer 24392279. Uraufführung am 25. August 2021, *Kulturzeit*, 3sat, Mainz.

10. Die verlorene Sache

1 National Union Catalog of Manuscript Collections (o. J.): »Louisa McCord Smythe Papers, 1862–ca. 1920«. In: *Library of Congress. National Union Catalog of Manuscript Collections.* Ausstellungsteil 5: At War's End: A Nation mourns and Rebuilds. www.loc.gov/coll/nucmc/2015CivilWar/14_Smythe.html (Übersetzung des Auszugs aus dem amerikanischsprachigen Original ins Deutsche: Michaela Dudley). Vgl. Woods, Michael E. (2018): »Long haired [sic] Sixties Radicals«. In: *The Journal of the Civil War Era,* 31.07. www.journalofthecivilwarera.org/2018/07/long-haired-sixties-radicals/#_ftnref1.

2 Siehe Monaco, Sarah (o. J): »Selling the Southern Belle«. Im Rahmen der an der Universität Tulane in New Orleans, Louisiana, kuratierten virtuellen Ausstellung: »From Slave Mothers & Southern Belles to Radical Reformers & Lost Cause Ladies. Representing Women in the Civil War Era.« https://civilwarwomen.wp.tulane.edu/essays-4/sellingthesouthernbelle/. Siehe auch Clinton, Catherine (1998): *Civil War Stories: Accounts of the War's Impact on Women and Chilldren, Black and White, on both Sides of the Conflict.* University of Georgia Press. S. 97.

3 Mitchell, Margaret (1937): *Vom Winde verweht.* Hamburg/Leipzig: H. Goverts Verlag GmbH. Übersetzung von Martin Beheim-Schwarzbach. Deutsche Ausgabe der amerikanischen Originalausgabe: Mitchell, Margaret (1936): *Gone with the Wind.* Macmillan Company. Vgl. Thomann, Jörg (2019): »›Vom Wind‹ verweht ist zurück. Es bleibt ein schwieriges Buch«. In: *Frankfurter Allgemeine Zeitung,* https://www.faz.net/aktuell/gesellschaft/menschen/warum-die-neuuebersetzung-von-vom-wind-verweht-schwierig-bleibt-16547399.html. Siehe auch Zekri, Sonja (2020): »Rassismus und Literatur: Als die Sklaverei im warmen Licht erstrahlte«. In: *Süddeutsche Zeitung,* 02.01. https://www.sueddeutsche.de/kultur/vom-winde-verweht-neuuebersetzung-margaret-mitchell-andreas-nohl-liat-himmelheber-1.4741312.

4 Fleming, Victor (Regie) (1939): *Gone with the Wind.* o. O.: Selznick International Pictures, Metro-Goldwyn-Mayer. Vgl. Hanfeld, Michael (2020): »HBO stoppt Film: ›Vom Winde verweht‹ landet vorerst im Giftschrank«. In: *Frankfurter Allgemeine Zeitung,* 10.06. www.faz.net/aktuell/feuilleton/medien/vom-winde-verweht-von-hboaus-dem-programm-genommen-16809227.html.

5 Vgl. Peterkin, Julia Mood (1928): *Scarlet Sister Mary.* Indianapolis: The Bobbs-Merrill Company. Für diesen Roman über das Leben der Gullah gewann Peterkin 1929 den Pulitzer-Prize für Belletristik. Ihre schwarzen Figuren treten nicht stereotyp als lakaienhafte Lachnummern, sondern als fühlende, nachdenkliche Personen in Erscheinung. Siehe auch Robeson, Elizabeth (1995): »The Ambiguity of Julia Peterkin«. In: *The Journal of Southern History,* 61(4), November, S. 761–78.

6 McCord, Louisa Susannah (1852): »Woman and her Needs«. In: Lounsbury, Richard (Hg.) (1995): *Louisa S. McCord: Political and Social Essays.* University Press of Virginia. S. 125–158, S. 131–132. Vgl. McCord, Louisa Susannah (1852): »Woman and her Needs«. In: *Debow's Review,* XIII (September), S. 270.

Siehe auch Fought, Leigh (2003): *Southern Womanhood and Slavery: A Biography of Louisa S. McCord, 1810–1879.* University of Missouri Press.

7 McCord, Louisa Susannah (1852): »Enfranchisement of Woman«. In: Lounsbury, S. 105–124, S. 119. Siehe auch McCord, Louisa Susannah (1852): »Enfranchisement of Woman«. In: *Southern Quarterly Review*, Columbia, April, 5(10), S. 322–341.

8 McCord, Louisa Susannah (1853): »Uncle Tom's Cabin« [Book Review]. In: *Southern Quarterly Review*, New Orleans, Januar, S. 81–210 ff., S. 118 (Übersetzung des Auszugs aus dem amerikanischsprachigen Original ins Deutsche: Michaela Dudley. Herv. d. Übers.). Vgl. Stowe, Harriet Beecher (1852): *Uncle Tom's Cabin or Life among the Lowly.* John P. Jewett & Company. Nach Serialisierung in *The National Era* ab 5. Juni 1851.

9 Walther, Eric (1992): *The Fire-Eaters.* Louisiana State University Press. S. 228 (Übersetzung des Auszugs aus dem amerikanischsprachigen Original ins Deutsche: Michaela Dudley).

10 Lincolns Brief vom 22. August 1862 an den bekannten Sklavereigegner Horace Greeley, Herausgeber der New York Tribune. Goodwin, Doris Kearns (2005): *Team of Rivals: The Political Genius of Abraham Lincoln.* Simon & Schuster. S. 471 (Übersetzung des Auszugs aus dem amerikanischsprachigen Original ins Deutsche: Michaela Dudley). Siehe auch Abraham Lincoln Papers: Series 2. General Correspondence. 1858–1864: »Abraham Lincoln to Horace Greeley, Friday, August 22, 1862« (Clipping from Aug. 23, 1862 Daily National Intelligencer, Washington, D.C.). www.loc.gov/item/mal4233400/. Ausschnitt vom 23. August 1862 aus der Washingtoner Zeitung *Daily National Intelligencer.*

11 Douglass, Frederick (1876): »Oration in Memory of Abraham Lincoln. Inaugural Ceremonies of the Freedmen's Memorial Monument to Abraham Lincoln«. Washington City, April 14, 1876, St. Louis, 1876. S. 16–26. Vorgetragen bei der Enthüllung des Emanzipationsmonumentes zu Ehren von Abraham Lincoln im Lincoln Park, Washington, D.C., 14. April 1876 (Übersetzung des Auszugs aus dem amerikanischsprachigen Original ins Deutsche: Michaela Dudley).

12 Ibid.

13 Douglass, Frederick (1863): »Once let the Black man«. In: Holland, Frederic May (1891): *Frederick Douglass. The Colored Orator.* Funk & Wagnalls. S. 301 (Übersetzung des Auszugs aus dem amerikanischsprachigen Original ins Deutsche: Michaela Dudley).

14 Ibid.

15 Wills, Garry (1992): *Lincoln at Gettysburg: The Words that Remade America.* Touchstone. S. 172–173 (Übersetzung des Auszugs aus dem amerikanischsprachigen Original ins Deutsche: Michaela Dudley).

16 *Constitution of the United States: The Preamble.*

17 Siehe Simon, John Y. (1985): *U S Grant Papers: The Papers of Ulysses S. Grant. Vol. 13: November 16, 1864–February 20, 1865.* Southern Illinois University. Siehe auch Simon, John Y. (1985): *U S Grant Papers: The Papers of Ulysses S. Grant. Vol. 14: February 21–April 30, 1865.* Southern Illinois University.

18 Simpson, Brooks D. (2000): *Ulysses S. Grant: Triumph Over Adversity, 1822–1865.* Houghton Mifflin. S. 163–164.

19 U.S. War Department (1883): *War of the Rebellion Official Records Series I, Vol. XIX, Part I.* S. 218 (Übersetzung des Auszugs aus dem amerikanischsprachigen Original ins Deutsche: Michaela Dudley).

20 McPherson, James M. (2002): *Crossroads of Freedom. Antietam.* Oxford University Press. S. 16.

21 Gugliotta, Guy (2012): »New Estimate raises Civil War Death Toll«. In: *The New York Times*, 02.04. https://www.nytimes.com/2012/04/03/science/civil-war-toll-up-by-20-percent-in-new-estimate.html.

22 Chesson, Michael B. (1984): »Harlots or Heroines? A New Look at the Richmond Bread Riot«. In: *Virginia Magazine of History and Biography*, 92(2), S. 131–175. Vgl. Blair, William (1998): *Virginia's Private War: Feeding Body and Soul in the Confederacy, 1861–1865.* Oxford University Press.

23 WIS TV (2015): »Columbia Landmark Home,1865 Fire Survivor on Market«. In: *Wis 10*, 08.09. https://www.wistv.com/story/29979110/columbia-landmark-home-1865-fire-survivor-on-market/.

24 Siehe South Carolina Historical Society (1961): »Excerpts from the Wartime Correspondence of Augustine T. Smythe and Sister Sue«. In: *The South Carolina Historical Magazine*, 62(1), S. 27–32.

25 National Union Catalog of Manuscript Collections.

26 Ibid. (Übersetzung des Auszugs aus dem amerikanischsprachigen Original ins Deutsche: Michaela Dudley.)

27 Zaschke, Christian (2021): »Gedenktag in den USA: ›Große Nationen ignorieren ihre schmerzhaftesten Momente nicht.‹«. In: *Süddeutsche Zeitung*, 18.06 https://www.sueddeutsche.de/kultur/sklaverei-us-feiertag-juneteenth-1.5325927?reduced=true. Karnie, Annie/Broadwater, Luke (2021): »Biden Signs Law Making Juneteenth a Federal Holiday«. In: *The New York Times*, 17.06. https://www.nytimes.com/2021/06/17/us/politics/juneteenth-holiday-biden.html.

28 *U.S. Const., amend. XIII* (Übersetzung des Auszugs aus dem amerikanischsprachigen Original ins Deutsche: Michaela Dudley).

29 Pollard, Edward Alfred (1866): *The lost Cause. A new southern History of the War of the Confederates.* E. B. Treat & Co.

30 Guelzo, Allen C. (2012): *Fateful Lightning: A New History of the Civil War and Reconstruction.* Oxford University Press. S. 326.

11. Auf ein Wort

1 Dudley, Michaela (2018): »Amigo Home«. Kabarettlied. GEMA-Werknummer 20506140. Uraufführung: 25. Februar 2018, Berlin.

2 Ibid.

3 Dudley, Michaela (2020): »Diversity Rap«. Kabarettlied. GEMA-Werknummer 24014395. Uraufführung: 12. November 2020, Berlin.

4 Streck, Bernhard Streck (2014): *Leo Frobenius. Afrikaforscher, Ethnologe, Abenteurer. (Gründer, Gönner und Gelehrte).* Frankfurt/M.: Societäts-Verlag. Siehe auch Franzen, Christoph Johannes/Kohl, Karl-Heinz/Recker, Marie-Luise (Hg.) (2012): *Der Kaiser und sein Forscher. Der Briefwechsel zwischen Wilhelm II. und Leo Frobenius (1924–1938).* Stuttgart: Kohlhammer.

5 Voss, Julia (2011): »Der Moderne wider Willen: Leo Frobenius«. In: *Frankfurter Allgemeine Zeitung*, 25.11. www.faz.net/aktuell/feuilleton/leo-frobenius-der-moderne-wider willen-11541082.html. Vgl. Pützstück, Lothar/Hauschild, Thomas (1991): »Ethnologie und Nationalsozialismus. Bericht über das Kolloquium ›Ethnologie und Nationalsozialismus‹, 17.–18.11.1990, Universität Köln«. In: *Anthropos*, 86(4/6), S. 576–580.

6 Spöttel, Michael (1996): *Hamiten: Völkerkunde und Antisemitismus.* Frankfurt/M.: Peter Lang.

7 Whitman, James Q. (2017): *Hitler's American Model: The United States and the Making of Nazi Race Law.* Princeton University Press.

8 Ibid. Zitiert in Williams, Thomas Christie (2017): »Long Read Review: Hitler's American Model: The United States and the Making of Nazi Race Law by James Q. Whitman«. In: *LSE Review of Books*, 25.08. https://blogs.lse.ac.uk/usappblog/2017/08/25/long-read-review-hitlers-american-model-the-united-states-and-the-making-of-nazi-race-law-by-james-q-whitman/.

9 Fischer, Martin/Hoßfeld, Uwe/Krause, Johannes/Richter, Stefan (2019): »Jenaer Erklärung – Das Konzept der Rasse ist das Ergebnis von Rassismus und nicht dessen Voraussetzung«. In: *Biologie in unserer Zeit*, 49(6), S. 399–402. Siehe auch DZG (2019): »Jenaer Erklärung – Das Konzept der Rasse ist das Ergebnis von Rassismus und nicht dessen Voraussetzung«. https://www.dzg-ev.de/wp-content/uploads/2019/12/JEBiuz.2019.pdf.

10 Fischer et al.

11 Ibid.

12 Ibid.

13 Siehe Arndt, Susan (2020): »Das Machtsystem: Geschichte des Rassismus«. In: *taz*, 08.07. taz.de/Geschichte-des-Rassismus/!5694138/. Siehe auch Eckert, Andreas (2021): *Geschichte der Sklaverei: Von der Antike bis ins 21. Jahrhundert.* München: C.H. Beck.

14 Welsch, Wolfgang (2017): *Transkulturalität. Realität – Geschichte – Aufgabe.* Wien: newq academic press. Weiterhin empfohlen ist Welsch, Wolfgang (2018): *Wahrnehmung und Welt – Warum unsere Wahrnehmungen weltrichtig sein können.* Berlin: Matthes & Seitz.

15 Siehe Lavorano, Stephanie/Mehnert, Carolin/Larrat, Ariane (Hg.) (2016): *Grenzen der Überschreitung: Kontroversen um Transkultur, Transgender und Transspecies.* Bielefeld: transcript.

16 Schröcke, Helmut (1981): »Heidelberger Manifest«. Originalfassung vom 17. Juni 1981. Veröffentlichung in: *Deutsche Wochenzeitung,* 06.11.; in: *Nation & Europa,* 12, Dezember; in: *Deutschland in Geschichte und Gegenwart (DGG),* 4, Dezember, S. 34.

17 Für eine detaillierte Berichterstattung über das Treffen in Heidelberg siehe o. A. (1982): »Schutzbund für das deutsche Volk – Deutsche Rassisten sammeln sich«. In: *taz,* 25.01. S. 3.

18 Herrmann, Ulrike (2010): »Die Gene sind schuld: Thilo Sarrazin, der Eugeniker«. In: *taz,* 29.08. https://taz.de/Thilo-Sarrazin-der-Eugeniker/!5136593/.

19 Sarrazin, Thilo (2010): *Deutschland schafft sich ab. Wie wir unser Land aufs Spiel setzen.* München: DVA.

20 Kerner, Ina (2008): *Differenzen und Macht: Zur Anatomie von Rassismus und Sexismus.* Frankfurt/M.: Campus Verlag. S. 343 f.

21 Sarrazin, Thilo (2018): *Feindliche Übernahme. Wie der Islam den Fortschritt behindert und die Gesellschaft bedroht.* München: FinanzBuch Verlag.

22 o. A. (2010): »Thilo Sarrazin – ›Ich bin kein Rassist.‹«. In: *Morgenpost,* 28.08. https://www.morgenpost.de/berlin-aktuell/article104530856/Thilo-Sarrazin-Ich-bin-kein-Rassist.html. Engel, Philipp Peyman (2010): »Das Sarrazin-Gen. Zu- und Widerspruch für die Thesen des Bundesbankers«. In: *Jüdische Allgemeine,* 01.09. www.juedische-allgemeine.de/politik/das-sarrazin-gen/.

23 dpa (2010): »Sarrazin räumt ›Riesenunfug‹ ein«. In: *Merkur,* 02.09. www.merkur.de/politik/sarrazin-raeumt-riesenunfug-zr-902626.html.

24 Siehe in diesem Zusammenhang: Ackrill, Ursula (2016): »Guter Zeitpunkt für Reparationen: Debatte Genozid in Deutsch-Südwestafrika«. In: *taz,* 23.10. https://taz.de/Debatte-Genozid-in-Deutsch-Suedwestafrika/!5347919/. Apin, Nina (2014): »Auf dem Dachboden lagerten Schädel: Ausstellung zu ›Rassenforschung‹«. In: *taz,* 02.02. taz.de/Ausstellung-zu-Rassenforschung/!5049527/; Baer, Elizabeth R. (2017): *The Genocidal Gaze: From German Southwest Africa to the Third Reich.* Detroit: Wayne State University Press. Eckert, Lena (2017): »Fund in Hamburger Uni-Klinik: Herero-Schädel im Medizinmuseum«. In: *taz,* 20.04. taz.de/Fund-in-HamburgerUni-Klinik/!5399183/.

25 Brehl, Medardus (2004): »›Diese Schwarzen haben vor Gott und Menschen den Tod verdient‹: Der Völkermord an den Herero 1904 und seine zeitgenössische Legitimation«. In: Fritz Bauer Institut/Wojak, Irmtrud/Meinl, Susanne (Hg.)

(2004): *Völkermord und Kriegsverbrechen in der ersten Hälfte des 20. Jahrhunderts.* Frankfurt/M.: Campus Verlag.

26 Die Rede von Björn Höcke (AfD) wurde von dem Journalisten Konstantin Nowotny (auf Twitter: @konstantkarma) transkribiert und im *Tagesspiegel* veröffentlicht (2017): »Höcke-Rede im Wortlaut: ›Gemütszustand eines total besiegten Volkes‹«. www.tagesspiegel.de/politik/ hoecke-rede-im-wortlaut-gemuetszustand-eines-total-besiegten volkes/19273518.html. Vgl. Kamann, Matthias (2017): »Was Höcke mit der ›Denkmal der Schande‹-Rede bezweckt: Eklat um AfD-Politiker«. In: *Welt*, 18.01. https://www.welt.de/politik/deutschland/article161286915/Was-Hoecke-mit-der-Denkmal-der-Schande-Rede-bezweckt.html.

27 Perlstein, Rick (2012): »Exclusive: Lee Atwater's 1981 Interview on the Southern Strategy«. In: *The Nation*, 13.11. https://www.thenation.com/article/archive/exclusive-lee-atwaters-infamous-1981-interview-southern-strategy/.

28 Dudley, Michaela (2021): »Redet nicht über unsere Köpfe hinweg: Plädoyer für sensible Sprache«. In: *Tagesspiegel*, 05.01. www.tagesspiegel.de/gesellschaft/queerspiegel/plaedoyer-fuer-sensible-sprache-redet-nicht-ueber-unsere-koepfehinweg/26769556.html. Originalerscheinung im *Special des Tagesspiegels zur Diversity-Konferenz* 2020: Dudley, Michaela (2020): »Redet nicht über unsere Köpfe hinweg«. specials.tagesspiegel.de/redet-nicht-ueber-unsere-koepfehinweg-117057.

29 Dudley, Michaela (2021): »Eine Nummer zu arabisch«. In: *taz*, 12.10. https://taz.de/Frau-ohne-Menstruationshintergrund/!5804365/.

12. Bittere Pillen

1 Siehe Chebu, Anne (2016): *Anleitung zum Schwarzsein.* Münster: Unrast Verlag. Hasters, Alice (2019): *Was* weiße *Menschen nicht über Rassismus hören wollen, aber wissen sollten.* München: Hanser. Ogette, Tupoka (2017): *exit RACISM: rassismuskritisch denken lernen.* Münster: Unrast Verlag. Siehe auch Touré, Aminata (2021): *Wir können mehr sein: Die Macht der Vielfalt.* Köln: Kiepenheuer & Witsch.

2 Kluge, U./Aichberger, M. C./Heinz, E./Udeogu-Gözalan, C./Abdel-Fatah, D. (2020): »Rassismus und psychische Gesundheit«. In: *Der Nervenarzt*, 91, S. 1017–1024. https://pmc.ncbi.nlm.nih.gov/articles/PMC7490571/.

3 Peşmen, Azadê (2018): »Wie Tausende kleine Mückenstiche: Rassismus macht den Körper krank«. In: *Deutschlandfunk Kultur*, 05.07. https://www.deutschlandfunkkultur.de/rassismus-macht-den-koerper-krank-wie-tausende-kleine-100.html.

4 *Brown v. Board of Education*, 347 U.S. 483 (1954).

5 Blakemore, Erin (2023): »The Story Behind the Famous Little Rock Nine ›Scream Image‹ – It didn't end when Central High School was integrated«. In:

History, 22.09. https://www.history.com/news/the-story-behind-the-famous-little-rock-nine-scream-image. Originale Onlineveröffentlichung am 1. September 2017.

6 Margolick, David (2011): »›Elizabeth and Hazel‹ Excerpt: How Oprah dissed a Civil-Rights Icon«. In: *Daily Beast*, 27.10. https://www.thedailybeast.com/elizabeth-and-hazel-excerpt-how-oprah-dissed-a-civil-rights-icon/.

7 Margolick, David (2007): »Through a Lens, Darkly«. In: *Vanity Fair*, 24.09. https://www.vanityfair.com/news/2007/09/littlerock200709?srsltid=AfmBOoqfYrITsMK6lfb2-nWhdi7NMeML3Fm91F4sphIJcPziNU0bax0 (Übersetzung des Auszugs aus dem amerikanischsprachigen Original ins Deutsche: Michaela Dudley). Siehe auch Margolick, David (2012): *Elizabeth and Hazel: Two Women of Little Rock.* Yale University Press.

8 Ibid.

9 Late Night with Seth Myers (2019): *White Savior: The Movie Trailer* [Video]. www.youtube.com/watch?v=T_RTnuJvg6U&t=4s.

10 Dudley, Michaela (2021): »Zur Sprache gebracht. Der ganz alltägliche Rassismus«. In: *taz,* 28.03. taz.de/Der-ganz-alltaegliche-Rassismus/!5758467/ (Herv. d. A.).

11 Dudley, Michaela im Interview mit Philipp Awounou (2020): »Michaela Dudley über Tone Policing: ›Manchmal muss man sich im Ton vergreifen dürfen.‹«. In: *ze.tt*, 29.11. https://www.zeit.de/zett/politik/2020-11/michaela-dudley-ueber-tone-policing-manchmal-muss-man-sich-im-ton-vergreifen-duerfen.

12 Dudley, Michaela (2018): »Tacheles reden: Rassismus und die queere Szene«. In: *Siegessäule*, September, S. 26–31. S. 29. Siehe auch Dudley, Michaela (2018): »Tacheles reden: Rassismus und die queere Szene«. In: *Siegessäule*, 10.08. https://www.siegessaeule.de/magazin/was-heißt-eigentlich-rassismus/.

13 Ibid.

14 Ibid. Siehe auch Dudley, Michaela (2021): »Wie wollen wir leben: Christopher Street Day 2021«. In: *taz*, 31.07. taz.de/Christopher-Street-Day-2021 /!5787695/.

13. Die Weißglut und der Coup-Klux-Klan

1 Holloway, Houston Hartsfield (2015): *In His Own Words: Houston Hartsfield Holloway's Slavery, Emancipation, and Ministry in Georgia.* Hg. v. David E. Paterson. Macon: Mercer University Press (Übersetzung des Auszugs aus dem amerikanischsprachigen Original ins Deutsche: Michaela Dudley).

2 Ibid. Siehe auch Dennard, David (2016): »In His Own Words: Houston Hartsfield Holloway's Slavery, Emancipation, and Ministry in Georgia«. In: *Civil War Book Review*, 18(4).

3 Brown, DeNeen L. (2021): »40 Acres and a Mule: How the first Reparations for Slavery ended in Betrayal«. In: *Washington Post*, 15.04. www.washingtonpost.com/history/2021/04/15/40-acres-mule-slavery-reparations/.

4 Ibid.

5 Farmer-Kaiser, Mary (2004): »Are they not in some sorts vagrants? Gender and the Efforts of the Freedmen's Bureau to Combat Vagrancy in the Reconstruction South«. In: *Georgia Historical Quarterly*, 88(1), S. 25–49. Siehe auch Thompson, C. Mildred (1921): »The Freedmen's Bureau in Georgia in 1865-6: An Instrument of Reconstruction«. In: *The Georgia Historical Quarterly*, 5(1), S. 40–49.

6 DuBois, William Edward Burghardt (1903): *The Souls of Black Folk: Essays and Sketches.* Chicago: A. C. McClurg & Co. S. 190 (Übersetzung des Auszugs aus dem amerikanischsprachigen Original ins Deutsche: Michaela Dudley). Vgl. o. A. (o. J.): »African Methodist Episcopal Church History and Beliefs«. In: *Yale Divinity School.* divinity.yale.edu/academics/vocation-and-leadership/denominational-programs/african-methodist-episcopal-church.

7 Walker, Clarence E. (1985): »The A.M.E. Church and Reconstruction«. In: *Negro History Bulletin*, 48(1). S. 10–12.

8 Hatfield, Edward (2009): »Freedmen's Bureau«. In: *New Georgia Encyclopedia*, 01.07. www.georgiaencyclopedia.org/articles/history-archaeology/freedmens-bureau.

9 *U.S. Const., amend XV* (Übersetzung des Auszugs aus dem amerikanischsprachigen Original ins Deutsche: Michaela Dudley).

10 Harrell, David Edwin, Jr./Gaustad, Edwin S./Boles, John B./Griffith, Sally Foreman/Miller, Randall M./Woods, Randall Bennett (2005): »Reconstruction and the New South«. Chapter 16, The New Southern Electorate. In: Dies.: *Unto A Good Land: A History Of The American People, Volume 1: To 1900.* Grand Rapids/Cambridge: Wm. B. Eerdmans Publishing Co. S. 527 (Übersetzung des Auszugs aus dem amerikanischsprachigen Original ins Deutsche: Michaela Dudley).

11 Siehe Abbott, Richard (1986): »Black Ministers and the Organization of the Republican Party in the South in 1867: Letters from the Field«. In: *Hayes Historical Journal*, IV(I), S. 23–35. Auch via o. A. (o. J.): »Black Ministers and the Organization of the Republican Party in the South in 1867: Letters from the Field«. In: *Rutherford B. Hayes Library & Museums.* www.rbhayes.org/research/hayes-historical-journal-black-ministers-and-the-republican-party/.

12 o. A. (2017): »EJI Releases New Data on Racial Terror Lynchings Outside the South«. In: *Equal Justice Initiative*, 26.06. eji.org/news/eji-releases-new-data-on-racial-terror-lynchings-outside-the-south/.

13 Wood, Amy Louis (2011): *Lynching and Spectacle: Witnessing Racial Violence in America, 1890-1940.* Chapel Hill: University of North Carolina Press. S. 3.

14 Bouie, Jamelle (2015): »Christian Soldiers: The lynching and torture of blacks in the Jim Crow South«. In: *Slate*, 10.02. https://slate.com/news-and-politics/2015/02/jim-crow-souths-lynching-of-blacks-and-christianity-the-terror-inflicted-by-whites-was-considered-a-religious-ritual.html.

15 Siehe Wells, Ida B. (2020): *Crusade for Justice: The Autobiography of Ida B. Wells.* Hg. v. Alfreda M. Duster. University of Chicago Press.

16 Wells-Barnett, Ida. B. (1900): »Lynch Law in America«. In: *The Arena*, 23.01. S. 15–24, S. 15.

17 Dray, Philip (2002): *At the Hands of Persons Unknown: The Lynching of Black America.* New York: Random House. S. 246 (Übersetzung des Auszugs aus dem amerikanischsprachigen Original ins Deutsche: Michaela Dudley).

18 White, Walter F. (1918): »The Work of a Mob«. In: *The Crisis*, 16(5), S. 221–223.

19 Mitchell, Koritha (2012): *Living with Lynching. African American Lynching Plays, Performance, and Citizenship, 1890-1930.* Urbana: University of Illinois Press. Nota bene S. 199. Siehe auch Cardon, Nathan (2012): »A Violence Outside the Door. Review of Mitchell, Koritha: *Living with Lynching: African American Lynching Plays, Performance, and Citizenship, 1890–1930*«. In: *Humanities and Social Sciences Net Online*, März. https://www.h-net.org/reviews/showrev.php?id=34800. Weiterhin empfehlenswert ist Stephens, Judith L. (1999): »Racial Violence and Representation: Performance Strategies in Lynching Dramas of the 1920s«. In: *African American Review*, 33(4), S. 655–671.

20 Ellsworth, Scott (2021): *The Ground Breaking: The Tulsa Race Massacre and an American City's Search for Justice.* New York: Dutton.

21 Best, Ryan (2020): »Confederate Statues Were Never Really About Preserving History«. In: *FiveThirthyEight*, 08.07. projects.fivethirtyeight.com/confederate-statues/. Siehe auch Katz, Birgit (2021): »Survey Identifies Correlation Between Confederate Monuments and Lynchings«. In: Smithsonian Magazine, 14.10. https://www.smithsonianmag.com/smart-news/survey-identifies-correlation-between-confederate-monuments-and-lynchings-180978873/.

22 Henderson, Kyshia/Powers, Samuel/Claiborn, Michele/Brown-Iannuzzi, Jazmin L./Trawalter, Sophie (2021): »Confederate monuments and the history of lynching in the American South: An empirical examination«. In: Fiske, Susan T. (Hg.): *Proceedings of the National Academy of Sciences*, 118(42).

23 Stokes, Melvyn (2007): *D. W. Griffith's the Birth of a Nation. A History of »The Most Controversial Motion Picture of All Time«.* Oxford/New York: Oxford University Press. S. 199.

24 Ebert, Roger (2003): »The Birth of a Nation«, 30.03. www.rogerebert.com/reviews/great-movie-the-birth-of-a-nation-1915 (Übersetzung des Auszugs aus dem amerikanischsprachigen Original ins Deutsche: Michaela Dudley).

25 Ibid.

26 Parsons, Elaine Frantz (2005): »Midnight Rangers: Costume and Performance in the Reconstruction-era Ku Klux Klan«. In: *The Journal of American History,* 92(3), S. 811–836.

27 Fryer, Roland G., Jr./Levitt, Steven D. (2012): »Hatred and Profits: Under the Hood of the Ku Klux Klan«. In: *Quarterly Journal of Economics,* 27(4). S. 1883–1925.

28 Wilson, Woodrow (2008): *A History of the American People. Volume V, Reunion and Nationalization.* New York/London: Harper & Brothers Publisher. Ursprüngliche Veröffentlichung 1901. S. 58 (Übersetzung des Auszugs aus dem amerikanischsprachigen Original ins Deutsche: Michaela Dudley. Herv. d. Übers.).

29 DuBois, W.E.B. (1913): »Another Open Letter to Woodrow Wilson, September«. In: *Teaching American History.* teachingamericanhistory.org/document/another-open-letter-to-woodrow-wilson/.

30 Lobo, Sascha (2017): »Lehrstunde in Nazi-Verharmlosung«. In: *Der Spiegel,* 16.08. www.spiegel.de/netzwelt/web/donald-trump-nach-charlottesville-lehrstunde-innazi-verharmlosung-kolumne-a-1163074.html.

31 Chikanda, Abel/Morris, Julie Susanne (2021): »Assessing the Integration Outcomes of African Immigrants in the United States«. In: *African Geographical Review,* 40(1), S. 1–18.

32 Naylor, Brian (2021): »Read Trump's Jan. 6 Speech, A Key Part Of Impeachment Trial«. In: *npr,* 10.02. www.npr.org/2021/02/10/966396848/read-trumps-jan-6-speech-a-key-part-of-impeachment-trial (Übersetzung des Auszugs aus dem amerikanischsprachigen Original ins Deutsche: Michaela Dudley. Herv. d. Übers.). Siehe auch, was die Ängste der Weißen beträfe: Martin, Roland & Lakins, Leah. (2022): *White fear: How the browning of America is making White folks lose their minds.* Random House.

33 Dudley, Michaela (2021): »Trump ist Geschichte«. In: *Siegessäule,* 08.01. www.siegessaeule.de/magazin/trump-ist-geschichte/.

34 Ibid.

35 North, Anna (2021): »What the History of the Ku Klux Klan can teach us about the Capitol Riot«. In: *Vox,* 14.01. www.vox.com/22229082/capitol-riot-insurrection-kkk-white-supremacy-supremacists. Siehe auch Gordon, Linda (2018): *The Second Coming of the KKK: The Ku Klux Klan of the 1920s and the American Political Tradition.* New York: Liveright Publishing Corporation.

36 Hochschild, Adam (2019): »Trump's Demagoguery Is an Old American Tradition«. In: *The Nation,* 01.08. https://www.thenation.com/article/archive/trump-racism-american-tradition/.

37 Ibid.

38 Zeit Online/dpa/Heflik, Katharina (2021): »Trump war ein Desaster für Menschenrechte«. In: *Die Zeit*, 13.01. https://www.zeit.de/politik/ausland/2021-01/human-rights-watch-donald-trump-menschenrechte-desaster-kenneth-roth.

39 Dudley, Michaela (2021): »Die Gretchen-Gegenfrage: Langmut der Polizei in Washington«. In: *taz*, 07.01. taz.de/Langmut-der-Polizei-in-Washington/!5738377/.

40 jok/dpa (2021): »Texas verschärft Wahlrecht – und verbietet Drive-in-Abstimmung«. In: *Der Spiegel*, 01.09. www.spiegel.de/ausland/texas-verschaerft-wahlrecht-und-verbietet-drive-in-abstimmung-a-8ff1e978-40a6-4199-961d-cdceee18d9b2.

14. Zwischen Zugaben und Zugeständnissen

1 Douglas, Ann (1996) *Terrible Honesty: Mongrel Manhattan in the 1920s.* New York: Picador.

2 Morris, Wesley (2019): »Why is everyone always stealing Black Music?« In: *The New York Times Magazine*, 14.08. https://www.nytimes.com/interactive/2019/08/14/magazine/music-black-culture-appropriation.html.

3 Carpenter, Faedra Chatard (2014): *Coloring Whiteness: Acts of Critique in Black Performance.* Ann Arbor: University of Michigan Press.

4 Dyson, Michael Eric (2021): *Entertaining Race: Performing Blackness in America.* New York: St. Martin's Press. S. 33 (Übersetzung des Auszugs aus dem amerikanischsprachigen Original ins Deutsche: Michaela Dudley).

5 Knowles, Beyoncé (2016): »Formation«. [Aufgenommen von Beyoncé] Album: *Limonade.* Quad Recording Studios, New York City. Label: Parkwood/Columbia.

6 Dyson, S. 34 (Übersetzung: Michaela Dudley).

7 Monroe, Ian David (2017): »Beyoncé: Protesting Racism Is Not Protesting America«. In: *L'Office*, 12.07. https://www.lofficielusa.com/politics-culture/beyonce-colin-kaepernick-protesting-racism-america (Übersetzung des Auszugs aus dem amerikanischsprachigen Original ins Deutsche: Michaela Dudley).

8 Ibid.

9 Lawrence, Derek (2021): »Get a first look at Netflix's Colin Kaepernick series *Colin in Black & White.* Ava DuVernay is executive-producing the limited series«. In: *Entertainment Weekly*, 12.08. https://ew.com/tv/colin-in-black-white-first-look/ (Übersetzung des Auszugs aus dem amerikanischsprachigen Original ins Deutsche: Michaela Dudley).

10 Brito, Christopher (2020): »Colin Kaepernick calls for abolishing police and prisons in new essay«. In: *CBS News*, 08.10. https://www.cbsnews.com/news/colin-kaepernick-abolish-police-prisons-essay-medium-2020-10-08/ (Übersetzung

des Auszugs aus dem amerikanischsprachigen Original ins Deutsche: Michaela Dudley).

11 Berlin, Ira (2003): *Generations of Captivity: A History of African-American Slaves.* Cambridge: Harvard University Press.

12 Manoukian, Marina (202): »The Tragic Real-Life Story Of Fannie Lou Hamer«. In: *Grunge*, 04.02. https://www.grunge.com/268044/the-tragic-real-life-story-of-fannie-lou-hamer/.

13 Vgl. Bradford, Sarah (1961): *Harriet Tubman: The Moses of Her People.* Corinth. Neuaufl. der Ausgabe von 1886. Siehe auch Benz, Anna-Maria Benz (2009): *Freiheit oder Tod – Harriet Tubman 1820–1913, Afroamerikanische Freiheitskämpferin.* Lich: Verlag Edition AV.

14 Bradford, Sarah (1869): *Scenes in the Life of Harriet Tubman.* Dennis Brothers & Co. S. 26–27. Archiviert vom Original am 13. Juni 2017 – über University of North Carolina: *Documenting the American South.*

15 Vgl. Kelley, James (2008): »Song, Story, or History: Resisting Claims of a Coded Message in the African American Spiritual ›Follow the Drinking Gourd‹«. In: *The Journal of Popular Culture*, 41(2), April, S. 262–280.

16 Jones, Ralph H. (1982): *Charles Albert Tindley, Prince of Preachers.* Nashville: Abingdon.

17 Glazer, Joe (2002): *Labor's Troubador.* Urbana/Chicago: University of Illinois Press. S. 34 ff.

18 Beito, David/Beito, Linda (2009): *Black Maverick: T. R. M. Howard's Fight for Civil Rights and Economic Power.* Urbana/Chicago: University of Illinois Press. S. 121–122.

19 Tyson, Timothy B. (2017): *The Blood of Emmett Till.* New York: Simon & Schuster. Vgl. Anderson, Devery S. (2015): *Emmett Till: The Murder That Shocked the World and Propelled the Civil Rights Movement.* Jackson: University Press of Mississippi.

20 Tyson. S. 221.

21 Burch, Audra D. S./Mzezewa, Tariro (2021): »Justice Department Closes Emmett Till Investigation Without Charges«. In: *The New York Times*, 06.12. https://www.nytimes.com/2021/12/06/us/emmett-till-investigation-closed.html.

22 Memmott, Mark (2009): »Shooting At Holocaust Museum: Guard Killed; Gunman Wounded«. In: *npr*, 10.06. https://www.npr.org/sections/thetwo-way/2009/06/breaking_news_shots_fired_at_h.html.

23 Simone, Nina (1964): »Mississippi Goddam«. [Aufgenommen von Nina Simone] Album: *Nina Simone in Concert.* Live at Carnegie Hall, New York City. Label: Philips Records.

24 Vozick-Levinson, Simon (2020): »Can ›The Night They Drove Old Dixie Down‹ Be Redeemed?«. In: *Rolling Stone*, 06.08. https://www.rollingstone.com/

music/music-country/night-they-drove-old-dixie-down-early-james-interview-1036886/. Siehe auch Hamilton, Jack (2020): »The Troublesome Case of ›The Night They Drove Old Dixie Down‹: Is the Band's classic song really a requiem for the Lost Cause?« In: *Slate*, 13.08. https://slate.com/culture/2020/08/night-they-drove-old-dixie-down-band-confederate.html.

25 Vozick-Levinson.

26 King, Ed/Rossington, Gary/Van Zant, Ronnie (1973): »Sweet Home, Alabama«. [Aufgenommen von Lynard Skynard] Album: *Second Helping*. Label: MCA. Aufgenommen: Juni 1973. Veröffentlicht: 24. Juni 1974.

27 Ballinger, Lee (2002): *Lynyrd Skynyrd: An Oral History*. Los Angeles: Xt377 Pub.

28 o. A. (2009): »Secong [sic] Helping«. In: *The Ed King Forum*. https://edking.proboards.com/thread/87/secong-helping.

29 Contreras, Felix (2018): »Unfurling ›Sweet Home Alabama‹, A Tapestry Of Southern Discomfort«. In: *npr*, 17.12. https://www.npr.org/2018/12/17/676863591/sweet-home-alabama-lynyrd-skynyrd-southern-discomfort-american-anthem.

Epilog: MAGA-Sucht und die Diversity-Diät 2

1 Dudley, Michaela (2024): »Harris-Niederlage bei den US-Wahlen: Die Lady muss warten«. In: *taz*, 06.11. https://taz.de/Harris-Niederlage-bei-den-US-Wahlen/!6047335/.

2 Brüntjen, Jana-Sophie/Rubröder, Nell (2024): »Kamala Harris ist ›brat‹ – und könnte so die Wahl gewinnen«. In: *Handelsblatt*, 24.07. https://www.handelsblatt.com/politik/international/us-wahlkampf-kamala-harris-ist-brat-und-koennte-so-die-wahl-gewinnen/100055095.html.

3 Dudley, Michaela (2024): »Kandidatur von Kamala Harris: Traum, Trauma, Trump«. In: *taz*, 03.08. https://taz.de/Kandidatur-von-Kamala-Harris/!6024920/.

4 Dudley, Michaela (2024): »Harris-Niederlage«.

5 Dudley, Michaela. (2024): »Kandidatur«.

6 Mika, Bascha (2024): »Feministin zu Trump-Wahl: ›Frauenfeindliche Antipathien sind in der schwarzen Community durchaus zu Hause‹«. In: *Frankfurter Rundschau*, 18.11. https://www.fr.de/kultur/gesellschaft/feministin-zu-trump-wahl-frauenfeindliche-antipathien-sind-in-der-schwarzen-community-durchaus-zu-hause-93418686.html.

7 Dudley, Michaela (2024): »USA nach Trump-Wiederwahl: Das Diversity-Drama«. In: *taz*, 16.12. https://taz.de/USA-nach-Trump-Wiederwahl/!6054178/.

8 *Roe v. Wade*, 410 U.S. 113 (1973).

9 Willis, A. (2024): »Three Things to Know About Abortion and Moderate White Women«. In: *Galvanize Action*, 21.05. https://www.galvanizeaction.org/three-things-to-know-about-abortion-and-moderate-white-women/.

10 Dudley, Michaela (2024): »Jüdische Wähler in den USA: zwischen Pech und Kamala«. In: *taz*, 04.11. https://taz.de/Juedische-Waehler-in-den-USA/!6043908/.

11 o. A. (2025): »Exit polls«. In: *NBC News*, 09.11. https://www.nbcnews.com/politics/2024-elections/exit-polls.

12 Mottola, Matilda Sophia (2024): »BSU withdraws from TAHRIR coalition«. In: *The Michigan Daily*, 06.09. https://www.michigandaily.com/news/news-briefs/bsu-withdraws-from-tahrir-coalition/.

13 Dudley, Michaela (2024): »Palästina in der Schwarzen Community: Apartheid? Echt jetzt?«. In: *taz*, 15.10. https://taz.de/Palaestina-in-der-Schwarzen-Community/!6039758/.

14 Ogette, Tupoka (2024): »Dear white people ...«. In: *Instagram*, 11.01. https://www.instagram.com/p/C189Cv3smN5/?igsh=c2FwZXNsMHI0aXJw.

15 Ibid.

Über die Autorin

Michaela Dudley, JD (Jahrgang 1961), Berliner Queerfeministin mit afroamerikanischen Wurzeln ist Journalistin, Kabarettistin, Keynote-Rednerin und Juristin (Juris Dr., US). Als Künstlerin und auch als politische Kommentatorin ist sie regelmäßig im deutschen Fernsehen in Sendungen wie *Kulturzeit* (3sat/ZDF) und *Brisant* (ARD) sowie im Hörfunk (RBB, WDR, DLF Kultur) zu Gast. Vielen ist sie als langjährige Kolumnistin der *taz* bekannt, wo sie regelmäßig mit ihrer Kolumne unter der provokativen Eigenbezeichnung »Frau ohne Menstruationshintergrund« zu aktuellen politischen Themen schreibt. Sie veröffentlicht laufend in Zeitungen und Zeitschriften wie *Tagesspiegel*, *Zeit*, *Missy*, *Rosa*, *Siegessäule* und *Belltower.News*.

Im Oktober 2023 zählte die Storytellerin zu den ausgewählten Erzählenden, die im Rahmen der 75 Frankfurter Buchmesse auf dem Paulsplatz mit einem eigenen Regiestuhl geehrt wurden. Im selben Jahr erschien ihr Essay »Weimar 2.0: Reflexionen zwischen Regenbogen und Rosa Winkel« in *To be seen: Queer Lives 1900–1950* (Hirmer Verlag & NS-Dokumentationszentrum München). 2024 wurde ihr Essays »Gay im BH« in *Brüste: Eine Anthologie* (Tropen) und »Die Überfliegerin«, eine Erzählung über ein schwarzes Mädchen, das Astronautin werden will, im Kinderbuch *Ein ganz normaler Tag* (Carlsen) veröffentlicht.

Als Expertin und Beraterin für die Themen »Diversity & Leistung« arbeitete sie u. a. mit der Deutschen Bahn, dem Mitteldeutschen Rundfunk, der Führungsakademie der Bundesagentur für Arbeit und dem Goethe-Institut zusammen. Sie beriet die Internationalen Filmfestspiele Berlin (Presseabteilung und Sektion Generation) im Bereich Kommunikation. Als Keynote-Speakerin begeistert sie ihre Zuhörenden in facettenreichen Venues: Rathaus Schöneberg Berlin zum Festival CROSSKULTUR (2022); beim 48. Internationale Comedy Festival Moers (2024), zur POLYTON-Musikgala (2024).

In dem Essayfilm *Geschlechterkampf: Das Ende des Patriarchats* (D, 2023) unterstreicht sie ihre Vielfältigkeit als Darstellerin, Expertin und Autorin. Der Film wurde beim Filmfest Bremen 2024 für die Auswahl im Wettbewerb in der Kategorie Humor/Satire nominiert. Darüber hinaus trat sie u. a. im Video zur Kampagne *»Hab' ich was gegen«* der Antidiskriminierungsstelle des Bundes auf und war 2021 als Fashion-Model und Videoerzählerin für die Pride Kampagnen von GAP & Zalando in Aktion. Sie liebt die Astrophysik, gilt als unerbittlich kritische Katholikin und spricht, neben Deutsch und Englisch, auch Latein, Hebräisch und Italienisch.

1. Auflage 2025

Karl-Liebknecht-Str. 36, 04107 Leipzig
mail@orlanda.de
www.orlanda.de

Konzeption: Michaela Dudley
Lektorat/Korrektur: Palma Müller-Scherf/Jessica Zeltner
Umschlag: Reinhard Binder
Autorinnenfotos: © Michaela Dudley
Satz: brama Studio, Wien
Bildbearbeitung: Reinhard Lang
Druck und Bindung: CPI Print, Leck
ISBN 978-3-949545-75-7

Hinweis: Der letzte Zugriff auf Links erfolgte am 10. Februar 2025. Trotz sorgfältiger inhaltlicher Kontrolle übernehmen wir keine Haftung für die Inhalte externer Links. Für den Inhalt der verlinkten Seiten sind ausschließlich deren Betreibende verantwortlich.

Bei aller Sorgfalt können auch wir Fehler übersehen.
Deshalb freuen wir uns, wenn Sie uns Hinweise auf Fehler
an folgende Adresse schicken: mail@orlanda.de